rowohlt
POLARIS

AF628319

DR. LEON WINDSCHEID

BESSER FÜHLEN

EINE REISE ZUR GELASSENHEIT

ROWOHLT POLARIS

28. Auflage November 2025

Originalausgabe
Veröffentlicht im Rowohlt Taschenbuch Verlag,
Kirchenallee 19, 20099 Hamburg, Mai 2021
Copyright © 2021 by Rowohlt Verlag GmbH, Hamburg
Redaktion und Lektorat Andy Hartard
Illustrationen und Abbildungen Leon Windscheid
Die Nutzung unserer Werke für Text- und Data-Mining
im Sinne von § 44b UrhG behalten wir uns explizit vor.
Covergestaltung Hauptmann & Kompanie Werbeagentur, Zürich
Coverabbildung Noma Bar
Satz aus der Novel bei Pinkuin Satz und Datentechnik, Berlin
Druck und Bindung CPI books GmbH, Leck
ISBN 978-3-499-00377-6

Kontaktadresse nach EU-Produktsicherheitsverordnung:
produktsicherheit@rowohlt.de

FSC www.fsc.org MIX Papier | Fördert gute Waldnutzung FSC® C083411

INHALT

DIE KARTE ZUR REISE

Warum wir fühlen

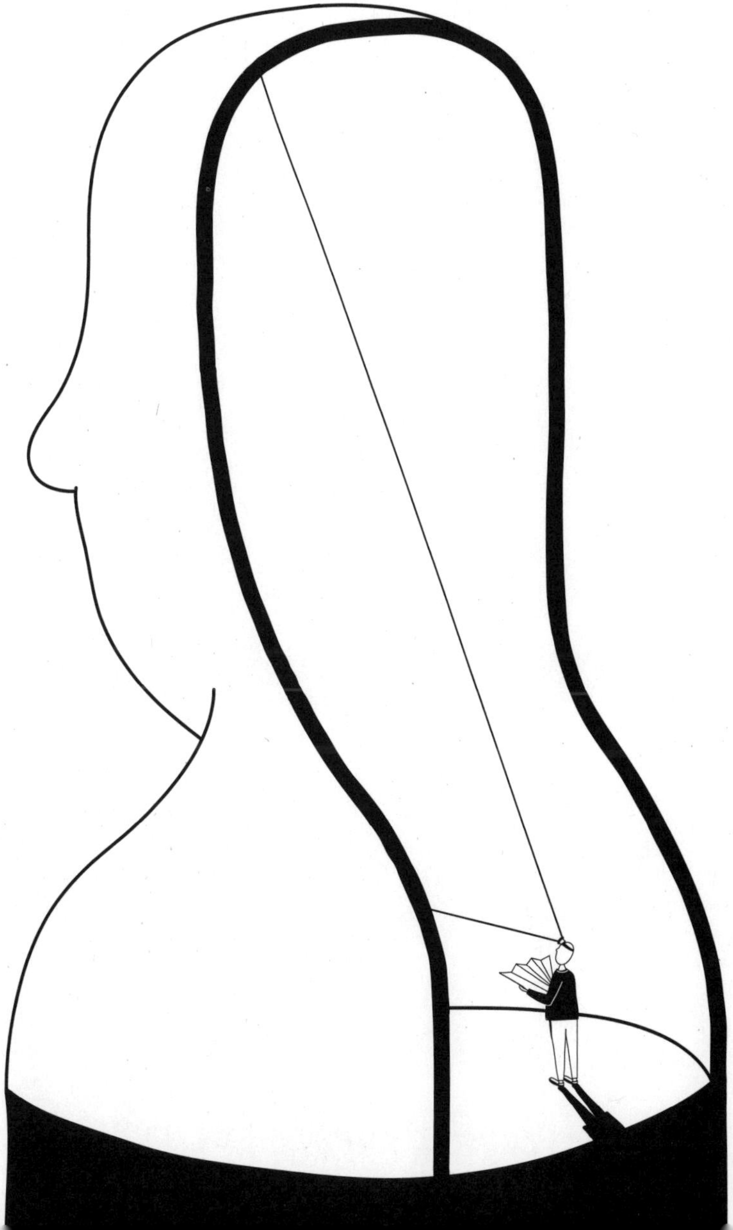

Um nun auch klug zu handeln,
dazu ist der bloße Verstand nicht ausreichend.

FJODOR DOSTOJEWSKI

Erst an der zweiten Ampel merkte ich, dass ich weinte. Ich war auf dem Rückweg vom Aufnahmestudio, stand mit meinem Roller an einer Kreuzung in Friedrichshain, und völlig unerwartet liefen mir die Tränen. Je eine Stunde lang hatte ich an diesem Vormittag zwei Menschen für meinen Podcast interviewt. Beide wurden in ihrer Kindheit Opfer schwerer Gewalt. Ihre Schilderungen waren erschütternd und die seelischen Narben tief. Als Psychologe erwarte ich von mir, in solchen Situationen gefasst zu bleiben. Ein Gefühlsausbruch wäre unprofessionell, und so hielt ich meinem geschulten Anspruch entsprechend das Gespräch und vor allem mich selbst unter Kontrolle. Ich hörte Schockierendes, führte aber ruhig und mit klaren Fragen durch das Interview.

Ich weine so gut wie nie. Schon gar nicht in der Öffentlichkeit. Doch als ich an dieser Kreuzung hielt, konnte ich nicht anders. Ich war tief betroffen, erschüttert, traurig, und es brach aus mir heraus. Im ersten Moment war ich völlig überrascht davon, hatte ich doch offenbar nicht wahrgenommen, was diese Gespräche in mir auslösten. Als ich direkt danach losfuhr, saß ich in Gedanken schon im nächsten Termin, die Interviews waren als getane Arbeit abgehakt. Erst als die rote Ampel mich ausbremste, holten mich meine Gefühle ein.

Warum fühlt der Mensch? Diese Frage wirkt vielleicht merkwürdig, scheint es uns doch völlig selbstverständlich, dass wir fühlen. Als Babys strahlen wir vor Freude, wenn man uns anlächelt, als Kinder fühlen wir pochende Aufregung vor dem ersten Referat an der Tafel, und als Jugendliche taumeln wir in einem Auf und Ab zwischen leidvollem Liebeskummer, unter Beweis gestelltem Mut und der verwirrten Suche nach einem Ich-Gefühl. Mit dem Erwachsenwerden erwacht nicht selten ein gewisser Ehrgeiz. Dann empfinden wir Scham, wenn wir den Erwartungen von oder an uns nicht gerecht werden, sind gestresst durch den Druck, in Beruf, Beziehung und als Eltern glänzen zu wollen. Aber wir fühlen uns auch zutiefst gerührt von dem kleinen Gesichtchen, das uns aus dem Kinderwagen anstrahlt, sind ergriffen von der Geborgenheit nach vertrauensvollem Sex oder stolz, wenn die Chefin uns für ein Projekt lobt. Egal wie alt wir sind, wo auf dieser Erde wir leben oder welchem Beruf wir nachgehen, wir alle fühlen, und der Grund dafür ist simpel: Gefühle sind ein evolutionärer Vorteil.

Seit 300 000 Jahren gibt es unsere Art, die wir mit der für uns typischen Bescheidenheit Homo sapiens, der weise Mensch, nennen. Was zum Ausdruck bringen soll, dass es die Intelligenz ist, die uns von unseren ersten Vorfahren und allen anderen Tieren unterscheidet. In der Tat, Neandertaler haben das Rad nicht erfunden, Delfine können weder lesen noch schreiben, und Krähen konstruieren keine Hängebrücken. Doch ist es tatsächlich die Intelligenz, die uns ausmacht?

Als der Großmeister Garri Kasparow 1996 zum ersten Mal von Deep Blue, einem Computer, im Schach geschlagen wurde, war das eine Weltsensation. Heute wäre es umgekehrt. Ein weiser Mensch, der einen Computer schachmatt setzt? Unvorstellbar. Und längst besiegen uns Rechenmaschinen nicht mehr nur im Spiel. Anfang 2020 präsentierte Google eine künstliche Intelligenz, die selbst erfahrenen Radiologinnen und Radiologen in der Diagnose von Brustkrebs überlegen ist.[1] Milliardenschwere Finanzströme werden in Sekundenbruchteilen von Algorithmen um den Globus verschoben. Und die Autos, hinter deren Steuern wir einst so stolz saßen, können Bordcomputer heute sicherer lenken als wir. Es ist nicht mehr das rationale Denken, unser höherer IQ, die uns einzigartig machen, denn hier haben wir uns mit unseren Technologien selbst überholt.

Was uns wirklich auszeichnet, ist unsere Fähigkeit zu fühlen. Mag sein, dass Google treffsichere Diagnosen errechnet. Der Tag jedoch, an dem eine Maschine bei der Verkündung von Brustkrebs echtes Mitgefühl empfindet, ist selbst in den kühnsten Phantasien unvorstellbar weit entfernt. Wir haben unseren Autos beigebracht zu «denken», um autonom zu fahren. Im Fühlen ist ein Tesla jedoch nicht den kleinsten Schritt weiter als ein Ochsenwagen der Jungsteinzeit.

Der Mensch ist in der Lage, die Welt um sich herum zu verstehen, mit anderen in komplexen Gesellschaften zusammenzuleben und sich selbst zurechtzufinden, weil ihm eine riesige Vielfalt an Gefühlen zur Verfügung steht. Das Geständnis «Ich bin fremdgegangen», eine Achterbahnfahrt, eine TV-Serie, ein neuer Haarschnitt, ein neues Tablet oder eine vor Fett triefende Pizza, all das löst Gefühle in uns aus. Wir fühlen, um zu verstehen, was wir erleben. Selbst Zahlen begreifen wir emotional. Wie viel ist 28 plus 8? Das wissen Mensch und Computer. Doch was bedeutet 36? Fühlen wir uns mit 36 Jahren jung oder alt? Sind wir zu geizig, um uns einen Rotwein für 36 Euro zu kaufen? Ist eine gute halbe Stunde Wartezeit auf dem Bahnhof kurz oder lang?

Über unsere Gefühle gelingt uns die Transformation der

Welt um uns herum. Erst durch sie können wir das, was uns umgibt, ins Innere unserer Köpfe holen. Zuneigung, Vertrauen, Scham, Ekel, Hoffnung, Melancholie, Schüchternheit, Eifersucht, Langmut oder Empathie, nicht jedes Gefühl spüren wir gerne und doch erfüllen alle einen Zweck. Gefühle warnen und motivieren uns, sind das soziale Schmiermittel unserer Gesellschaften, lenken unsere Aufmerksamkeit und bestimmen unser Verhalten. Sie verankern Erlebtes in unserem Gedächtnis, sind die Basis für Beziehungen, Humor und Kreativität und damit die Voraussetzung für unser Miteinander. Wie Straßenschilder helfen Gefühle, uns im Leben zurechtzufinden. Als mir nach den Interviews die Tränen kamen, war das wie ein Stoppschild. Meine Gefühle zeigten mir, dass ich zu schnell über das Gehörte hinweggegangen war, in meinem Kopf lief noch die Verarbeitung. «Ihr Intellekt mag verwirrt sein, aber Ihre Emotionen lügen Sie niemals an», schrieb der amerikanische Filmkritiker Roger Ebert. Gefühle sind immer echt, und das macht sie so wichtig. Was wir fühlen, ist unsere Realität.

Noch versuchen wir, mit den smarten Maschinen mitzuhalten. Doch schon jetzt müssen wir dafür immer schneller laufen, immer höhere Erwartungen erfüllen und immer besser funktionieren. Rational, geradeaus, fehlerfrei! Diesem Anspruch steht das Fühlen nur im Weg. «Er hat seine Gefühle nicht im Griff» oder «Sie wurde so emotional» kritisiert unsere Leistungsgesellschaft, die Härte statt Emotion erwartet. In der Euphorie um die Stärken von künstlicher Intelligenz, Big Data, Robotics und selbstfahrenden Autos übersehen wir, was für Homo sapiens wirklich zählt: die Menschlichkeit. Und die gibt es nicht ohne das Fühlen.

Emotionen sind ständige Begleiter, selbst im Traum sind sie an unserer Seite. Sie zu verneinen ist so sinnlos, wie vor dem eigenen Schatten davonzulaufen. Und trotzdem versuchen Menschen, sie mit aller Kraft zu unterdrücken, zu verdrängen oder sich mit Shopping, Essen, Selbstdarstellung oder Arbeit von ihnen abzulenken. Das macht krank.

Wir verfluchen unsere Aufregung, kurz bevor wir einen Vortrag halten sollen, können nicht schlafen, weil in unserem Kopf ein Chaos aus Stress und Anspannung die Gedanken kreisen lässt, und kommen kaum zur Ruhe, aus Angst, etwas zu verpassen. Wir grübeln darüber, ob wir stark genug lieben, und verurteilen uns, wenn wir uns schlecht fühlen, obwohl es uns den Umständen nach doch eigentlich gut gehen sollte. Das muss nicht sein!

Wir können lernen, die eigenen Gefühle zu verstehen. Es gibt Wege, gelassener mit ihnen umzugehen. Und wenn es uns gelingt, unsere Emotionen so anzunehmen, wie sie sind, statt sie zu unterdrücken oder zu beurteilen, werden ungeahnte Kräfte frei. Schlussendlich sind wir dann in der Lage, unsere Gefühle zu einer großen Stärke zu machen. Wir werden besser fühlen.

Unsere Gefühle sind so alt wie die Menschheit selbst, und trotzdem wissen wir noch sehr wenig über sie. Doch zum Glück beginnt sich das gerade zu ändern.

Das Buch, das Sie in der Hand halten, leitet Sie wie eine Karte durch zehn ganz unterschiedliche Gefühlslandschaften. Diese Karte ist das Ergebnis meiner Erfahrung als Psychologe: Was sind menschliche Gefühle im Kern? Was bewirken sie in uns? Und wie können wir sie für uns nutzen? Die Antworten auf diese Fragen werden Sie verblüffen, faszinieren – und verändern. Von Singapur über Bogotá und Toronto, Los Angeles und New York bis nach Wageningen, Bochum, Jerusalem und Teheran – auf der ganzen Welt wird erforscht, was wir fühlen und warum. Für dieses Buch habe ich die neusten Hirnscan-

Experimente, Ergebnisse von verblüffenden Versuchen und die Einsichten der führenden Forschenden unserer Zeit aus all diesen Orten und noch vielen weiteren zusammengetragen.

«Wovor hast du Angst?» Als ich zum ersten Mal innehielt, um mit dem Harvard-Professor Jerome Kagan darüber nachzudenken, habe ich so viel über mich selbst gelernt wie in kaum einem anderen Moment. «Können wir in Beziehungen ewig verliebt bleiben?» Die Anthropologin Helen Fisher hat mir mit ihrer Forschung zur Liebe in über 160 Kulturen eine ganz neue Sicht auf diese Frage eröffnet. «Warum sind wir so viel härter zu uns selbst als zu anderen?» Ohne die Hilfe von Mark Leary, Professor für Psychologie und Neurowissenschaften, hätte ich nicht verstanden, wie einfach es sein kann, sich selbst als Freund zu begegnen. All diese Menschen haben mir eine Rotweinreduktion ihres Lebenswerks serviert, damit ich sie mit anderen teile. Sie haben mich an ihrer Weisheit und Erfahrung teilhaben lassen und mir Kniffe und Methoden gezeigt, die nur wenig von uns verlangen und dabei viel verändern können.

Jedes Kapitel ist die Spitze eines Eisbergs, der sich unter der Wasseroberfläche aus Dutzenden Untersuchungen, wissenschaftlichen Gesprächen und den wichtigsten Fachbüchern zusammensetzt. Gleichzeitig fließt in dieses Buch auch meine ganz eigene Sicht ein. Wenn ich über unser schwieriges Verhältnis zu Tod und Trauer schreibe oder von der Gefahr, durch toxische Leidenschaft für den Beruf auszubrennen, wird es persönlich.

Schnell werden Sie erkennen, dass ich eine sehr umfassende Vorstellung des Begriffs «Fühlen» zugrunde lege, die sowohl Emotionen als auch das körperliche Empfinden und die Wahrnehmungsweisen unseres Zusammenlebens umfasst. Das erlaubt es uns, auch in exotischere Gegenden unserer Gefühlswelten vorzudringen. Warum vergeht die Zeit immer schneller, je älter wir werden? Wodurch lässt sich Wut in Energie umwandeln? Wann fühlen wir das indische *Obhimaan*, und wieso würde etwas mehr buddhistisches *Tsewa* unserer Psyche guttun? Gerade in anderen Kulturen bin ich auf Gefühle gestoßen, für die uns mitunter Wörter fehlen und deren Wert wir leicht übersehen.

Die Reise entlang dieser Karte führt uns aber nicht nur um die Welt, sondern auch zurück in die Vergangenheit. Was raten Eltern ihren Kindern, wenn diese sich verlaufen haben? «Gehe dahin zurück, wo du hergekommen bist.» Viele Herausforderungen des 21. Jahrhunderts lassen sich leichter meistern, sobald wir erkennen, wo der Mensch herkommt. Es ist faszinierend zu verstehen, wie die Gefühle in früheren Zeiten beschrieben wurden, und zu sehen, dass die Philosophen der Antike wie der Stoiker Seneca oder der persische Denker Rumi schon vor Jahrhunderten Einsichten der modernen Wissenschaft vorhersahen und in einfachen Worten ausdrückten. In unserer Gier nach dem immer Neuen verkennen wir den Wert des Bewährten. Dabei hilft ein Blick zurück oft mehr als der nach vorne. Was wir aus vergangenen Zeiten für unsere Zukunft lernen können, ist mindestens so hilfreich wie die Einsichten aus Harvard oder dem Silicon Valley.

Menschen leben und fühlen ganz unterschiedlich. Und trotzdem gibt es Muster, die uns verbinden und die es zu kennen lohnt. Ein gelassener Umgang mit unseren und den Gefühlen anderer sowie die Fähigkeit, uns selbst besser zu verstehen und ein zufriedenes Leben zu führen, das sind die Wünsche, die ich Ihnen mitgeben möchte. Keine bescheidenen Wünsche, aber auch kein Grund, sich Druck zu machen:

Gehen Sie die Lektüre ruhig an. Impulse, die in Ihnen etwas auszulösen vermögen, werden von alleine in Ihrem Kopf hängenbleiben und dort eine Wirkung entfalten. Alles andere dürfen Sie getrost vorbeiziehen lassen.

Gute Reise!

DAS BABY UND DAS MONSTER

Über die guten Seiten der Angst

Wovor ich mich am meisten fürchte,
ist die Furcht.

MICHEL DE MONTAIGNE[1]

In der Wissenschaft liegen die großen Momente manchmal im ganz Kleinen. Für den berühmten Harvard-Professor Jerome Kagan begann damals alles mit Baby 19. Es ist 1989 und der Forscher hat Mütter mit ihren vier Monate alten Kindern zu einem Versuch in sein Labor eingeladen.[2] Einzeln werden die Babys, ohne Blickkontakt zur Mutter, in einen videoüberwachten Raum gebracht. Plötzlich knackt es merkwürdig aus einem Lautsprecher und eine Stimme ertönt, die fragt: «Hallo, Baby, wie geht es dir heute?» Dann wird ein Mobile vor den Augen des Kindes aufgehängt, und als wäre das alles nicht schon verwirrend genug, betritt auch noch ein Versuchsassistent den Raum und tröpfelt dem Säugling ein wenig Zitronensaft auf die Zungenspitze. Als der Versuch abgeschlossen ist, zieht sich Professor Kagan mit den Videoaufnahmen zurück. Die ersten 18 Bänder zeigen ähnliche Bilder: brabbelnde Babys, die interessiert beobachten, was um sie herum geschieht. Doch als Kagan das 19. Band einschiebt, erscheint auf dem Bildschirm ein Kind, das sich ganz anders verhält.

Baby 19 ist ein Mädchen, das verzweifelt schreit und aufgeregt mit Armen und Beinchen zappelt. Warum reagiert dieses Kind so vollkommen anders als die anderen? Schließlich wurden Baby 19 genau die gleichen Reize präsentiert. Die

Stimme, das Mobile, der Zitronensaft, all das weckte in den anderen Kindern Neugier. Baby 19 hingegen erlebte die blanke Angst. Fasziniert machen sich der Professor und sein Team an die Auswertung der weiteren Aufnahmen. Dabei entdecken sie ein besonderes Muster menschlicher Angst.

Wir alle kennen Angst. Dieses machtvolle und unangenehme Gefühl, das von uns Besitz ergreift, unser Herz rasen lässt, unseren Magen verkrampft und unsere Pupillen weitet. Manchmal jedoch schleicht sich die Angst auch unauffälliger in unser Leben. Dann wabern Sorgen im Hinterkopf, wir sind gestresst oder schlafen schlecht, sind permanent angespannt. Wenn wir Angst erleben, werden wir nervös und unruhig, und oft spüren wir das Gefühl überall – vom Kopf bis zu den Zehen, mal mehr, mal weniger stark. Es gibt unzählige Auslöser von Angst. Mal sind es Alltagssituationen, wenn wir im Keller vor einer Spinne erschrecken, ein schwieriges Gespräch mit unserer Chefin oder eine Prüfung bevorsteht. Oft sind es aber auch weltpolitische Geschehnisse: Platz eins der Ängste der Deutschen belegte 2020 die Politik des damals amtierenden US-Präsidenten. Gefolgt von steigenden Lebenshaltungskosten, der EU-Schuldenkrise, einer schlechteren Wirtschaftslage und Naturkatastrophen sowie Wetterextremen.[3]

Angst hat also viele Gesichter und nicht alle erkennen wir sofort, denn oft denken wir gar nicht bewusst über sie nach. So gibt es Menschen, die überzeugt sind, lange keine Angst mehr gespürt zu haben, andere, die glauben, dass nur die Schwachen von ihr heimgesucht werden. Doch dahinter verbirgt sich ein Trugschluss. Oft versteckt sich die Angst hinter anderen Emotionen, wie etwa Wut oder Hass.

Angst gehört zu unserem menschlichen Dasein, wir alle erleben dieses Gefühl in unterschiedlichen Ausprägungen immer wieder. Doch trotz ihrer Allgegenwart hat die Angst einen schlechten Ruf. Das liegt sicher auch daran, dass 284 Millionen Menschen auf diesem Planeten angstkrank sind.[4] Bei ihnen ist das Gefühl der Angst entgleist und zu einem krankhaften Zustand geworden. Dazu zählen Panikattacken, die aus dem Nichts mit großer Wucht zuschlagen, soziale oder spezifische Phobien wie Angst vor öffentlichen Plätzen, vor Höhe, Spinnen oder der Aufmerksamkeit anderer Menschen. Besonders verbreitet ist die sogenannte generalisierte Angststörung, bei der Menschen sich in andauernden Sorgenketten verlieren und es kaum noch schaffen, ihren Alltag zu bestreiten. Etwa jeder dritte Mensch muss im Leben damit rechnen, irgendwann von einer Angststörung heimgesucht zu werden.[5] Tritt dieser Fall ein, kommt es oft zu falschen Behandlungen, da nur den damit verbundenen Symptomen wie Schlafprobleme oder Rückenschmerzen nachgegangen, die Angststörung aber übersehen wird. Die Warnsignale des Körpers werden dann abgeschaltet und die Störung kann sich weiter festsetzen. Bleiben sie unbehandelt, verlaufen gerade Angststörungen oft chronisch.

Statt die Angst zum Feind zu erklären, wäre uns meist schon damit geholfen, sich dem Gefühl offen zu nähern und zu versuchen, es zu verstehen. Was ist Angst wirklich? Wie entsteht sie? Und was will sie uns sagen? Wir glauben die Angst zu kennen und können diese Fragen doch nicht beantworten.

Das Wort Angst kommt vom althochdeutschen «angust», dessen sprachliche Wurzeln in Enge, Bedrängnis und Zusammenschnüren liegen. Das beschreibt ziemlich gut, was wir spüren. In unserem Hirn wirken dazu verschiedene Bereiche zusammen, wobei die Amygdala eine besondere Rolle spielt. Dieser mandelgroße Kern ist Teil des limbischen Systems und parallel sowohl im linken wie im rechten Schläfenlappen enthalten. Zerstört man diese Region im Hirn von Affen, zeigen die Tiere danach kaum noch eine Reaktion auf normalerweise angstauslösende Reize.[6] Ohne Amygdala bleibt ein Affe entspannt, selbst wenn eine giftige Schlange in seinen Käfig gesetzt wird.

Die Amygdala bewertet externe Informationen und wirkt vor allem als emotionaler Verstärker. Diese Alarmanlage des Hirns, die uns gleich mit Baby 19 wieder begegnen wird, reagiert also auf äußere Reize. Es gibt Untersuchungen, die zeigen, dass bestimmte Reize besonders leicht Angst in uns auslösen. So offenbarte eine Studie 2017, dass bereits sechs Monate alte Kleinkinder beim Anblick von Spinnen oder Schlangen gestresst reagieren.[7] Eine evolutionsbiologisch betrachtet sehr sinnvolle Reaktion, da giftige Tiere eine große Gefahr für unsere Vorfahren darstellten. Und noch heute stecken solche Ängste in uns, obwohl es zumindest in unseren Breiten schon lange kaum noch giftige Tiere gibt und Babys keine Angst vor Schlangen haben müssten.

Auch unsere Erfahrungen, unsere Kultur und die Erziehung beeinflussen, wovor wir uns fürchten. Das heißt, Angst kann erlernt werden! So können zunächst neutral oder sogar positiv eingestufte Reize nach einem extrem negativen Erlebnis Angst auslösen. Wer beim Zahnarzt eine besonders unangenehme Behandlung ertragen musste, wird vor einer erneuten Untersuchung ängstlich sein. Und wer in einem Kriegsgebiet aufwächst, ordnet einen plötzlichen Knall anders ein als jemand, der in friedlichen Verhältnissen lebt. Je nach persönlicher Lebensgeschichte können ganz unterschiedliche Reize Angst verursachen. Damit wird klar, wie individuell dieses Gefühl ist.

Springt die Alarmanlage durch einen Reiz an, setzt sie innerhalb von Millisekunden einen mächtigen Prozess in Gang, der uns auf drei Ebenen ergreift. Erstens reagiert unser Körper.

Der Blutdruck steigt, wir atmen flach und schnell, und die Verdauung wird gebremst, denn alle Energie soll dem Überleben zur Verfügung stehen. Die Muskeln spannen an, manchmal so sehr, dass wir vor Furcht am ganzen Körper zittern und die Angst uns, je nach Typ, ins leichenblasse oder knallrote Gesicht geschrieben steht. Zweitens setzt die Angst uns gedankliche Scheuklappen auf. Unsere Aufmerksamkeit wird auf die Bedrohung gebündelt, alles andere ausgeblendet. Und drittens bestimmt sie *unser Verhalten*. Irgendwo muss die aufgebrachte Energie hin, dabei gibt unsere Angst die Marschrichtung vor. Wir reagieren mit Kampf oder Flucht – *Fight or Flight*, das heißt, durch Angriff oder Rückzug in die Selbstverteidigung. Doch es gibt noch eine dritte Option, die oft übersehen wird, das Einfrieren, das sogenannte *Freeze*. Eine Art Schockstarre. Wir sind gelähmt vor Angst, im Extremfall bis zur Ohnmacht. Wie ein in die Enge getriebenes Kaninchen, das sich nicht mehr anders zu helfen weiß, als sich tot zu stellen, können auch wir Menschen vor Angst erstarren. Aus Sicht der Evolution keine schlechte Strategie, da viele Raubtiere vor allem auf Bewegung reagieren.

Angst ist ein uralter Mechanismus, der uns beschützen will. Das wird klar, wenn wir eine Zeitreise in die afrikanische Steppe vor sagen wir drei Millionen Jahren unternehmen. Stellen wir uns vor, wie wir uns einen Weg durch die Gräser bahnen und es plötzlich neben uns im Gebüsch raschelt. Jetzt gibt es zwei Möglichkeiten: Entweder unser Hirn schlägt Alarm, weil es den Reiz des Raschelns als gefährlich einstuft, oder die Alarmanlage bleibt ruhig und wir ebenfalls. Ist die Ursache des Raschelns eine harmlose Windbö, wäre eine Fluchtreaktion aus Angst reine Energieverschwendung. Das hätte kostbare Energie verbraucht. Umgekehrt hätte die sorglose Annahme, dass nur eine Bö das Geräusch verursacht hat, während das

Raubtier schon die Zähne fletscht, das sichere Ende bedeutet. Ohne Angst wären unsere Vorfahren schlicht gefressen worden, noch bevor sie ihre Gene hätten weitergeben können. Wir wären ausgestorben.

Die Angst wurde von der Natur also tief in den Genen von Homo sapiens verwurzelt. Deswegen gilt in unseren Hirnen noch immer: Lieber hundertmal mit dem Schlimmsten rechnen, als einmal unvorbereitet auf eine Gefahr treffen. Die Psychologie nennt das den Negativitätsfehler.[8] Was uns die Evolution als Lebensversicherung schenkte, wird in einer Welt ohne gefährliche Tiere, die uns aus Büschen anspringen, zum Problem. Denn unser Hirn interpretiert im Zweifelsfall «schief» zugunsten der Angst, und das oft, ohne sich an Fakten zu halten. So haben wir Angst im Flugzeug, vor einer zu haltenden Rede oder am Geländer einer Dachterrasse, aber nicht, wenn wir eine Straße überqueren. Unser Hirn interessiert es nicht, dass die Wahrscheinlichkeit, überfahren zu werden, viel größer ist, als in einem Airbus abzustürzen, auf einer Bühne vor Aufregung den Herztod zu erleiden oder von einem Hochhaus zu fallen.

Im Großen wird es noch absurder. Die vielleicht fatalste Angstfehlinterpretation unseres Hirns ist Terror. Aus Furcht vor Terror nehmen es liberale Gesellschaften vermehrt in Kauf, ihre Freiheit durch Misstrauen, Überwachungskameras und datenhungrige Geheimdienste zu ersetzen. Fakt ist, es sterben Menschen durch Terror, im Jahr 2016 waren es weltweit 34 871,[9] die meisten davon in Krisengebieten. Im selben Jahr, auch das ist Fakt, starben 17,9 Millionen an kardiovaskulären Krankheiten.[10] Eine der Hauptursachen dafür sieht die Weltgesundheitsorganisation im Übergewicht durch zu viel fett- und zuckerhaltige Nahrung. Es ist keine Übertreibung zu sagen, dass McDonald's in der westlichen Welt um ein Vielfaches bedrohlicher für uns ist als der Islamische Staat. Das kann man uns regelmäßig als Statistik in den Abendnachrichten präsentieren, aber Zahlen sind der Angst egal. Unser Hirn interpretiert Terrorismus als sehr beängstigend, während es sich völlig selbstverständlich von TV-Werbung für Big Macs und Nutella berieseln lässt. Ganz unabhängig vom realen Ausmaß einer Gefahr gilt, dass uns drei Dinge Angst machen: das Unbekannte, das Unkontrollierbare und das Außergewöhnliche. Auf Terror trifft das alles zu. Auf einen Big Mac nicht.

Verblüffend ist auch, wie schnell sich manche unserer Ängste anpassen. Ein Virus, das wir nicht kennen, dessen Kontrolle außerhalb unserer Macht liegt und das so außergewöhnlich ist, dass es Tag und Nacht die Schlagzeilen bestimmt, ruft große Angst hervor. Zunächst sind wir bereit, alles zu tun, was uns vor diesem Virus schützt. Doch mit der Zeit flacht die Angst ab, weil wir uns an die Situation gewöhnen. Kurz nach Ausbruch der Corona-Pandemie belegten Umfragen in Deutschland, den USA und Großbritannien, dass rund zwei Drittel der Bevölkerung große Angst vor dem Virus haben.[11] Obwohl die Gefahr nicht überwunden war und die Lage weltweit eher schlimmer wurde als besser, sanken die Werte in den folgenden Wochen deutlich.

Die echten Gefahren unserer Zeit, wie die Klimakatastrophe, multiresistente Keime, Fast Food, verschmutzte Ozeane oder die exponentielle Ausbreitung von Viren, sind für unser Hirn kaum zu begreifen. Das alles ist viel abstrakter als eine Raubkatze im Gebüsch. Und selbst wenn uns solche großen Gefahren Angst machen, können wir uns als Einzelperson kaum durch Kampf, Flucht oder Einfrieren davon befreien. Das uralte Angstmuster schießt hier ins Leere.

Auch bei einigen unserer ganz persönlichen Ängste stehen wir vor demselben Problem. So fürchten wir uns einerseits bei dem Gedanken an eine enge Bindung und haben gleichzeitig Angst, verlassen zu werden oder einsam zu enden. Wie soll man davor fliehen? Gegen wen kämpfen? Und was würde eine Schockstarre bringen? Wir wollen nichts verpassen und geben dieser Angst sogar einen Namen – FOMO (the fear of missing out) –, obwohl wir uns in Wirklichkeit davor fürchten, mit uns allein sein zu müssen. Da wir uns schämen, wenn wir im Vergleich mit anderen weniger arbeiten, halten wir uns ständig auf Trab und fahren nie ganz runter. So rennen und rennen wir im Hamsterrad, weil es von innen wie eine Karriereleiter aussieht, auf der wir unbedingt weiter nach oben wollen, aus Furcht davor, den Ansprüchen, die wir oder andere an uns stellen, nicht zu genügen. Schaffen wir dann den nächsten Karriereschritt, erdrückt uns die Vorstellung, nicht gut genug zu sein und irgendwann des Hochstapelns überführt zu werden. Es ist ein Hin und Her zwischen der Angst, nicht zu genügen, und der Angst zu versagen. Und wie viele von uns leben hinter einer Maske, weil sie fürchten, nicht so gemocht zu werden, wie sie wirklich sind? Nach außen zeigen wir uns stark und selbstsicher, aus Furcht davor, dass andere erkennen könnten, wie viel Angst uns wirklich umtreibt.

Auf den ersten Blick ist Angst in unserer heutigen Welt eine destruktive Kraft, die viel Leid verursacht. Doch das ist nur die halbe Wahrheit. Noch immer verbirgt sich in dieser Angst ein großer Wert. Sie kann hilfreich sein, wenn wir verstanden haben, was die Natur uns mitgegeben hat und wie gut wir lernen können, damit umzugehen. Worauf es dabei ankommt, lässt sich entlang der weiteren Geschichte von Baby 19 erzählen.

Professor Kagan und sein Team führten den oben beschriebenen Versuch mit Hunderten weiteren Säuglingen durch und stellten bei der Auswertung fest, dass sich rund 20 Prozent der Kinder wie Baby 19 verhalten.[12] Kagan nennt sie «High Reactives», die hochreaktiven Typen. 40 Prozent der Kinder verhalten sich genau umgekehrt. Sie reagieren kaum auf die Stimme aus dem Lautsprecher oder die anderen Reize und gelten entsprechend als «Low Reactives». Die übrigen Babys lassen sich keiner der beiden Gruppen eindeutig zuordnen. Kagans Entdeckung schlug hohe Wellen, denn seit Jahrzehnten tobte in der Welt der Wissenschaft ein erbitterter Streit um die Frage, ob wir Menschen als weißes Blatt zur Welt kommen und durch unser Umfeld beschrieben werden oder mit bestimmten Mustern in uns geboren werden.

Kagan konnte zeigen, dass sich Kinder bereits im Alter von vier Monaten grundlegend in ihrer Angstreaktion unterscheiden. In diesem kurzen Leben kann das Umfeld noch keine allzu große Rolle gespielt haben. Damit hatte Kagan das Temperament der Angst entdeckt – die angeborene Tendenz, sich von Unbekanntem stark abschrecken zu lassen.[13] Es ist diese Entdeckung, die ihn zu einem der bedeutendsten Psychologen des 20. Jahrhunderts machte. Entsprechend begeistert bin ich, als der Professor mit den leicht abstehenden Ohren, der zerfurchten Stirn und den hellwachen braunen Augen positiv auf meine Anfrage zu einem Gespräch reagiert. Ich möchte wissen, wie es mit Baby 19 und den anderen Säuglingen weiterging.

«Wir haben alle Kinder bis zum Alter von 18 Jahren immer wieder aufgesucht», berichtet mir der 91-Jährige. Früh zeichnete sich dabei ein Muster ab.[14] Schon im Alter von vier Jahren ist die Wahrscheinlichkeit, dass ein High Reactive im Verhalten gehemmt und eher vorsichtig ist, viermal höher als bei den Low Reactives. Bis zum achten Lebensjahr hat fast die Hälfte aller Hochreaktiven Angstsymptome, wie Schüchternheit in der Schule oder Furcht vor Dunkelheit, entwickelt. Bei den Low Reactives betrifft dies nur 15 Prozent. Auch erweist sich das mit vier Monaten ermittelte Temperament als sehr beständig: Im Alter von elf Jahren haben nur fünf Prozent der Kinder die Seiten gewechselt.

Doch nicht nur das Verhalten unterscheidet die beiden Gruppen. Als die ehemaligen Babys 2007 volljährig werden, untersucht der Harvard-Psychiater Carl Schwartz 76 von ihnen im Hirnscanner. «Baby 19» ist auch dabei.[15] Sofort fällt ihre Amygdala auf, die im Vergleich zu einem durchschnittlichen Low Reactive bei der jungen Frau besonders aktiv ist. Das bestätigte, was Schwartz bereits einige Jahre zuvor in einer ganz ähnlichen Studie zeigen konnte: Hochreaktive Kinder haben als Erwachsene eine Amygdala, die wie ein sehr sensibler Feuermelder schon beim kleinsten Funken den Angstalarm schlägt.[16]

Selbst der Aufbau des Hirns weist Unterschiede auf. Der linke orbitofrontale Kortex, eine Region, die dabei hilft, unangenehme Gefühle zurück in ruhiges Fahrwasser zu lenken, ist bei den Hochreaktiven dünner.[17] Hier fehlen wirksame Verbindungen. Auch berichten die erwachsenen Hochreaktiven auffällig oft von Anspannung, Sorgen und kritischen Gedanken. Jetzt wird die Tragweite von Kagans Untersuchung klar. Am Verhalten eines vier Monate alten Babys kann man mit verblüffend hoher Präzision vorhersagen, ob dieser Mensch am Tag der Volljährigkeit eher ängstlich sein wird.

Angst gilt heute vielfach als eine negative Kraft, die es zu überwinden gilt. Kinder werden zur breiten Brust und zu Selbstbewusstsein ermuntert. Mutig möchten wir sein! Angst ist Schwäche und stört damit in einer Gesellschaft, die Leistung und Erfolge erwartet. Das unangenehme Gefühl passt nicht ins Konzept von Menschen, die nach dem Glück streben, um ein erfülltes Leben zu führen. Wir wollen uns gut und nicht schlecht fühlen. Damit das klappt, müssten wir alles daransetzen, unsere Ängste zu überwinden. «Bekämpfe und besiege deine Angst» raten Selbsthilfebücher, Life-Coaches und Internetblogs. Den Angstfreien, so die Verheißung, winkt ein besseres Leben. Kagan ist sicher: Wenn Eltern die Wahl hätten, würden kaum noch hochreaktive Kinder geboren, weil Angst als etwas Schlechtes wahrgenommen wird.

Doch wer so denkt, übersieht ihre guten Seiten. Menschen mit ausgeprägtem Angsttemperament seien vorsichtiger, wodurch sie seltener mit dem Gesetz in Konflikt kämen, erzählt mir der Professor. Außerdem führen sie sicherer mit dem Auto und nähmen weniger Drogen. Wir leben in einer hochtechnisierten Welt. Zur Lösung komplexer Probleme bedarf es eher Umsicht und Bedacht als selbstbewussten Vorpreschens. Eine Gesellschaft braucht immer beides. Ohne hochreaktive Köpfe im Ground Control hätte Neil Armstrong niemals einen Fuß auf den Mond setzen können. Da ist Kagan überzeugt.

Obwohl Angst eine Emotion ist, die sich schlecht anfühlt, ist sie nichts Schlechtes. Wir werden auf dieser Reise immer wieder erkennen, dass die Natur uns nicht mit unangenehmen Gefühlen ausgestattet hat, um uns Steine in den Weg zu legen, sondern um uns zu helfen. Auch wenn man schon bei der Geburt wissen könnte, ob man ein hochreaktives Kind im Arm hält oder nicht, wäre das gar nicht so entscheidend. Was Angst mit uns macht, hängt vor allem davon ab, wie wir mit ihr umgehen.

«Als Baby 19 in die Schule kam, änderte sich ihr Verhalten», erzählt mir Kagan. Mit sieben begann das Mädchen langsam, aber sicher ihre Schüchternheit abzulegen. «Wenn du sie mit 17 Jahren zum Mittagessen eingeladen hättest, hättest du niemals gedacht, dass sie ein High Reactive ist», erinnert er sich. «Und jetzt rate, was ihr erster Job war», fragt mich der Professor und genießt sichtlich die Spannung. «Zuerst machte sie einen

Abschluss in Harvard, dann ging sie an die Wall Street. Einer der forderndsten Arbeitsplätze, den man sich vorstellen kann.»

Kagans Lebenswerk besteht also aus zwei Entdeckungen: 1989 konnte er zeigen, dass wir Menschen von Geburt an zu unterschiedlich viel Angst neigen. Damit scheinen unsere Wege vorgezeichnet. Viele Jahre später fand er jedoch heraus, dass selbst sehr ängstliche Menschen wie Baby 19 lernen können, mit ihren Ängsten konstruktiv umzugehen. Wie funktioniert das? Wo beginnt der gesunde Umgang mit unserer Angst?

Das Glück von Baby 19 war, dass es keine Helikoptereltern hatte, erinnert sich Kagan. Oft liegt der Überbehütung eine Angst der Eltern zugrunde und sie übertragen dieses Gefühl auf ihre Kinder. «Kletter nicht so hoch, du wirst fallen!» Wenn Helikoptereltern ihren Nachwuchs in Watte packen, ziehen sie ein Angstmonster heran, das es gar nicht geben müsste. Noch schlimmer sind Curling-Eltern. Der Begriff aus Dänemark beschreibt Väter und Mütter, die jedes nur denkbare Hindernis vor ihrem Kind aus dem Weg fegen wie beim Eisstockschießen.

Wer seinem Kind vermittelt, dass Angst etwas so Schreckliches ist, dass es alles zu vermeiden gilt, was sie auslösen könnte, beraubt es der Möglichkeit, einen gesunden Umgang mit Angst zu entwickeln. Das war bei Baby 19 anders. «Ihre Eltern haben sie ermutigt, ihre Ängste zu erobern», sagt Kagan. Darin liegt der Schlüssel, egal wie alt wir sind.

Das Erste, was Menschen mit einer Angststörung in der Therapie lernen, bringt uns alle weiter: Angst fühlt sich unangenehm an, darum fürchten wir sie. Es ist diese Angst *vor* der Angst, die es zu besiegen gilt. Angst ist niemals eine Krankheit. Erst ein falscher Umgang mit ihr erschafft das Problem. Dabei wird oft das Gewicht der eigenen Meinung in der Welt der Gefühle unterschätzt.

In einer 2012 veröffentlichten Studie der University of Wisconsin wurde an 29 000 Menschen untersucht, wie viel Stress sie in ihrem Leben empfanden und ob sie fürchteten, Stress würde der Gesundheit schaden.[18] Wer angab, von viel Stress geplagt zu sein, hatte ein um 43 Prozent erhöhtes Risiko, frühzeitig zu sterben. Stress macht krank. Doch tatsächlich galt der Zusammenhang *nur* für jene, die dieser Überzeugung waren. Wer viel Stress erlebte und gleichzeitig keine Angst vor den vermeintlichen Folgen hatte, lebte im Schnitt so lange wie der stressfreie Rest. Daraus lässt sich für unseren Umgang mit der Angst ableiten, dass unsere Bewertung des Gefühls entscheidend ist. Wenn wir der Meinung sind, dass Angst uns schadet, dann tut sie das auch. Wenn nicht, kann sie uns sogar helfen.

Die meisten Menschen, die Angst in sich aufziehen spüren, etwa kurz vor einem wichtigen Vortrag oder einer Prüfung, versuchen sich zu beruhigen. Ihrer Meinung nach stört Angst in solchen Momenten. In einer Studie befragte Alison Brooks, Professorin an der Harvard Business School, 300 Menschen, welchen Rat sie jemandem geben würden, der kurz vor einer Herausforderung Angst bekommt.[19] 85 Prozent empfahlen, sich zu entspannen, zu relaxen: «Calm down!» In einer Welt, in der Angst als Monster gilt, will niemand mit dem Monster ans Rednerpult oder in ein Examen. Doch diese Meinung lässt sich ändern. Und das hat einen verblüffenden Effekt, wie Brooks in einer Reihe weiterer Versuche zeigen konnte.[20]

So mussten ihre Versuchspersonen etwa vor einer Gruppe das Lied «Don't Stop Believin'» singen. Eine Situation, die bei vielen Beklemmungsgefühle auslösen würde. Bevor es ans Mikrophon ging, wurden die Versuchspersonen per Zufallsprinzip in zwei Gruppen aufgeteilt. Die einen sollten sich selbst sagen «Ich bin ängstlich», die anderen «Ich bin angeregt». Allein diese kleine unterschiedliche Etikettierung des aufkommenden Gefühls zeigte eine deutliche Wirkung. Die «Angeregten» sangen laut Computerauswertung deutlich besser als die «Ängstlichen». Das «On-and-on-and-on-and-on» ging ihnen lockerer über die Lippen. Die gleichen Befunde ergab auch ein Sprachtest. Wer gebeten wurde, sich selbst als «angeregt» wahrzunehmen, sprach überzeugender und souveräner als jemand, der sich eher «ängstlich» fühlte, wie eine Videoanalyse zeigte. Selbst in einem Mathetest fand Brooks ein ähnliches Muster. Entscheidend an diesen Versuchen war, dass die «Angeregten» von demselben Maß an Angst berichteten wie die «Ängstlichen». Auch der gemessene Herzschlag war gleich. In beiden Gruppen wurde also Angst empfunden, doch die «Angeregten» konnten das, was sie spürten, als einen Motivationsschub verstehen. «Zwischen Reiz und Reaktion liegt ein Raum. In diesem Raum liegt unsere Macht zur Wahl unserer Reaktion. In unserer Reaktion liegen unsere Entwicklung und unsere Freiheit», schrieb der Psychiater und KZ-Überlebende Viktor Frankl. Wenn ein Reiz die Angst in uns aufziehen lässt, haben wir Einfluss darauf, wie wir reagieren. Es hilft, sich der eigenen Gefühle bewusst zu sein und sie zu hinterfragen.

Wir vertrauen unseren Gefühlen, gerade weil wir sie fühlen. Doch nicht immer sind sie situationsgerecht, und ohne Korrektur reagieren wir oft unangemessen. Wenn wir Angst empfinden, dann glauben wir, in Gefahr zu sein. Doch sind wir das wirklich? Was passiert, wenn wir uns bei einem Vortrag verhaspeln? Oder wenn wir durch die Prüfung fallen? Beides wäre ärgerlich. Keine Frage. Doch rechtfertigt diese «Gefahr» keine Todesangst. Herzrasen oder Schweißausbrüche sind in solchen Situationen völlig überflüssig. Betrachten wir die Angst vor einer Prüfung als anregend und nicht als furchteinflößend, können wir daraus Kraft gewinnen. Zwar engt Angst uns ein, was sich unangenehm anfühlt, doch damit stellt sie uns auch scharf. Wie das Objektiv einer Kamera gibt sie uns einen Fokus. Ist die Angst zu groß, werden wir auf der Bühne keinen geraden Satz herausbringen, doch ganz ohne Lampenfieber wird es uns an Energie und Ehrgeiz fehlen. Dann geben wir nicht alles, weil uns die Kraft und der Antrieb dazu fehlen. Wenn wir verstehen, was Angst eigentlich mit uns machen will, nämlich Energie bereitstellen, um eine Herausforderung zu lösen, dann fällt es uns leichter, sie als positive Erregung zu begreifen und Kraft aus ihr zu schöpfen.

In unseren überfüllten Leben und in dieser schnellen Zeit lohnt es sich, genauer hinzusehen, wenn die Angst aufzieht. Denn Angst will uns schützen, indem sie unsere Aufmerksamkeit lenkt. Wir können lernen, uns von der bereitgestellten Energie tragen zu lassen wie von einer Welle. Erst die Angst vor der Angst macht Angst zum Monster. Umgekehrt gilt, wer sie mit offenen Armen empfängt, obwohl sie sich schlecht anfühlt, nimmt ihr das überwältigende Moment. Das ist es, was Baby 19 für sich gelernt hat.

Nicht immer sind unsere Ängste jedoch so konkret wie vor einer Prüfung. Oft ist es gerade das Ungewisse, das wir fürchten. Statt konkrete Angst zu spüren, stecken wir voller Sorgen. Sorgen gehören gewissermaßen als Vorstufe zur Angst, treiben uns noch keinen Schweiß auf die Stirn, sondern wandern in unseren Hinterköpfen umher und sind schwer zu fassen. Werde ich im Alter arm sein? Bin ich eine gute Mutter, ein guter Vater? Was passiert, wenn meine Eltern krank werden? Ist mein Job sicher? Der Mensch sorgt sich andauernd, jüngere Leute besonders oft.[21] «Ruhe!», wollen wir rufen, wenn wir abends vor lauter Sorgen nicht einschlafen können oder nachts von ihnen aus dem Schlaf gerissen werden. Sorgen rauben Zeit, fressen Energie und trüben unsere Aussichten. Warum lässt sich das Karussell in unserem Kopf kaum stoppen? Die Antwort bringt uns zurück zur «echten» Angst.

Menschen machen sich Sorgen, um sich vor größerer Angst zu «schützen». Wenn wir uns sorgen, reisen wir gedanklich in die Zukunft. Was könnte alles schiefgehen? Indem wir uns damit beschäftigen, geben wir uns selbst das Gefühl, etwas zu tun. «Ich mache mir zumindest Gedanken!» Das läuft meist unbewusst ab und gibt uns doch den beruhigenden Eindruck von Kontrolle durch Vorbereitung. «Wenn es später irgendwann hart auf hart kommt, werde ich nicht mehr so viel Angst haben, weil ich mich jetzt schon mit dem Schlimmsten auseinandersetze.» Das wirkt im ersten Moment beruhigend. Gefährlich wird es, wenn daraus eine Grundhaltung wird. Hanjoo Kim von der University of Pennsylvania hat mir von einer neuen Untersuchung berichtet, in der dieser Zusammenhang gezeigt werden konnte.[22] Menschen, die sich oft und viele Sorgen machen, durchliefen 2019 ein Entspannungstraining, wobei sich fand, dass die Entspannung – also ein kurzzeitiges Befreien von Sorgen – zu einem starken Anstieg der Angst führte. Entspannung löste bei diesen Menschen Angst aus. Das klingt merkwürdig und ergibt aus psychologischer Sicht doch Sinn. Mit Sorgen betäuben wir uns gegen Angst. In einem leicht angespannten Dauerzustand, in dem wir nie ganz zur Ruhe kommen, fühlen wir uns vorbereitet und halten so die eigentliche Angst, die den Sorgen zugrunde liegt, auf Abstand.

Die Therapieforschung der letzten Jahrzehnte zeigt, dass die Konfrontation mit unseren Ängsten diese tatsächlich abflachen lässt. Ein Mensch mit Höhenangst wird in einer Therapie «gezwungen», auf der Dachterrasse eines Hochhauses ans Geländer zu treten. Die Angst wird so auf ein Maximum ansteigen, und diesen extremen Zustand echter Angst kann unser Organismus nicht ewig aufrechterhalten. Egal ob mit

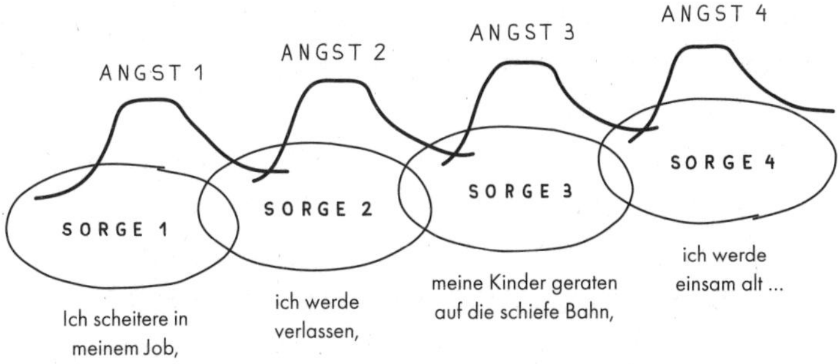

Warum wir Sorgenketten lieben[23]
Menschen springen, oft unbewusst, lieber in Ketten von einer Sorge zur nächsten, als sich der wahren Angst dahinter zu stellen. So steigt die Angst jedes Mal zunächst an, doch bevor sie den Gipfel erreicht, gehen wir schnell zur nächsten Sorge über, aus Angst vor der Angst.

Angststörung oder ohne, Angst nimmt dann ab, wenn wir sie durchleben. Professor Kagan ist überzeugt, dass Angst nicht einfach ein allgemeiner Zustand ist, sondern sich je nach Auslöser unterscheidet. Darum lohnt es, genauer hinzusehen, wodurch unsere Angst wirklich hervorgerufen wird. Haben wir das erkannt, können wir uns der Angst stellen.

Zwar verlangt eine Konfrontation Überwindung, doch sie ist eine der wirksamsten Methoden, Angst in den Griff zu kriegen. Das ergibt Sinn, denn wenn wir Ängste erlernen können, können wir sie auch wieder «verlernen». Für unsere Sorgen heißt das, wir müssen sie zu konkreten Ängsten machen, um uns von ihnen zu befreien. Erst dann wird es möglich, sich einer Konfrontation zu unterziehen. Das rät Professor Jürgen Margraf von der Ruhr-Universität Bochum, der seit Jahren die Therapie von Ängsten erforscht. Nehmen wir die Sorge, im Alter zu verarmen, und malen uns aus, wie es wäre, im Altenheim mittellos und einsam zu sterben – so bildlich wie möglich, so konkret wie möglich und so schlimm wie möglich –, dann kommt die echte Angst. Und wenn wir jetzt nicht abbrechen, sondern in Gedanken weitergehen und die Angst wirklich fühlen, wird sie abflachen und das Sorgenkarussell gebremst.[24] Unser Hirn kann gar nicht anders!

Trifft uns, was vorkommt, die Angst ganz unerwartet, etwa wenn wir erfahren, dass ein geliebter Mensch schwer krank ist oder eine Kündigung droht, gibt es auch keine Vorbereitung. In solchen Fällen hilft die jahrtausendealte Technik der Achtsamkeit. Wer wie Millionen andere heutzutage Achtsamkeit googelt, landet schnell auf Seiten, die sehr viel verlangen: Meditation, Atemübungen, bewusstes Essen sind nur eine kleine Auswahl der typischen Ansätze. Einiges davon habe ich ausprobiert, etwa meinen Atem in Sekunden unterteilt oder Ewigkeiten auf einer Rosine herumgekaut, um bewusster zu schmecken. Auf den ersten Blick erschließt sich vielleicht nicht, wieso Achtsamkeit im Umgang mit Angst helfen könnte. Doch seit Jahren werden achtsamkeitsbasierte Therapien in der Forschung kritisch untersucht. Das Ergebnis: sie wirken. Bei Frauen mit Brustkrebs etwa reduzieren sie die psychische Belastung der Diagnose drastisch, Depressive schützen sie vor Rückfällen und Kindern helfen sie im Umgang mit psychischen Problemen.[25] Es lässt sich heute auf einer breiten Datenbasis sagen, dass Achtsamkeit auch im Umgang mit Angst wirkt.[26]

Achtsamkeit zielt darauf ab, die Aufmerksamkeit bewusst auf das aktuelle Erleben zu richten, ohne es zu bewerten. Das bedeutet, Angst zu erleben, ohne Angst vor der Angst zu bekommen. Wir sollen dabei nicht zwingend entspannen, sondern die Angst soll ehrlich gefühlt werden, und das darf auch unangenehm sein. Eine einfache Methode dazu, die sich auch in den Alltag einbinden lässt, beginnt etwa mit dem Schließen der Augen. Wer jetzt für drei bis fünf Minuten alle Gedanken, Sorgen und Ängste, so wie sie im Kopf auftauchen, wieder vorbeiziehen lässt, sie nicht ändern und vor allem nicht bewerten will, sich selbst nicht dafür verurteilt, schafft Distanz zu ihnen. Es ist, als würde man Autos auf einer Autobahn von einem nahe gelegenen Hügel beobachten, statt im tosenden Lärm vom Grünstreifen in der Mitte. Aus der Distanz liefert der Blick in die eigene Gefühlswelt oft wie von selbst Ruhe und Klarheit.

Den vielleicht wichtigsten Zugang zu mehr Achtsamkeit im Umgang mit Angst bieten Pausen. Es braucht dafür nicht zwingend aufwendige Meditation oder intensives Yoga. Wenn es uns gelingt, im hastigen Alltag regelmäßig kurz innezuhalten – gerade dann, wenn viel los ist –, einmal durchzuatmen und diesen Atem zu spüren, holen wir die Gedanken aus der Zukunft zurück in die Gegenwart. Damit nimmt man Sorgen den Wind aus den Segeln, und auch mit Angst lässt sich im Hier und Jetzt gelassener umgehen. Achtsamkeit ist das Gegenteil von Tabletten gegen Angst. Statt zu unterdrücken wird bewusst gefühlt. Das kann vor allem am Anfang sehr unangenehm sein, hilft aber auf Dauer, die eigenen Ängste bewusster kommen und auch wieder ziehen zu lassen.

Angst ist kein Monster, das es zu besiegen gilt. Sie ist ein wertvoller Teil unserer Gefühlswelt und wenn wir ihr offen und nicht feindselig begegnen, erkennen wir ihren tieferen Sinn und können sie als Energie für uns nutzen oder ihr gelassener begegnen, weil wir erkannt haben, dass sie eigentlich unser Bestes will. Der römische Stoiker und Naturforscher Seneca hat schon vor rund 2000 Jahren gesagt: «Es ist wahrscheinlich, dass ein Übel eintreten wird; darum aber ist es nicht gleich wahr. Wie vieles ist unerwartet gekommen! Wie vieles

Erwartete ist nie erschienen! Und wenn es auch wirklich bevorsteht, was nützt es, seinem Schmerz entgegenzulaufen? Du wirst ihn früh genug empfinden, unterdessen versprich dir Besseres.»

Zum Abschied fragte ich Professor Kagan danach, was seine größte Angst sei. «Ich habe Angst vor einer langen Zeit mit Schmerzen, bevor ich sterbe, denn ich befinde mich in meinem letzten Jahrzehnt.» Wie geht ein Mensch wie er, der die Angst so gut kennt und verstanden hat wie kaum ein anderer, damit um? «Ich denke über meine Angst nach, dann sage ich mir, dass ich nichts tun kann, also verwerfe ich meine Sorgen und gehe weiter meinen Weg.» Den eigenen Weg gehen – nicht ohne Angst, sondern mit einer gelassenen Haltung ihr gegenüber, das hat Professor Kagan von Baby 19 gelernt.

DIE RÜCKKEHR DER SCHMETTERLINGE

Verliebt sein bis zum letzten Tag

Die Liebe stirbt nie einen natürlichen Tod.
Sie stirbt, weil wir das Versiegen ihrer Quelle
nicht aufhalten.

ANAÏS NIN

Der Capilano Canyon in British Columbia ist ein Wanderparadies. Unter haushohen Kiefern, deren Wipfel im Wind wanken, schlängelt sich ein Fluss durch eine atemberaubende Felsenlandschaft. Unterbrochen wird die Idylle der fast unberührten Natur nur von kleinen Waldwegen und zwei sehr ungleichen Brücken. Die eine Brücke ist kurz und solide gebaut aus massiven Holzplanken und mit einem hohen Geländer versehen. Die zweite hängt in einer Höhe von 70 Metern an Stahlseilen über eine Länge von 140 Metern frei schwingend über einer Felsenschlucht. Sie ist schmal und nur ein niedriger Handlauf schützt vor dem Absturz. Es waren exakt diese beiden Brücken, auf denen die kanadischen Psychologieprofessoren Arthur Aron und Donald Dutton 1974 ein Geheimnis des Verliebtseins entschlüsselten, das alle kennen sollten, die in einer langfristigen Beziehung zufrieden bleiben möchten.

Die Forscher postierten für ein Experiment eine junge, attraktive Frau zunächst an der kurzen und sicheren Brücke.[1] Kam ein Mann vorbeigewandert, bat die Frau ihn, an einer Umfrage teilzunehmen. Allen, die mitmachten, stellte sie sich am Ende als Donna vor und kritzelte ihnen ihre Telefonnummer «für etwaige Rückfragen» auf ein Stück Papier. Ein kurzer Flirt.

Dieselbe Frau stellte sich für eine zweite Runde später auf die schwankende Brücke, gab wieder allen männlichen Umfrageteilnehmern ihre Nummer, mit dem Unterschied, dass sie sich dieses Mal Gloria nannte.

Bald darauf klingelte an der University of British Columbia das Telefon. In Wirklichkeit hatte die attraktive Dame nicht ihre Nummer, sondern die der Forscher weitergegeben. Nichts ahnend fragten die interessierten Anrufer nun nach Gloria oder Donna, womit sofort klar war, welche der beiden Brücken sie jeweils überquert hatten. Die so entstandene Strichliste machte schnell ein Ungleichgewicht deutlich. Von den Männern, die die kurze Brücke überquert hatten, griff nur etwa jeder zehnte zum Hörer. Auf der schwankenden Hängebrücke dagegen fühlte sich jeder zweite Wanderer so sehr von der Frau angezogen, dass er sich entschloss, mit ihr Kontakt aufzunehmen. Dieselbe Frau hatte je nach Situation offenbar eine deutlich unterschiedliche Wirkung auf die Männer. Wie sich das erklären lässt und was wir aus diesem Experiment für unsere eigene Beziehung lernen können, werden wir gleich verstehen. Zuvor müssen wir jedoch die Grundlagen des Verliebtseins klären.

«Liebe wechselt nicht mit Stunde oder Woche, weit reicht ihre Kraft bis zum letzten Tag», schrieb William Shakespeare. Was für eine romantische Vorstellung: Man verliebt sich und spürt diese Liebe dank ihrer großen Kraft bis ans Ende aller Tage. Und was für ein hoher Anspruch. Denn dass das Leben kein Liebesgedicht ist, zeigen die nüchternen Zahlen: Fast jede zweite Ehe in Europa wird heute geschieden. Gehen wir davon aus, dass die meisten Menschen aus Liebe heiraten, scheint die Kraft also nicht selten nachzulassen, bevor der Tod sie scheidet. Egal ob mit oder ohne Eheversprechen, weichen das Verlangen, die Lust und der Zauber, die dem Beginn einer romantischen

Liebesbeziehung innewohnen, nicht irgendwann zwingend der Routine und Vertrautheit? Ist es nicht so, dass die Schmetterlinge beim ersten gemeinsamen Sonnenuntergang wilder in unserem Bauch mit den Flügeln schlagen als am tausendsten Abend Jahre danach? Viele halten es für normal, dass die Verliebtheit irgendwann nachlässt und – wenn alles gut läuft – von einer tiefen, vertrauensvollen, partnerschaftlichen Liebe abgelöst wird. Mag sein, dass zahlreiche Beziehungen genau so verlaufen. Aber müssen die Schmetterlinge wirklich verschwinden, wenn wir langfristig zusammenbleiben wollen? Ist es nicht möglich, das echte, kribbelnde Verliebtsein der ersten Stunden und Wochen aufrechtzuerhalten – vielleicht sogar bis zum letzten Tag?

Aus hormoneller Sicht spricht einiges dagegen. Schiebt man frisch verliebte Menschen in ein MRT-Gerät, sticht auf dem Monitor des Hirnscanners sofort eine kleine Region über dem Hirnstamm rot leuchtend heraus. Hier, im ventralen tegmentalen Areal (VTA), liegt das Betriebsgelände einer winzigen, aber hocheffizienten Dopaminfabrik, deren Werksglocke von Amors Pfeil zum Schellen gebracht wird. Wenn er uns trifft, wechselt die Arbeit in der Fabrik in den Doppelschichtbetrieb, um unser Belohnungssystem mit Dopamin zu fluten.[2] Viel spricht dafür, dass das Dopamin ganz entscheidend für die unbändige Lust, das pochende Verlangen, das Dauerlächeln und die überschießende Euphorie des Verliebtseins ist. Wären wir Flugzeuge, würden die Triebwerke, die uns auf Wolke sieben bringen, mit Dopamin betankt. Angeblich geht die Redewendung zurück auf Aristoteles, der den Himmel in sieben Zonen unterteilte, mit Nummer sieben als höchste. Das passt. Tatsächlich sind wir buchstäblich high, wenn wir uns verlieben. Der Rausch des Verliebtseins unterscheidet sich nicht maßgeblich von dem, was Kokain oder Alkohol in uns auslösen. Männliche Fruchtfliegen etwa, die von einem Weibchen abgelehnt werden, trinken – vermutlich aus Frust darüber – viermal mehr Alkohol als erfolgreiche Artgenossen.[3] Dasselbe Belohnungssystem, nur jeweils anders aktiviert. Verliebtheit macht Drogen überflüssig.

Neben Dopamin stößt Amors Pfeil aber auch die Produktion von Cortisol an.[4] Ein Stresshormon. Rund um den ersten gemeinsamen Sonnenuntergang sind wir aufgeregt und rastlos, weil wir unser gerade gewonnenes Glück kaum fassen können und es um keinen Preis wieder verlieren wollen. Dafür stellt uns das Cortisol ungeahnte Ressourcen zur Verfügung. Tagelang könnten wir wach bleiben, Bäume ausreißen und ohne Essen auskommen. Dann leben wir tatsächlich von nicht viel mehr als Luft und Liebe.

Wie wir von der Angst wissen, ist der Mensch jedoch nicht dafür gemacht, lange in den Extrembereichen seiner Gefühlswelten zu verweilen. Unsere besonders intensiven Gefühle sind als kurze Sprints angelegt und nicht als Marathonläufe. High und gestresst – aus gesundheitlicher Sicht ist es überlebenswichtig, Wolke sieben bald wieder zu verlassen. In der Forschung ist die Rede von ein paar Monaten bis zu etwa einem Jahr.[5] Einen fixen Zeitrahmen gibt es nicht, denn der wäre auch schwer zu messen. Vieles deutet darauf hin, dass der Rausch schon relativ bald nachlässt und damit das Stresslevel wieder sinkt. Wir werden nüchtern. Nicht selten gehen Beziehungen in diesem Moment in die Brüche.

Doch neben Dopamin und Cortisol enthält der Liebescocktail noch die weitere Zutat Oxytocin, populär oft als Kuschelhormon bezeichnet. Tatsächlich trägt nach dem Sex ein Oxytocinschub zum Gefühl der Verbundenheit bei. Zärtliche Berührungen der Haut, die Geburt oder das Stillen eines Kindes führen ebenfalls zu einer Oxytocinausschüttung.[6]

Das Hormon sorgt für Vertrauen, stärkt die Paarbindung und sogar die Treue. Es hilft, uns auf einen anderen Menschen einzulassen und das Verliebtsein im Hirn zu verankern. Am besten untersucht ist diese Wirkung an Präriewühlmäusen, die zu den wenigen Säugetieren gehören, die monogam leben. Einmal «verliebt», bleiben sie ein Leben lang in einer festen Beziehung. Entscheidend dafür ist offenbar das Oxytocin. Stören unromantische Forschende dessen Aufnahme im Mäusehirn durch Experimente, ist es vorbei mit der Treue.[7] Ab jetzt wird «fremdgegangen», ein Verhalten, das sich bei Präriewühlmausmännchen übrigens auch nach Alkoholaufnahme beobachten lässt.[8]

Umgekehrt werden Bergwühlmäuse, nahe Verwandte der Präriewühlmaus, die es normalerweise bunt mit wechselnden Partnern treiben, zu treuen Seelen, wenn man ihnen Oxytocin verabreicht.[9] Natürlich können solche Befunde an Tieren nicht einfach auf den Menschen übertragen werden. Wer sich etwa Oxytocin-Nasenspray im Netz bestellt, das dort als Liquid Trust (flüssiges Vertrauen) angepriesen wird, oder Oxytocin-Deo unter die Achseln rollt, um die Beziehung zu retten oder einen geliebten Menschen auf ewig an sich zu binden, wird enttäuscht werden vom Effekt der Produkte.

Fassen wir zusammen, scheint die Sache klar: Erst sind wir high verliebt, und wenn der Rausch nachlässt, kommt – wenn alles gut läuft – die kuschelig partnerschaftliche Liebe. Das würde bedeuten, dass wir die Schmetterlinge auf Dauer abschreiben müssten, weil die Hormone nicht mitspielen.

Doch im Rahmen der systematischen Erforschung der Liebe finden sich immer wieder Paare, die angeben, auch nach Jahren noch ineinander verliebt zu sein.[10] Mit allem, was dazugehört, wie Zärtlichkeiten, Sex und starker Anziehungskraft. Ein skeptischer Erklärungsansatz hierzu wäre, dass sich diese Paare nur etwas vormachten und in Fragebogen nicht ganz ehrlich antworteten. Im Fragebogen kann man lügen, im Hirnscanner dagegen wird – soweit man das jemals sagen kann – objektiv gemessen. Also schob 2012 ein Team rund um die amerikanische Anthropologin Helen Fisher Menschen, die im Schnitt seit über 20 Jahren in einer Beziehung lebten, in den Hirnscanner.[11] Dort zeigte man ihnen Fotos ihrer Liebsten – und wie auf Kommando, als hätte man im VTA nur auf das Läuten der Werksglocke gewartet, sprang die Dopaminproduktion an. Ich erspare uns die komplizierten Details, denn die Botschaft der Studie war: Das Foto genügte, um im Hirn der Langzeitverliebten dieselben Bereiche zu aktivieren wie bei frisch Verliebten. Mit einem Unterschied, erzählt mir Helen Fisher. Bei frisch Verliebten war zusätzlich eine Hirnregion aktiv, die mit Angst in Verbindung gebracht wird. Bei den Langzeitverliebten herrschte hier hingegen Ruhe. Dafür «arbeiteten» bei ihnen Bereiche im Hirn, die für Entspannung und die Unterdrückung von Schmerzen sorgen.[12] «Wir haben Menschen in unserem Labor erlebt, die sind 50 oder 60 Jahre alt, seit Jahren in der Partnerschaft, und die sagen, ‹ich bin immer noch in ihn oder in sie verliebt›», berichtet die Forscherin und fügt an, dass das niemand für möglich hielt. Doch der Hirnscanner habe gezeigt, dass diese Menschen weder lügen noch sich selbst etwas vormachen.

Die Wissenschaft geht nicht davon aus, dass die anfängliche Verliebtheit als stressiges «Dauerhigh» über Jahrzehnte anhält oder sich nach 20 Jahren noch exakt so anfühlt wie beim ersten Kuss. Das wäre auch nicht plausibel. Menschen verändern sich und auch ihre Gefühle und die Art, wie sie sie wahrnehmen. Und doch scheint es Leute zu geben, in deren Hirn auch noch nach 20 Jahren Beziehung, das Belohnungssystem allein beim Anblick der geliebten Person geflutet wird.

Natürlich gibt es kein Patentrezept für so eine positive Entwicklung. Dafür leben und lieben wir Menschen viel zu unterschiedlich. Doch es gibt in der Psychologie eine Überlegung – eine Theorie zum Verliebtsein –, die wissenschaftliche Erkenntnisse bündelt und uns gleichzeitig charmant einfach zeigt, worauf es ankommt. Entwickelt wurde die Idee von Arthur Aron und seiner Frau Elaine. Als ich den Professor spreche, möchte ich zuerst wissen, wie lange er schon in seine Frau verliebt ist. Schließlich gilt Aron als weltweit führend in Sachen Liebesforschung, und so erwarte ich, dass er seine wissenschaftlichen Erkenntnisse in die Praxis umzusetzen weiß. «Oh, nur fünfzig Jahre», antwortet er mit einem tief zufriedenen Strahlen im Gesicht und spricht über die Beziehung zu seiner Frau als das Wertvollste, was er jemals besessen hat. Als ich wenig später auch mit Elaine rede, schwärmt sie davon, dass ihr Mann einer der fürsorglichsten Menschen sei, den sie kenne. Und auch bei ihr ist dieses Strahlen in den Augen, das keine Fragen offenlässt. Ich bin sicher, dass hier zwei Menschen nach all der Zeit noch immer ineinander verliebt sind. Es braucht keinen Hirnscanner, um das zu erkennen. Da ist nicht nur Vertrauen und Partnerschaftlichkeit. Hier flattern die Schmetterlinge noch, obwohl die Haare der beiden – Arthur hat kaum noch welche – längst weiß geworden sind. Zu verdanken haben sie das sicher auch ihrer Theorie, dem sogenannten Selbsterweiterungsmodell.[13] Dieses Modell geht davon aus, dass wir verliebt bleiben, wenn es uns gelingt, in einer Beziehung langfristig unser Selbst zu erweitern. Die Idee dahinter erschließt sich, wenn man die zwei Grundannahmen der Psychologie kennt, auf denen sie fußt.

Die erste lautet: Jeder Mensch will wirken. Würden unsere Bedürfnisse eine Pyramide bilden, bestünde das Fundament aus Nahrung, Kleidung und Unversehrtheit. Wir brauchen ein

Dach über dem Kopf und etwas zu essen als Grundvoraussetzung. Die Spitze der Pyramide bildet unser Drang, im Leben etwas zu bewegen. Wir wollen spüren, dass wir etwas ausmachen. Das steckt tief in uns. Schon den meisten Säuglingen steht die pure Freude ins Gesicht geschrieben, wenn sie an einer Schnur ziehen und daraufhin ein Spielgegenstand über ihrem Bettchen zu schwingen beginnt. Als Kinder bauen wir Sandburgen, nur um sie wieder kaputt zu machen. In der Jugend reizen wir die Grenzen aus, um zu spüren, wie weit wir gehen können. Später im Beruf wollen wir als Sanitäter Leben retten oder als Ingenieurin Hängebrücken konstruieren. Zu Hause legen wir vielleicht einen Gemüsegarten an, lernen Klavierspielen und Kochen oder schrauben an unserem Bulli für den nächsten Campingurlaub. Wie wichtig es für uns ist zu wirken, wird deutlich, wenn wir es nicht können. Alte Menschen gehen regelrecht ein, wenn sie nichts mehr zu tun haben, und junge Menschen werden nicht selten aggressiv, wenn man sie der Möglichkeit beraubt, sich zu entfalten.

Nicht alle wollen die Welt verändern. Manchen reicht es, im kleinen Rahmen Dinge anzustoßen. Gleichgültig ob stark oder schwach ausgeprägt, der Drang steckt in jedem von uns, und seine Befriedigung ist uns ein Bedürfnis, bis wir sterben. Der Mensch will sich entfalten, weiterentwickeln und Ziele erreichen, und um das zu schaffen, gehen wir Beziehungen mit anderen ein. Damit sind wir bei der zweiten Grundannahme des Modells angelangt.

Wir sind soziale Wesen. Ohne den Kontakt zu anderen können wir nach der Geburt nicht überleben. Von Beginn an sind wir auf Beziehungen angewiesen. Und dabei merken wir früh, dass wir auch durch andere wirken. Es macht einen Unterschied, ob wir mit dem Klassenclown oder dem Computernerd befreundet sind. Nicht nur für unsere Außenwirkung, sondern auch für uns selbst. Beziehungen eröffnen uns neue Welten, die wir vielleicht sonst nicht betreten hätten, und daran wachsen wir. Wir definieren uns immer auch über unsere Verbindungen zu anderen. Es erfüllt uns mit tiefer Zufriedenheit, unseren Kindern beim Spielen zuzusehen. Gewinnt eine gute Freundin mit ihrem Fußballteam, fühlt sich das für uns auch auf der Zuschauertribüne fast wie ein eigener kleiner Erfolg an. Wenn wir über ein großes Netzwerk verfügen, haben wir Vorteile, weil wir schnell und einfach Unterstützung organisieren können. Kurzum, indem wir uns mit anderen Menschen verbinden, erhöhen wir unsere Möglichkeiten zu wirken.

Was bedeutet das nun für die langfristige Verliebtheit? Stellen wir uns vor, unser Selbst wäre ein Kreis, in dem sich Stärken, Ideen, Humor, Ressourcen, Wünsche, Aussehen und natürlich auch Schwächen befinden. Verlieben wir uns, gehen wir eine ganz besondere Verbindung mit einem anderen Menschen ein. Aus zwei «Selbst» wird ein Stück weit «Wir». So gehört zu dem einen Selbst ein Teil von dem, was das andere Selbst ausmacht. Zwei Kreise überschneiden sich und wenn der eine Kreis nicht überwiegend aus Schwächen besteht, gewinnt das jeweilige Selbst etwas dazu, es wächst.

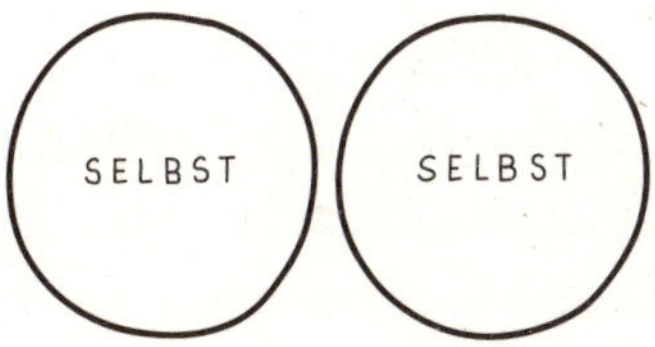

Zwei Selbst für sich

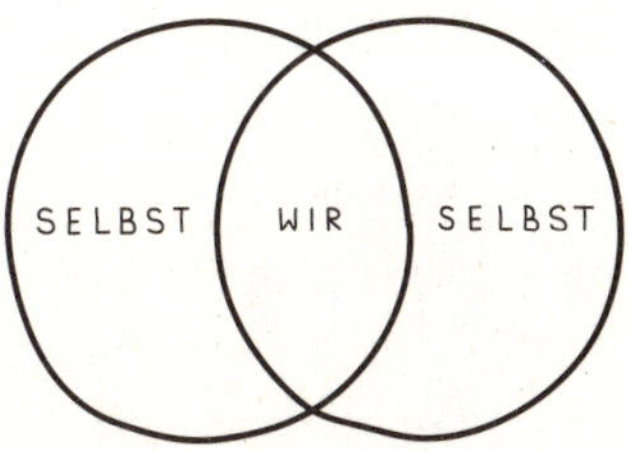

Zwei Selbst, gewachsen durch ihre Verbindung im «Wir»

Das lässt sich auch wissenschaftlich zeigen. Sobald wir uns frisch verlieben, erlebt unser Selbst einen kräftigen Schub. Für eine Langzeituntersuchung wurden an der University of California vor einigen Jahren Hunderte Studierende wöchentlich gefragt: «Wer bist du heute?»[14] Hatten sich die Studierenden frisch verliebt, antworteten sie auf diese Frage plötzlich ganz anders als noch in der Woche zuvor. Sie nutzten eine deutlich größere Vielfalt an Wörtern, um sich zu beschreiben, berichteten von einem gestiegenen Selbstwertgefühl und vor allem von mehr Selbstwirksamkeit. «Meine Persönlichkeit ist gewachsen. Ich habe eine bessere Meinung von mir. Und vor allem habe ich das Gefühl, mehr zu bewirken», könnte man die Antwort eines frisch verliebten Versuchsteilnehmers zusammenfassen. Das Verlieben hatte den Radius des Selbstkreises buchstäblich weiten lassen. Im Gegensatz zu Angst, die einengt und den Fokus scharfstellt, wirkt Liebe genau umgekehrt. Sie öffnet uns und macht uns größer, weil wir eine andere Person in unser Selbst aufnehmen.[15]

Lieben, um das Selbst zu erweitern – das klingt zugegeben eher unromantisch, wenn nicht egozentrisch. Doch führen wir uns die Pyramide unserer Bedürfnisse vor Augen. Wenn wir die Spitze mit Hilfe eines geliebten Menschen bauen, bekommt die Beziehung einen hohen Stellenwert. Außerdem entsteht in uns ein sehr ehrliches Interesse am Wohl des anderen, weil ein Teil seines Kreises zu einem Teil unseres Kreises wird. Wir teilen unser Selbst mit einer anderen Person, die sich dadurch erweitert. Liebe heißt also nicht, ein selbstsüchtiges Ego aufzublasen wie einen Luftballon, sondern ihm zu helfen, durch einen anderen Menschen zu wachsen wie eine Pflanze. Es geht nicht darum, der Selbstoptimierung nachzujagen, um immer besser zu werden, sondern um das Gefühl, sich zusammen weiterzuentwickeln.

Um diesen Zustand wissenschaftlich abzufragen, werden in der Forschung sieben Kreispaare benutzt.[16]

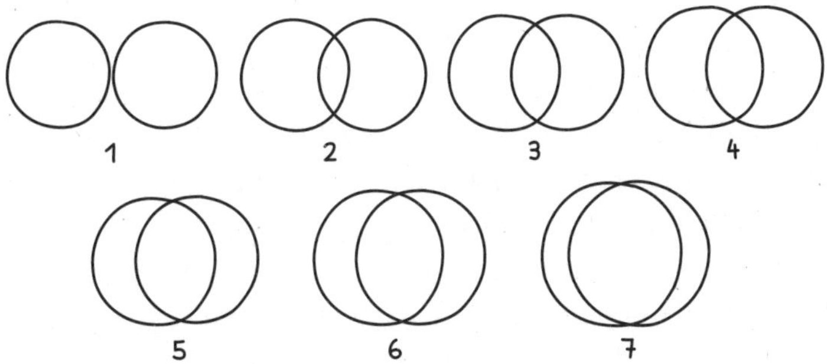

Welches Kreispaar beschreibt Ihre Liebesbeziehung am besten?

Zwei Menschen, die nichts miteinander verbindet, die sich distanziert voneinander fühlen, müssten das erste Kreispaar der Abbildung wählen. Von Liebe kann keine Rede sein. Beide Kreise stehen für sich. Wenn zwei Menschen jedoch ein Gefühl der Verbundenheit empfinden, beschreiben sie dies mit einem der sich überlappenden Kreispaare.

Sehen wir uns die Kreise genauer an, fällt auf, dass die Gesamtfläche aller sieben Paare immer gleich groß ist. Das heißt, der Radius der beiden Kreise wächst, wenn ihre Flächen überlappen. Dies spiegelt die Einsicht aus der Langzeitstudie der University of California: Wir verbinden uns mit einem anderen Menschen und dadurch wird unser Selbst größer. Dass wir am Anfang einer Beziehung viel Neues dazugewinnen, leuchtet ein. Doch was dürfen wir nach dem Selbsterweiterungsmodell erwarten, wenn die Jahre ins Land ziehen?

Mit der Zeit lernt man einander immer besser kennen, weiß, worüber er lacht, welchen Belag sie auf ihrer Pizza nicht ausstehen kann und bei welchen Filmen ihm die Tränen kommen.

Das geht so weit, dass manche Menschen fast vollständig ineinander aufgehen. In einem Experiment dazu sollten Versuchspersonen, die schon mehrere Jahre in einer Partnerschaft waren, aus einer Liste mit Persönlichkeitseigenschaften diejenigen angeben, die auf sie selbst zutrafen, und die, die zu Partnerin oder Partner passten. Eine Woche später sollten alle Teilnehmenden vor einem Monitor die dort aufblinkenden Eigenschaftswörter der Liste so schnell wie möglich mittels einer «Ich-Taste» noch einmal ihrer Persönlichkeit zurechnen. Die Reaktion erfolgte immer dann am schnellsten, wenn Eigenschaften aufblinkten, die sie in der ersten Runde sich selbst zuschrieben *und* der Partnerin beziehungsweise ihrem Partner zugeordnet hatten. Bei Eigenschaften, die sie nur sich selbst zuschrieben, brauchten sie etwas mehr Zeit. Wir reden zwar nur von Sekundenbruchteilen, doch wenn unser Hirn sich in einer Liebesbeziehung wirklich mit einer anderen Person verbunden fühlt, muss es länger «rechnen», um die zwei Selbstkreise wieder voneinander zu trennen. Für die Überlegung «Bin ich das, oder ist das die Person, die ich liebe?» braucht das Hirn messbar länger als für die Antwort «Das sind wir».

Dieses «Ineinander-Aufgehen» macht nicht einmal vor unserem Körper halt. 2010 veröffentlichte ein Forschungsteam aus Taiwan eine Studie mit dem Titel «Liebe tut weh».[17] In einem Hirnscanexperiment konnte gezeigt werden, dass wir buchstäblich mitfühlen, wenn sich unser geliebter Partner den Finger klemmt oder unsere Partnerin mit dem kleinen Zeh an das Tischbein stößt. Bei Verliebten, die ein weit überlappendes Kreispaar für sich gewählt hatten, war das Mitfühlen besonders stark.

Zum Glück übernehmen wir nicht nur die Schmerzen. Halten Frauen die Hand ihres Ehemanns, während sie unangenehme Stromschocks im Labor bekommen, ist ihr Schmerzempfinden geringer, als wenn sie die Hand eines Fremden halten.[18] Je zufriedener die Frauen in diesem Versuch mit der Beziehung waren, desto mehr Schmerz lagerte ihr Hirn in Gedanken an den Kreis ihres Mannes aus. Geteiltes Leid ist halbes Leid. Die überlappenden Kreise geben dem Sprichwort reale Bedeutung. Bislang wurden in der Forschung vor allem heterosexuelle Paare untersucht. Das ist bedauerlich, doch nichts spricht gegen einen Übertrag der Einsichten auf andere Formen der Beziehung und sexuellen Orientierung!

Das Selbsterweiterungsmodell ist eine von vielen Theorien zur Liebe. Es will und kann das komplexe Thema nicht allumfassend darstellen. Doch wenn wir uns auf den Gedanken einlassen, dass wir uns auch verlieben, um unser Selbst zu erweitern, wird klar, was es für eine anhaltende Verliebtheit braucht. Am Anfang ist alles einfach, machen uns die Hormone high und bekommt unser Selbst durch die neuen Erfahrungen mit der anderen Person einen Schub. Wenn wir uns im Laufe der Zeit immer besser kennenlernen und die Beziehung hält, gehen die Kreise weiter ineinander über und wachsen. Vielleicht nicht mehr ganz so schnell wie zu Beginn, doch unser Selbst merkt, dass es noch immer dazugewinnt, und das fühlt sich gut an. Kritisch wird es, wenn die Selbsterweiterung zum Stillstand kommt. Bei Paaren, in deren Beziehung sich nichts mehr entwickelt, die sich im Gegenteil auseinandergelebt haben, beginnen sich die Kreise voneinander zu entfernen. Manche trennen sich in dieser Phase, andere leben aneinander vorbei – gemeinsam einsam ist dann oft das traurige Ergebnis.

Nach dem Selbsterweiterungsmodell bleiben wir nur dann auf Dauer verliebt, wenn wir darauf achten, dass sich die zwei «Selbst» weiterentwickeln. Um zu verstehen, wie das funktionieren kann, kehren wir zurück in den Capilano Canyon auf die schwingende Hängebrücke.

Was Arthur Aron und Donald Dutton hier entdeckten, ist die Tatsache, dass aufregende Situationen uns in einen emotional empfänglichen Zustand versetzen. Das Hirn der Männer schrieb den Nervenkitzel und die Spannung auf der schwankenden Brücke nicht der Brücke, sondern der Begegnung mit der jungen Frau zu. Auf der eher unspektakulären Holzbrücke blieb dieser Effekt aus. Hier waren die Männer in keinem besonders empfänglichen Zustand. Diese Entdeckung der beiden Forscher wurde mittlerweile in zahlreichen Folgestudien und auch an Frauen als Versuchspersonen nachgewiesen.[19]

Erinnern wir uns daran, was chemisch in unserem Hirn abläuft. Sobald uns Amors Pfeil trifft, leuchtet der Befund des Brückenexperiments sofort ein: Eine aufregende, aber nicht überwältigende Erfahrung führt zur Ausschüttung von Dopamin. Wie eine Achterbahnfahrt, sofern man diesen Kick mag. Die Männer, die die Hängebrücke überquerten, hatten ein flaues, leicht erregtes Gefühl in der Magengegend, das ihr Hirn für aufziehende Liebe hielt. Darum griffen sie besonders oft zum Hörer.

Von dieser Erkenntnis können wir als Paare profitieren. Wenn es uns gelingt, auch nach Jahren der Beziehung immer wieder neue Erfahrungen zu machen, erweitern wir die Gesamtfläche unserer Kreise. Die Aufregung, die wir spüren, weil wir etwas Neues erleben, holt die Schmetterlinge zurück in unseren Bauch. In einer Untersuchung dazu wurden Liebespaare zufällig in zwei Gruppen aufgeteilt mit der Aufforderung, in den kommenden 70 Tagen eine gute Stunde in der Woche als Paar einer Aktivität nachzugehen.[20] Die einen sollten sich dafür bewusst etwas überlegen, das sie selbst als aufregend bezeichnen würden. Die Paare in der Kontrollgruppe sollten etwas Angenehmes, aber wenig Aufregendes unternehmen, wie einen Film schauen oder in die Kirche gehen. Tatsächlich berichteten Paare, die sich den aufregenden Erlebnissen gewidmet hatten, im Anschluss von einer deutlich höheren Zufriedenheit in ihrer Beziehung. Die von ihnen gewählten Aktivitäten – Konzert- und Theaterbesuche, Skifahren, Wandern oder Tanzen – waren keine großen Abenteuer, aber doch aufregender, als auf der Couch eine Serie zu schauen.

Es genügt, sich in Abständen aus der Komfortzone zu bewegen. In dem Moment, in dem wir gemeinsam versuchen, den Tanzschritt unserer Tangolehrerin nachzuahmen oder über eine schwankende Hängebrücke zu wandern, interpretiert unser Hirn die Erregung als die Rückkehr der Schmetterlinge. Die Brücke im Capilano Canyon scheint also in jedem Fall einen Besuch wert zu sein.

Aufregende Erlebnisse, die unsere Routinen unterbrechen, sind das eine. Das andere sind kleine Gesten im Alltag, die ebenfalls zur gegenseitigen Selbsterweiterung beitragen. Vor einigen Jahren verwandelten die Forscher John Gottmann und Robert Levenson Räumlichkeiten auf dem Campus der University of Washington in das kleine «Hotel» Love Lab und luden frisch vermählte Paare ein, dort unter Beobachtung 24 Stunden zu zweit zu verbringen.[21] Sechs Jahre später kontaktierten die Wissenschaftler die Paare erneut, um zu fragen, welche Beziehung gehalten hatte und welche in die Brüche gegangen war. Die Auswertung ergab, dass sich der Verlauf der Beziehung mit verblüffender Präzision anhand des Verhaltens der Paare im Love Lab vorhersagen ließ.

Während der Beobachtung hatten die Forscher festgestellt, dass Paare sehr unterschiedlich auf sogenannte «Bids» eingehen, also auf Angebote beziehungsweise Versuche, sich mit dem anderen zu verbinden. Folgendes Beispiel: Ole, der sich für Vögel interessiert, hört beim Frühstück mit Laila auf dem kleinen Balkon des Hotelzimmers ein Zwitschern. «Das muss ein Rotkehlchen sein. Hör mal», ruft er begeistert – und erwartet eine Reaktion von seiner Liebsten, die ihn in seinem Interesse bestätigt. Seine Frau Laila kann nun auf den «Bid» eingehen und nachfragen, woran er den Gesang erkennt, oder nur kurz «mmh» brummen, ohne von ihrer Zeitung aufzublicken. Wie zwei Menschen in solchen Momenten miteinander umgehen, lässt tief blicken. Paare, deren Beziehung sechs Jahre nach dem Aufenthalt im Love Lab zerbrochen war, gingen im Schnitt nur auf jeden dritten «Bid» ein. Bei den Paaren, deren Beziehung gehalten hatte, waren es hingegen 86 Prozent. Vielleicht interessieren uns Vögel überhaupt nicht, aber dem Menschen, mit dem wir zusammen sind, liegen sie am Herzen. Ein Rotkehlchen am Zwitschern zu erkennen, ist dann eine Stärke seines Selbst. Wenn wir uns die Mühe machen, auf die oft scheinbar unwichtigen «Bids» im Alltag einzugehen, bestärken wir einander und ermuntern uns, an einem Thema dranzubleiben. So funktioniert Selbsterweiterung und damit dauerhaftes Verliebtsein im kleinen Rahmen.

Auch die 5-zu-1-Regel kann in diesem Sinne hilfreich sein.[22] Liebe funktioniert nicht ohne Streit. Egal, ob die Zahnpastatube wieder nicht zugeschraubt wurde, sich der Abwasch neben dem Spülbecken türmt oder Uneinigkeit darüber herrscht, wie viel Sex (und vielleicht auch mit wem) beide wollen – Anlässe gibt es genug. Die 5-zu-1-Regel besagt, dass es für jede negative Interaktion fünf positive als Ausgleich braucht. Vereinfacht heißt das, werfen wir unseren Liebsten einmal etwas Negatives an den Kopf, müssen wir uns danach fünfmal gutmütig zeigen, um diese Erfahrung auszugleichen. Auch hier hilft uns wieder, was wir schon über die Angst wissen. Unser Hirn ist besonders empfänglich für das Negative. Darauf achten wir und unsere Alarmglocken springen schnell an. Das Positive hingegen nehmen wir einfach hin oder übersehen es sogar. Darum braucht es das ungleiche Verhältnis von 5 zu 1. Auch Paare, die lange Zeit verliebt bleiben, streiten. Doch wenn die Fetzen fliegen, folgen bei ihnen danach im Schnitt deutlich mehr positive Interaktionen. Das kann eine Umarmung sein, ein gemeinsames Lachen über die heiße Diskussion eben oder auch die Klärung, was den anderen wirklich stört. Selbsterweiterung braucht eine konstruktive Grundstimmung. Zu ihr tragen wir bei, wenn wir darauf achten, unsere negativen Interaktionen mit kleinen positiven Gesten auszugleichen. Ob nun genau fünf positive Interaktionen gegen eine negative oder nur drei: Es geht um die Regel, dass das Negative deutlich mehr Positives braucht, um ausgeglichen zu werden. Positive Kleinigkeiten zeigen, gegenseitig und immer wieder, machen den großen Unterschied.

Doch der Schlüssel für eine anhaltende Verliebtheit liegt nicht nur in der Zweisamkeit. Auch jede Einzelperson für sich kann wachsen. Egal, wie sehr wir miteinander überlappen, das «Wir» des Verliebtseins setzt sich immer aus zwei «Ichs» zusammen. Verliebtsein lebt davon, dass wir zwischen Zweisamkeit und Alleinsein die Balance halten. Es gibt Paare, die fast nur noch im Wir leben und kaum etwas getrennt voneinander unternehmen. In der Freiheit, auch noch als Einzelperson zu handeln, liegt ein großer Wert. Wenn wir getrennt voneinander Zeit mit unserem Freundeskreis verbringen, der uns neuen Input gibt, oder vielleicht alleine verreisen, werden wir Eindrücke, Gedanken, Geschichten mit nach Hause bringen und uns gegenseitig dadurch anregen. Macht der Mensch, mit dem wir zusammen sind, dasselbe, kommt gleich die doppelte Menge an frischem Wind zusammen. Genau das ist es, was uns am Anfang der Liebe anzieht: zu spüren, dass wir einen anderen Menschen entdecken können und durch ihn Neues dazugewinnen. Das liebt unser Selbst. Nichts verliert schneller an Reiz als das Gewisse und die Gewohnheit. Um dem etwas entgegenzusetzen, sollten wir auch darauf achten, dass wir ein wenig Mysterium füreinander bleiben.

Auch könnten wir uns gegenseitig dabei unterstützen, uns in Bereichen weiterzuentwickeln, die uns etwas bedeuten. «Feier den Erfolg deines Partners!», rät Professor Aron.[23] «Das ist wertvoller, als zu helfen, wenn es nicht läuft.» Für den anderen Menschen da zu sein, wenn er am Boden liegt, empfinden wir als selbstverständlich. Doch wie ist es umgekehrt? Nehmen wir uns genug Zeit, um uns an den Erfolgen unserer Liebsten zu erfreuen und sie das auch spüren zu lassen? Geben wir einander in einer Beziehung den Freiraum, in den Bereichen zu glänzen, in denen wir wirklich gut sind, und machen wir uns die Mühe, uns gegenseitig dabei zuzusehen, helfen wir unserem Hirn, das so gerne nur die negativen Seiten sieht, nicht zu vergessen, mit was für einem großartigen zweiten Kreis wir überlappen und wie viel dieser Kreis zu unserem positiven Selbstverständnis beitragen kann. Wer die Möglichkeit hat, kann einander einen Tag lang zur Arbeit begleiten oder bei der Ausübung des jeweiligen Hobbys über die Schulter schauen.

Kein Gefühl ist statisch. Genauso verliebt zu bleiben, wie in den ersten Stunden oder Wochen, das gibt es nicht. Selbst Romantiker wie Shakespeare sollten sich eingestehen, dass es auch schlicht zu stressig wäre, sich dauerhaft wie auf einer schwankenden Hängebrücke zu fühlen. Und trotzdem dürfen wir in einer langjährigen Beziehung den Anspruch haben, verliebt zu bleiben. Wir sollten ihn sogar haben, denn Verliebtsein wird wissenschaftlich mit psychischem Wohlbefinden, Gesundheit und Zufriedenheit in Verbindung gebracht.[24]

Schreiben wir das Verliebtsein ab, berauben wir uns einer wichtigen Quelle von Lebensqualität. So groß es sich anfühlt, verliebt zu sein, so klein können die Schritte sein, um das Gefühl langfristig zu erhalten. Achten wir darauf, von Zeit zu Zeit gemeinsam neue Erfahrungen zu machen, uns im Alltag in unseren Interessen gegenseitig zu bestärken, uns Raum zu geben, um auch alleine zu wirken – kurzum, unsere Selbst in und mit der Beziehung zu erweitern –, dann belohnt uns unser Hirn mit dem wohligen Gefühl von Schmetterlingen im Bauch. Dass wir vor allem mit Kleinigkeiten dazu beitragen können, befreit vom Druck, der heute oft auf der Liebe lastet. Verliebtsein ist zu wertvoll, um nur am Anfang der Liebe gefühlt zu werden. Statt uns zu ärgern, dass wir etwas tun müssen, um verliebt zu bleiben, sollten wir dankbar sein, dass wir so viel dafür tun können.

EINE KURZE LANGE WEILE

Wie wir die rasende Zeit bremsen

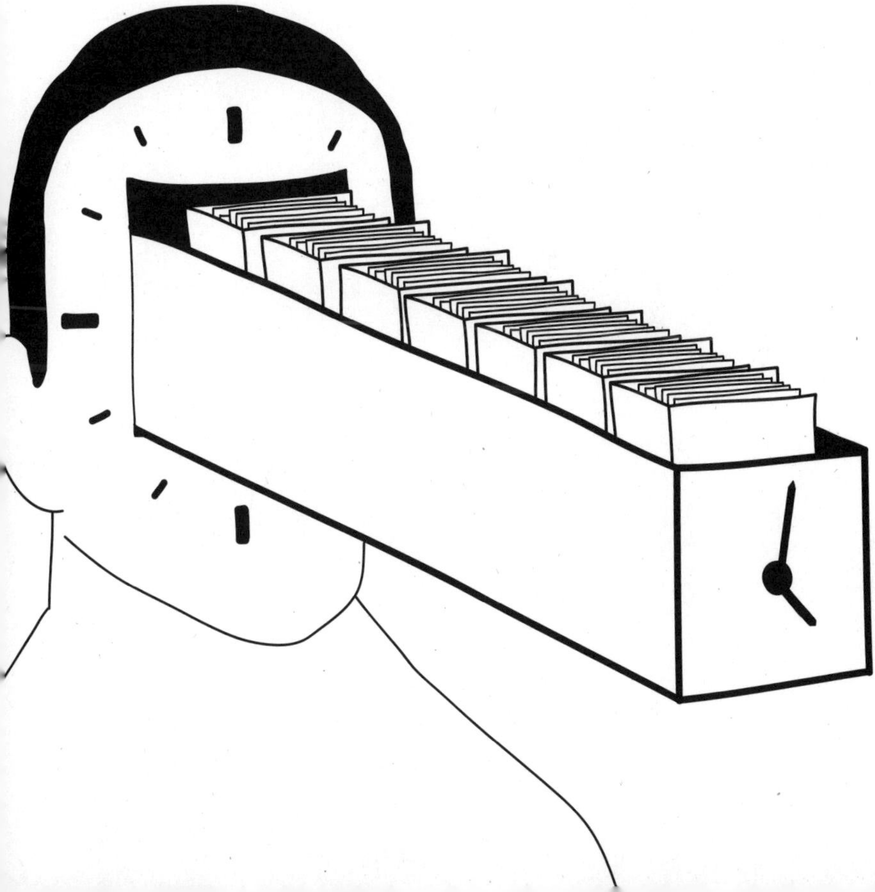

Die Zeit, die ist ein sonderbar Ding. Wenn man so hinlebt, ist sie rein gar nichts. Aber dann, auf einmal, da spürt man nichts als sie: sie ist um uns herum, sie ist auch in uns drinnen.

HUGO VON HOFMANNSTHAL

Stellen Sie sich vor, Sie säßen vor einem Tisch in einem ansonsten vollkommen leeren Raum. Ihr Handy und alle persönlichen Gegenstände mussten Sie vor Betreten des Raums ablegen. Sie haben nichts, das Sie ablenken könnte. Ihre einzige Aufgabe besteht nun darin, zu sitzen und dabei wach zu bleiben. Wie lange würden Sie es in diesem Raum alleine mit Ihren Gedanken aushalten? Eine Minute? Zehn Minuten? Eine Stunde?

Der Sozialpsychologe Timothy Wilson von der University of Virginia setzte eine Gruppe von Studierenden in seinem Labor einem angekündigten, unangenehmen Elektroschock aus.[1] Dieser war so schmerzhaft, dass sie lieber einen kleinen Geldbetrag zu zahlen bereit waren, als einen weiteren Schock zu bekommen. Danach wurden alle einzeln in einen Raum mit nur einem Tisch und Stuhl gebeten, wo sie 15 Minuten mit sich selbst und ihren Gedanken allein gelassen wurden. Ohne jegliche Ablenkung, außer einer kleinen Apparatur auf dem Tisch. Ein Druck auf deren Knopf, so hatte man ihnen erklärt, würde ihnen sofort einen Elektroschock wie den aus dem ersten Teil des Experiments versetzen.

«Wir hatten keine Vorstellung, was uns erwarten würde»,

erklärt Professor Wilson in einem Interview mit dem *Boston Globe*.[2] «Manche im Forschungsteam fragten: ‹Warum tun wir das? Niemand wird sich selbst schocken.›» Doch es kam vollkommen anders. Zwei Drittel der Männer und ein Viertel der Frauen drückten den Knopf. Manche sogar mehrmals. Ein Versuchsteilnehmer brachte es auf unvorstellbare 190 Schocks – in 15 Minuten.

Die Leute könnten es kaum ertragen, mit ihren Gedanken alleine zu sein, erklärt Professor Wilson die Ergebnisse. Sie schocken sich aus Langeweile. Warum fällt es uns so schwer, Momente der Langeweile auszuhalten? Warum ziehen sich 15 Minuten unerträglich lang hin, wo sie in anderen Momenten wie im Fluge vergehen? Wie kann es sein, dass Zeit so unterschiedlich schnell verstreicht?

Zeit ist eine klar definierte physikalische Größe. 15 Minuten sind überall auf der Welt 900 Sekunden, das Viertel einer vollen Stunde. Man kann 15 Minuten auf die Tausendstelsekunde genau mit einer Uhr messen, so wie man null Grad mit einem Thermometer messen kann. So exakt die Messung, so unterschiedlich können Temperaturen sich anfühlen. Je nach Wind, Sonne und Luftfeuchtigkeit kann ein und dieselbe Temperatur deutlich anders empfunden werden. Ähnlich verhält es sich mit der Zeit. «Wenn man mit dem Mädchen, das man liebt, zwei Stunden zusammensitzt, denkt man, es ist nur eine Minute; wenn man aber nur eine Minute auf einem heißen Ofen sitzt, denkt man, es sind zwei Stunden», sagte der wohl berühmteste Zeitforscher Albert Einstein. Zeit ist relativ, hatte Einstein in der Physik bewiesen, und auch für unser Hirn ist sie keine feste Einheit.

Lange suchte die Forschung nach der Uhr im Menschen. Ohne Erfolg. Zwar arbeiten in Kopf und Körper verschiedene Systeme, um den Schlaf-Wach-Rhythmus zu steuern, unsere

Bewegungen auf die Millisekunde genau abzustimmen oder unseren Hunger an die Tageszeit anzupassen, doch obwohl diese Systeme ineinandergreifen wie die Räder eines Uhrwerks, fehlt der Uhr der Zeiger. In uns Menschen existiert nichts, das so tickt wie eine Uhr. Im Gegenteil. Zwar takten wir unsere Welt nach präzisen Atomuhren, deren Fehler sich selbst nach über 10 Milliarden Jahren auf weniger als eine Sekunde beläuft, doch in uns drin funktioniert Zeit völlig anders.[3] Wir fühlen sie.

Das ist der Grund, warum 15 Minuten wie im Flug vergehen, wenn wir einem geliebten Menschen gegenübersitzen, langsam, wenn wir im Restaurant auf die verspätete Verabredung warten, oder sich fast unerträglich ziehen, wie für die Versuchspersonen in Wilsons Elektroschockexperiment. Je nach Situation und Lebensalter fühlen wir die Zeit völlig unterschiedlich.

Als Kind war der Advent für mich die längste Zeit des Jahres. Täglich sollte ein Täfelchen Schokolade mich von meinem ungeduldigen Warten ablenken. Keine Chance. Die 24 Tage angespannter Erwartung waren für mich damals eine Ewigkeit. Erst der süße Klang des Glöckchens an Heiligabend, der den Abflug des Christkinds und damit die Geschenke unter dem Tannenbaum verkündete, brachte die Erlösung. Noch heute läuten meine Eltern dasselbe Glöckchen, wenn wir an Weihnachten zusammenkommen. Der Klang ist unverändert. Doch über viele Jahre war mein Gefühl dabei ein vollkommen anderes. Statt erlöst zu sein, erschrak ich. «Schon wieder ist das Jahr fast vorbei? Wo sind die letzten 24 Tage und die elf Monate davor geblieben? Warum rast die Zeit so schnell?» Meine Zeitwahrnehmung hatte sich, im Vergleich zu dem Kind von damals, ganz offenbar grundlegend gewandelt.

Die Zeit, die wir empfinden, steht immer auch im Verhältnis zur Dauer unseres Lebens. So erscheint es auf den ersten Blick logisch, dass sie mit dem Alter immer schneller vergeht, denn wenn eine Zweijährige ihren Geburtstag feiert, entspricht ein Jahr der Hälfte ihres Lebens. Am Tag ihres 50. Geburtstags macht ein Jahr nur noch zwei Prozent ihres Lebens aus. Laufe ich einen Marathon, erscheint ein Kilometer als ein Bruchteil von 42,2 Kilometern Gesamtstrecke relativ kurz. Will ich nur zum Bäcker, käme mir der gleiche Kilometer deutlich länger vor. Betrachten wir ein Jahr als Bruchteil unseres Lebenswegs, ist dieser Bruchteil für eine Zweijährige also sehr viel größer als für eine Fünfzigjährige. Unsere Jahre werden als Bruchteil immer kleiner und damit gefühlt auch immer kürzer.

Diese Denkweise ist beliebt, weil sie einleuchtet. Doch sie hinkt. Eine Stunde im Leben einer Fünfzigjährigen müsste nach diesen Überlegungen 25-mal schneller vergehen als eine Stunde im Leben einer Zweijährigen. Wer schon mal eine Stunde auf einen verspäteten Zug warten musste, weiß, dass diese Stunde sehr lang sein kann, egal wie alt man ist. Was zählt, ist das, was in der erlebten Zeit passiert.

Menschen berichten immer wieder, dass bei Autounfällen, Zugunglücken oder Stürzen die Zeit fast stehenbleibt und sie das Geschehene wie in Zeitlupe erleben. Warum das so ist, erforscht David Eagleman, ein Neurologe der Stanford University, der als Kind von einem Dach fiel und dabei diese Zeitlupenerfahrung machte.[4] Die Antwort entdeckte der Wissenschaftler in 31 Metern über dem Boden. In dieser schwindelerregenden Höhe hängte Eagleman eine Gruppe von Versuchspersonen in Klettergurten an Haken auf. Die Personen trugen dabei eine besondere Digitaluhr am Handgelenk. Statt der Uhrzeit blinkten auf ihr Ziffern von eins bis neun. Diese erschienen und verschwanden so schnell, dass man sie mit bloßem Auge nicht erkennen konnte. Würde man die Digitaluhr in Zeitlupe filmen, wären die Ziffern hingegen klar zu sehen.

Per Knopfdruck wurde der Haken gelöst und die Versuchspersonen fielen rücklings in die Tiefe in ein Fangnetz. Die Probandinnen und Probanden sollten während des Sturzes versuchen, die Ziffern auf der Digitaluhr zu erkennen. Verginge der Sturz wirklich wie in Zeitlupe, müssten die Ziffern sichtbar werden. Doch das geschah nicht. Niemand konnte die Ziffern erkennen. Dennoch hatte der Sturz eine Wirkung auf die gefühlte Geschwindigkeit der Zeit. Zurück am Boden überschätzten die Versuchspersonen die Dauer des Fallens um durchschnittlich 36 Prozent.[5]

Die gefühlte Geschwindigkeit der Zeit entsteht im Rückblick. Stellen wir uns vor, unser Hirn schreibt fortlaufend ein Protokoll von dem, was es erlebt. Wie ein Tagebuch mit allen Details. In einem Moment, in dem wenig passiert, passt das Protokoll auf ein einzelnes Blatt. In einem Moment, in dem man 31 Meter stürzt, wird unser Hirn hellwach, es will so viele Informationen wie möglich erhalten, um reaktionsfähig zu bleiben. Das fiktive Protokoll umfasst dann schnell mehrere Aktenorder, denn besondere Momente brauchen Platz im Kopf.

Dieser zusätzlich benötigte Platz zieht unser Zeitgefühl in die Länge. Beim Sturz in ein Fangnetz oder vom Dach eines Hauses muss unser Gehirn mit einer völlig neuen Situation zurechtkommen. Neues steckt voller Informationen und fordert unseren Kopf damit in besonderer Weise. Es ist vor allem dieses Neue, dem unser Zeitgefühl eine Bedeutung verleiht. Die Zeit erscheint uns im Rückblick umso länger, je mehr neue Dinge passiert sind. Wie bei anhaltender Verliebtheit haben außergewöhnliche Erlebnisse offenbar einen großen Einfluss auf das, was wir fühlen.

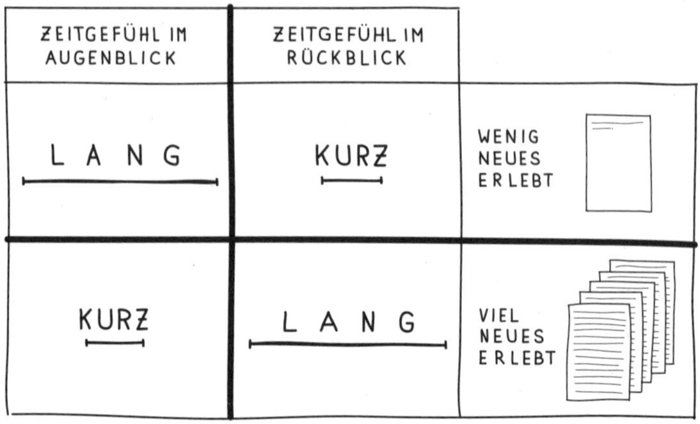

Das Zeit-Paradoxon[6]
Der Mensch nimmt die Zeit unterschiedlich wahr. Einen Moment, in dem wir wenig erleben, empfinden wir in der Gegenwart als langgezogen. Im Rückblick fällt ein solcher Moment jedoch in sich zusammen. Er hat kaum Erinnerungen hinterlassen.

Das erleben wir oft genug im Alltag. Wenn wir im Urlaub in einem fremden Land sind, erscheint zunächst alles – die Leute, das Hotelzimmer, das Essen – unbekannt und wirkt aufregend, sodass wir erstaunt fragen: «Sind wir wirklich erst vorgestern angereist? Das kommt mir viel länger vor.» Doch nach ein paar Tagen kennen wir den Weg zum Strand, den Kellner im Café, und die verbleibende Zeit rast nur so dahin.

Erinnerungswürdige Momente entstehen, wenn unser Hirn viele neue Informationen aufgesaugt hat und im Protokoll festhalten möchte. Das erklärt auch, warum ein Jahr uns als Kind oder in der Jugend so viel länger erscheint als im Alter. Ein Kinderhirn muss pausenlos neue Informationen protokollieren, weil es ständig Dinge zum ersten Mal aufnimmt. Zum ersten Mal fährt das Kind ohne Stützräder Fahrrad, spielt die Schülerin in einem Theaterstück in der Schule mit, erlebt der Jugendliche seinen ersten Kuss.

Die ersten 25 Jahre unseres Lebens sind angefüllt mit unzähligen neuen Erlebnissen: Wir beginnen mit der Ausbildung, lernen im Studium oder bei der Arbeit neue Menschen kennen, gehen Beziehungen ein und bekommen vielleicht sogar Kinder. All das haben wir zuvor noch nie gemacht. Erste Male vergessen wir nicht, weil sie selbst nach Jahren noch viel Platz in unserem Kopf beanspruchen. Ich erinnere mich an viele erste Momente in meinem Leben. Doch wann war der letzte? Wann habe ich das letzte Mal etwas zum ersten Mal gemacht?

Unser Zeitgefühl ist paradox. Es macht einen Unterschied, ob wir die Zeit gerade erleben oder auf sie zurückblicken. Ein Wochenendtrip vergeht rasend schnell, doch in unserer Erinnerung dehnt er sich aus und erscheint viel länger als ein Wochenende, das wir zu Hause verbracht haben. Das Warten auf den verspäteten Zug kommt uns ewig lang vor, doch schon ein paar Tage später können wir uns kaum noch daran erinnern, so unbedeutend wird dieser Moment im Strudel unserer Erfahrungen und Erlebnisse. Wenn wir allerdings in solchen Momenten feststecken, die Zeit sich wie Kaugummi zieht und wir nicht wissen, was wir tun sollen, erscheint sie uns endlos.

Wer Kinder hat, kennt die langgezogene Klage: «Mir ist so langweilig!» Als Erwachsene artikulieren wir unsere Langeweile nicht mehr so deutlich, dennoch ist sie da. 100 Milliarden Dollar Lohn werden nach neuen Hochrechnungen allein in den USA jährlich für Langeweile während der Arbeit ausbezahlt.[7] Über 200 Stunden pro Jahr stecken Menschen in den Metropolen dieser Welt im stockenden Verkehr fest.[8] Wir sitzen in zähen Meetings, warten auf verspätete Verabredungen oder das Glöckchen an Heiligabend. In solchen Momenten entsteht Raum für Langeweile, und dieses Gefühl erscheint vielen so unerträglich, dass sie sich lieber Stromstöße geben, nur um es nicht fühlen zu müssen. Aber was ist das eigentlich genau – Langeweile?

Der kanadische Psychologe John Eastwood, der das weltweit wohl einzige «Langeweile-Labor» leitet, definiert sie als unerfüllten Wunsch nach befriedigender Tätigkeit.[9] Es ist nicht das Nichtstun, das uns quält, sondern die mangelnde Sinnhaftigkeit. Gelangweilte Menschen berichten von Schwierigkeiten, sich zu konzentrieren, gedanklich am Ball zu bleiben, von Antriebslosigkeit und Müdigkeit. Sie sind einerseits lethargisch, andererseits rastlos und reizbar.[10] Doch so unangenehm sie als Gefühl auch sein mag, beharren Forschende fest darauf, dass Langeweile für uns Menschen mit ihren vielen positiven Seiten sehr wichtig ist. Wie die Angst will uns auch die Langeweile eigentlich helfen, uns etwas zeigen.

Der Philosoph Andreas Elpidorou aus Louisville untersucht seit Jahren die Langeweile und war einer der Ersten, der darauf aufmerksam machte, wie sinnvoll sie im Leben ist. Als wir uns unterhalten, erklärt er mir, dass die Verwechslung von Langeweile und Entspannung naheliegt, denn beides sind inaktive Zustände. Doch der zentrale Unterschied ist die Bewertung des Zustandes: «Niemand will sich gerne langweilen», meint Elpidorou. Weil es sich schlecht anfühlt. Wenn es sich gut anfühlt, ist es keine echte Langeweile. Und so ist Langeweile per definitionem unangenehm.

Warum sie trotzdem von großer Bedeutung für uns ist, verdeutlicht der Vergleich mit Schmerz. Schmerzen entstehen, sobald mit unserem Körper irgendetwas nicht so ist, wie es sein sollte. Sie machen uns darauf aufmerksam, dass etwas in Schieflage geraten ist, um das wir uns kümmern und das wir beheben sollten. Sitzen wir zu lange auf einem schlechten

Stuhl, bekommen wir Rückenschmerzen. Ein klares Signal, die Position zu ändern oder besser noch aufzustehen und sich zu bewegen. Eine ähnliche Warnung birgt die Langeweile für unsere Psyche. Auch sie ist eine Aufforderung zur Veränderung.[11] «Langeweile ist ein Signal, das uns zurück auf den rechten Weg führen möchte», erklärt Elpidorou. Sie wirkt wie ein Korrektiv im Kopf und hilft uns zu verstehen, wann wir etwas tun, das uns nicht vorwärtsbringt. Kein anderes Gefühl macht die Diskrepanz zwischen dem, was wir erreichen wollen, und dem, was wir erreicht haben, spürbarer als Langeweile. Ist die Diskrepanz groß, fühlen wir uns unwohl. So macht Langeweile uns darauf aufmerksam, dass wir etwas tun, das uns nicht erfüllt, und motiviert uns als «schlechtes» Gefühl, dagegen aktiv anzugehen. Doch gerne hören wir nicht, was unangenehme Gefühle uns sagen wollen. Wenn wir auf sie hören, müssen wir unser eigenes Verhalten kritisch hinterfragen und wahrscheinlich sogar umdenken. Wer mag das schon? Darum vertreiben wir unsere Langeweile mit Ablenkung oder unterdrücken unsere Schmerzen mit Tabletten, oder verdrängen unsere Angst.

Hand aufs Herz, wann war uns zuletzt so richtig langweilig? In der heutigen Welt hat Langeweile kaum noch Platz. Wir hetzen durch den Berufsalltag, fördern nach Feierabend unsere Kinder, und sollte doch einmal Zeit für Langeweile auftauchen, wischen wir sie mit einer kleinen Bewegung über einen Screen schnell weg. Während des strengen Lockdowns in der Corona-Pandemie, als Bars und Kinos geschlossen waren, ließ sich gut beobachten, wie wenig Akzeptanz es in unserer Gesellschaft für die Langeweile gibt. Das Internet, sämtliche Tageszeitungen und Magazine waren voll von Tipps, wie man die plötzlich freie Zeit sinnvoll nutzen kann. Ich habe so viele Menschen erlebt, die unter dem Druck standen, den gerade gewonnenen Freiraum sofort wieder auszufüllen. Ein digitales Projekt starten, den Körper stählen, die Küche streichen. Bloß keine Langeweile aufkommen lassen!

Wir ersticken das unliebsame Gefühl stets im Keim und machen uns damit taub für ein Signal, das wir genau so dringend als Kompass für den Weg durch unser Leben brauchen wie den Schmerz und die Angst.

Anders als man glauben könnte, ist die Abneigung gegen Langeweile kein Phänomen der digitalen Ära. Bereits in der Antike bezeichnete man sie abschätzig als «Mönchskrankheit». Im Mittelalter erklärte sie die Kirche sogar zum Laster. Neu ist hingegen, wie einfach wir der Langeweile im Vergleich zu Menschen früherer Zeiten ausweichen können. Die permanente Verfügbarkeit von Ablenkungen jeder Art zerstreut unsere Innensicht, die nur in der langen Weile entstehen kann.

Wer der Langeweile und in der Folge einem anderen Gefühl für die eigene Zeit wieder eine Chance geben möchte, sollte sich ihre guten Seiten vor Augen führen. Neben der korrigierenden und motivierenden Kraft ist es auch das Versinken in den eigenen Gedanken, das die Langeweile so wertvoll macht. Unsere Gedanken gehen auf Wanderschaft. Dabei können Ideen entstehen, auf die wir sonst nicht gekommen wären. Tatsächlich wird seit einigen Jahren erforscht, ob Langeweile unsere Kreativität anschieben kann. Dazu wurden Menschen in verschiedenen Versuchen gebeten, sich durch lange, eintönige Aufgaben zu quälen. Manche mussten auf einen Bildschirmschoner starren, andere eine große Schüssel roter und grüner Bohnen nach Farben sortieren und wieder andere seitenweise Nummern aus einem Telefonbuch abschreiben.[12] Im Anschluss an die verordnete Langeweile schnitten die meisten von ihnen in Kreativitätstests deutlich besser ab als Vergleichsgruppen, die sich ablenken durften oder fordernde

Aufgaben bearbeiten mussten. Zwar steckt die Forschung auf diesem Gebiet noch in den Kinderschuhen, aber vieles deutet darauf hin, dass Langeweile, wenn wir sie zulassen, Lust auf Neues macht.

Langeweile kann zudem eine Chance sein, sich wieder tiefer mit sich selbst zu beschäftigen. Sie stößt, so Andreas Elpidorou, das persönliche Wachstum und die Suche nach Sinn an und drängt uns wohlwollend aus der Komfortzone der Gewohnheit.[13] In einer Studie von 2009 konnten Forschende an 123 amerikanischen Paaren einen Zusammenhang zwischen den überlappenden Kreisen der Liebe, der Zufriedenheit mit der Ehe und Langeweile nachweisen.[14] Paare, die sich im siebten Ehejahr langweilten, lebten sich auseinander, und wenn sie neun Jahre später noch zusammen waren, dann deutlich unzufriedener. Hier wird klar, wie wichtig es ist, Langeweile ernst zu nehmen und sie als Impuls zu verstehen nachzujustieren. «Wissen, was Langeweile für uns tun kann, ist der erste Schritt, um sie zum eigenen Vorteil zu nutzen», resümiert Elpidorou.

Gerade in den kleinen Momenten des Alltags, im Wartezimmer, der Supermarktschlange oder im Stau, taucht sie auf. Doch wenn wir mittlerweile nicht einmal mehr die Minuten auf dem Klo aushalten, ohne uns mit dem Wischen über ein Display abzulenken, machen wir es ihr schwer, zu uns durchzudringen. Dabei gibt es heute schon Forschung, die darauf hindeutet, dass unserem Hirn Langeweile als Verschnaufpausen hilft.[15] Wenn wir nichts tun, schaltet sich unser Hirn nicht ab, sondern in einen besonderen Modus, das sogenannte «Default Mode Network», und das scheint essenziell, um einzuordnen, was wir erlebt haben und unsere Erfahrungen und auch Emotionen zu begreifen – kurzum, das Leben zu verarbeiten.

«Und dann muss man ja auch noch Zeit haben, einfach dazusitzen und vor sich hin zu schauen», soll Astrid Lindgren gesagt haben und sprach damit der modernen Psychologie aus der Seele. Langeweile ertragen zu können hat viel mit innerer Ruhe zu tun. Sie kommt von allein und geht auch wieder von allein. Die Kunst ist, die Zeit dazwischen zuzulassen, auch wenn es schwerfällt und wir gewohnt sind, zur schnellen Ablenkung zu greifen, die die als unangenehm empfundene Zeitwahrnehmung vertreibt und uns vordergründig glücklich macht. Doch das reicht eben nicht aus, damit aus Zeit eine gute Zeit wird. In Abständen braucht es die Momente der Langeweile, um uns zu erden und in uns selbst hineinzuhorchen und unsere Ziele mit unserem eingeschlagenen Weg abzugleichen.

An der physikalischen Größe der Zeit können wir nichts ändern. Während ich diese Zeilen schreibe, vergehen die Sekunden, aus jetzt wird eben und aus heute gestern. Diesen Verlauf zu stoppen ist unmöglich. Was wir aber ändern können, ist unsere Wahrnehmung der Zeit. Und dazu müssen wir die Zeit vor allem bewusst erleben. Gerade heute scheint das wichtiger denn je, weil unser Zeitgefühl immer weniger an festen Strukturen hängt. Früher gliederten Frühling, Sommer, Herbst und Winter nicht nur das Jahr, sondern auch das, was die Menschen taten. Das Frühjahr verbrachten sie mit der Aussaat, der Sommer war bestimmt von der Pflege der Felder, im Herbst kam dann die Ernte und im Winter, wenn die Tage kurz waren, wurde im Haus gearbeitet. So spürten die Menschen die Jahreszeiten bewusst und intensiv. Für uns ist diese Struktur des Jahres deutlich weniger wichtig geworden. Die Länge unseres Arbeitstages wird nicht vom Sonnenaufgang und Sonnenuntergang bestimmt, wir haben selbstverständlich zu jeder Saison frisches Obst, und wenn wir im Januar Sonne wollen, fliegen wir in die Karibik oder gehen ins Solarium. Auch religiöse Rituale wie die christliche Karwoche zwischen Palmsonntag und Ostern, die jüdische Ruhe am Sabbat oder die muslimische Salāt, das rituelle Gebet zu fünf festgelegten Zeiten am Tag, verlieren an Bedeutung. Starbucks hat in Israel am Samstag genauso geöffnet wie am Sonntag in Rom. Wir machen die Nacht zum Tag und arbeiten im Schichtbetrieb. Die Grenzen zwischen «Work» und «Life» sind weich geworden. E-Mails lassen sich rund um die Uhr auf ebenjener empfangen und lesen. Dank Gleitzeit und Homeoffice können wir frei entscheiden, wann unser Arbeitstag beginnt und ob er endet.

Diese Flexibilität hat ihren Preis. Zwar gibt es in Start-ups keine Stechuhren mehr und es ertönt auch keine Werksglocke zum Feierabend. Doch beides hatte den Vorteil, dem Kopf das klare Signal zu geben: *Jetzt* ist Schluss mit Arbeit. Unser Zeitgefühl gerät aus den Fugen, weil der Rahmen fehlt. Wenn Zeit ein Gefühl ist und dieses Gefühl immer individueller und freier wird, stehen wir auch in der Verantwortung für dieses Gefühl, das so oft wechselt und bestimmt ist durch die Menge an Informationen, die wir verarbeiten und festhalten wollen, und durch den Wert, den wir den Sekunden, Minuten, Stunden und Tagen geben.

Wir können aktiv etwas dagegen tun, wenn uns die Zeit zu schnell oder zu langsam vergeht. Gewohnheiten und Routinen höhlen unser Zeitgefühl aus. Informationen und Abläufe, die unser Hirn immer wieder verarbeitet, finden Abkürzungen auf ihrem Weg im Kopf. Sie kommen schneller ans Ziel. Das Hirn spart sich damit Zeit, aber auch Erinnerungen. Natürlich können wir nicht jeden Tag von einem Turm in ein Fallnetz springen, um unser Hirn zu veranlassen, dem Geschehenen Raum auf unserem persönlichen Zeitstrahl zu geben. Wir können jedoch dafür sorgen, dass wir Neues erleben. Denken Sie nur daran, wie viel Platz unser Hirn den Erlebnissen in unserer Kindheit eingeräumt hat. Durch die Augen eines

Kindes erkennt man, dass die Welt um uns herum noch immer voller erster Male steckt. Ein neuer Weg zur Arbeit kann ein erstes Mal sein. Ein Dreigängemenü zubereiten, das man noch nie ausprobiert hat, auch. Wer es etwas größer mag, kann sich gemeinnützig engagieren. Am besten in einem bislang völlig unbekannten Bereich. Geben wir unserem Hirn einen Anstoß und machen noch heute etwas Kleines zum ersten oder zum letzten Mal, denn auch das kann wirken. Manchmal lässt sich das Besondere darin finden, etwas zum letzten Mal zu tun. Besuchen wir unser Stammrestaurant ein letztes Mal für ein halbes Jahr. Verbringen wir einen letzten Abend mit Netflix und schalten dann für drei Monate nicht mehr ein. Essen wir unser liebstes Eis ein letztes Mal für ein Jahr. Letzte Male können emotional genauso aufregend sein wie erste Male. Auch wenn es nur ein letztes Mal auf Zeit ist.

Schaffen wir emotionale Erinnerungen, bremst das im Rückblick die Zeit. Wer zwischen Ostern und Weihnachten nur Tage voller Routine und Gleichförmigkeit erlebt, wundert sich am Weihnachtsabend, wie schnell die Monate verflogen sind. Wer allerdings Gewohnheiten durchbricht, sorgt dafür, dass unser Hirn nicht nur einzelne Seiten beschreibt, sondern ganze Ordner füllt. So schlagen wir der rasenden Zeit ein Schnippchen.

Ich habe die Erfahrung gemacht, dass es außerdem helfen kann, immer wieder einmal die Perspektive zu ändern. Wir hetzen durch unser Leben, den Blick streng nach vorn gerichtet. Was wird uns die Zukunft bringen? Unternehmerinnen kämpfen um Innovationen. Investoren versuchen Trends vorherzusagen. Und wir kaufen die immer neuste Technologie, weil sie uns den Eindruck vermittelt, der Zukunft ein Stück näher zu kommen. In unserer technisierten Welt giert alles nach der Zukunft. «In früherer Zeit war das Neue begründungspflichtig, nicht die Fortsetzung des Alten, was sich zunächst einmal von selbst verstand. Heute ist es umgekehrt, es ist die Tradition, die sich rechtfertigen muss, nicht die Neuerung», schreibt Rüdiger Safranski.[16] Die Frage, was die Zukunft bringen wird, ist omnipräsent. Wie ein Esel der vorgehaltenen Möhre am Stock rennen wir der Zukunft hinterher und erreichen sie nie. Doch der Mensch kann der Zeit auch anders begegnen.

Vor viertausend Jahren, im Orient des Zweistromlandes, war die Vergangenheit für die Babylonier etwas, das vor ihnen lag. Das babylonische Wort *Pānātu* für Vergangenheit hatte denselben Wortstamm wie die Begriffe für Vorderseite und Gesicht. Das Wort *Warkītum*, die Zukunft, war hingegen sprachlich eng verwandt mit Begriffen wie Rückseite und Hinteres.[17] Es fällt schwer, sich das vorzustellen, wenn man zum ersten Mal davon hört, denn in unserer Welt liegt die Zukunft vor und nicht hinter uns. Für uns geht der Blick in die Zukunft nach vorne. Die Babylonier hingegen näherten sich ihr mit dem Rücken voran. Stellen Sie sich vor, Sie sitzen in einem Zug. Der Zug fährt der Zukunft entgegen. Sie blicken aus dem Fenster in Fahrtrichtung. Alles rast auf Sie zu. Die Bäume am Rand der Schienen fliegen nur so an Ihnen vorbei. Sie sehen die Geschwindigkeit. Ein Babylonier im selben Zug schaut in entgegengesetzte Richtung aus dem Fenster, nach hinten. Dahin, wo er herkommt. Aus dieser Sicht rasen die Bäume ihm nicht entgegen, sondern entfernen sich mit jedem zusätzlich zurückgelegten Meter langsamer. Die Weite des Rückblicks bremst die Zeit.

Wer Zeit so fühlt wie die Babylonier, schaut mit jedem Schritt Richtung Zukunft auf eine wachsende Vergangenheit. Wenn man jedoch wie wir von der Gegenwart aus nur in die Zukunft blickt, bleibt einem wenig. Denn die Zukunft ist noch nicht da, das Jetzt hält nur einen Augenblick lang an, und die

Vergangenheit ist ohnehin nicht im Blick. Wer die Vergangenheit nicht wirken lässt, verliert seine Zeit aus dem Blick.

Mir gefällt die Idee der Babylonier sehr, und so versuche ich, ihren Blick auf die Zeit immer wieder selbst anzuwenden. Was mir dabei hilft, sind einige wenige Sätze, die ich am Ende jedes Monats aufschreibe. Nur eine kurze Notiz über etwas, das ich in den letzten vier Wochen erlebt habe. Ich setze mich hin, blicke bewusst gegen die Fahrtrichtung aus dem Fenster zurück und suche in meiner Erinnerung nach einer Kleinigkeit. Die notiere ich dann auf einem Block, einem Zettel oder was ich gerade zur Hand habe. Meist verliere ich die Notiz nach kurzer Zeit oder werfe sie weg. Es geht mir nicht darum, meine Erinnerung für die Ewigkeit festzuhalten, sondern mich in der Rückschau zu üben. Tatsächlich beobachte ich, dass ich so besser darin werde, im Alltag auf kleine Momente zu achten, weil ich am Ende des Monats über einen davon schreiben möchte. Die letzte Notiz des Jahres verfasse ich nicht an Silvester, sondern an Heiligabend, ein paar Stunden bevor das Glöckchen läutet. Es ist sehr beruhigend zu spüren, wenn man gleich zwischen mehreren kleinen Erinnerungen aus dem Advent wählen kann. Mir gilt das als Beweis dafür, dass ich auf dem richtigen Weg bin zurück zu dem Zeitgefühl von früher, als ich das Warten auf das Christkind noch als Ewigkeit empfunden habe.

DIE VIELEN TÖNE DES ROTS

Wohin mit unserer Wut?

Es genügt nicht, dass Menschen wütend sind.
Die oberste Aufgabe liegt darin,
Menschen so zu organisieren und zu vereinen,
dass ihre Wut zu einer Kraft der Veränderung wird.

MARTIN LUTHER KING[1]

«I can't breathe!», stöhnt George Floyd am 25. Mai 2020, auf dem Boden liegend, immer wieder. Auf seinem Nacken kniet der Polizist Derek Chauvin. Acht Minuten und 46 Sekunden lang. Es ist kaum zu ertragen, das Video dieser Szene anzusehen. Die Bilder zeigen Unmenschliches. Wie kann jemand auf der Halsschlagader eines anderen knien bleiben, der um sein Leben fleht? Der Anblick dieses schreienden Unrechts ließ in vielen Menschen die blanke Wut aufsteigen, die sich bald darauf in den Straßen der USA und auch in anderen Teilen der Welt entlud.

Wut scheint in unserer heutigen Gesellschaft viel Raum einzunehmen. Mit der vor Rage bebenden Stimme einer ganzen Generation schleuderte Greta Thunberg den Mächtigen dieser Welt «How dare you?» entgegen. In Spanien entlädt sich der Unmut der Katalanen, in Frankreich der der Gelbwesten. Durch die Häuserschluchten Hongkongs ziehen Hunderttausende wütender Protestierender, in Großbritannien erhitzt der Brexit die Gemüter, in Belarus und Polen sind es vor allem die Frauen, die sich erzürnt gegen die Männer an der Macht wehren, und in Deutschland platzt Wutbürgern der Kragen –

weil Bahnhöfe unter oder Stromtrassen über der Erde gebaut werden sollen.

Auch auf der kleinen Bühne des Alltags kreuzt die Wut immer wieder unseren Weg. Wir müssen mit Vorgesetzten auskommen, die sich in cholerischen Tobsuchtsanfällen selbst vergessen, Kinder ertragen, die ganze Straßenzüge zusammenbrüllen, weil Mama oder Papa den Wunsch nach Eis nicht erfüllen. Und wer wurde nicht selbst schon von Wut gepackt und hat sein Lenkrad malträtiert, weil der Vordermann mit Tempo 30 über die Hauptstraße schleicht? Oder ist nach Feierabend beim kleinsten Fehltritt der Liebsten aus der Haut gefahren, weil der angestaute Frust eines Arbeitstages mit undankbaren Vorgesetzten, unverschämten Kundenanfragen und einem unorganisierten Team raus muss? Und speziell die Sozialen Medien scheinen für Wutausbrüche jedweder Art wie gemacht. Da werden wutentbrannte Ein-Sterne-Kritiken verfasst, weil das Essen im Restaurant nicht perfekt war, oder in Kommentarspalten anderen mal ordentlich die Meinung gegeigt.

Dabei streben wir doch eigentlich nach Harmonie. Schließlich gehört es sich nicht, im Meeting mit der Faust auf den Tisch zu schlagen oder das Kind anzubrüllen. Der Alltag verlangt Haltung. Bricht sich die Wut doch einmal Bahn, folgt die Scham auf dem Fuße, denn in unserer Gesellschaft ist das Ausleben offener Wut verpönt. Wütende Menschen gelten als unsachlich und unberechenbar, sodass die eigene Wut tunlichst gezügelt werden sollte. Aus Angst, uns lächerlich zu machen oder unbeherrscht zu wirken, unterdrücken wir dieses Gefühl dann lieber – auf die Gefahr hin, dass es ganz wie die Angst munter weiterschwelt und sich irgendwann in einer wahren Explosion entlädt. In der Kraft der Wut jedoch sah Mahatma Gandhi, Ikone des gewaltfreien Widerstands, für die Menschen eine Chance. Als er seinen Enkel Arun, ein aggressives und unbeherrschtes Kind, in seinen Aschram holte, erklärte er dem Jungen: «Ich bin froh, dass Wut bei dir so viel auslösen kann. Wut ist etwas Gutes. Ich werde andauernd wütend.»[2] Arun verstand nicht: «Ich habe dich noch nie wütend erlebt.» «Weil ich gelernt habe, meine Wut für das Gute zu nutzen», erwiderte Gandhi. «Wut ist für einen Menschen wie Benzin für ein Auto – sie treibt an, damit man weiterkommt, an einen besseren Ort.»

Was ist Wut also wirklich? Woher kommt sie? Wann ist sie der kraftvolle Treibstoff, der Dynamik entfacht, und wann flammt sie unkontrolliert auf und wird zur Zerstörung?

Eine einfache Methode, Gefühle ihrer Intensität und Wirkung nach einzuordnen, bietet folgende Kreuz-Graphik.

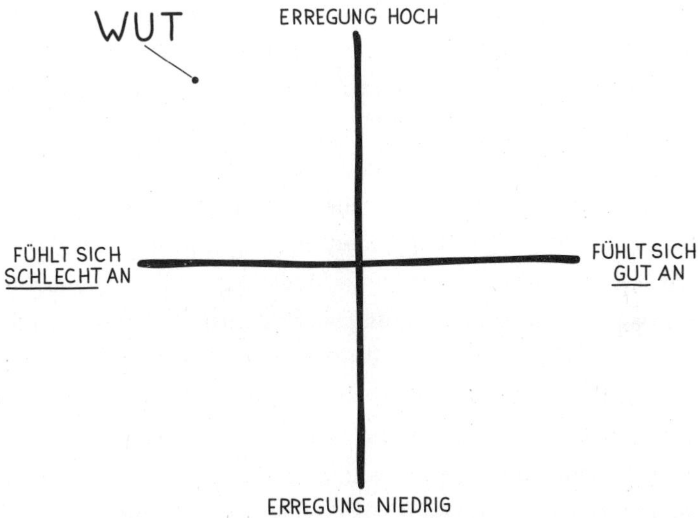

Die Horizontale mit den zwei Polen «Fühlt sich gut an» und «Fühlt sich schlecht an» steht für die Valenz eines Gefühls: Je besser sich eine Emotion anfühlt, umso weiter rechts wird sie im Kreuz verortet. Angst oder Langeweile fühlen sich, genau wie die Wut, schlecht an und stünden demnach links.

Die mittig kreuzende Vertikale bildet unser Erregungsniveau ab und hat die zwei Pole «Ich bin ruhig» unten und «Ich bin erregt» oben. Wenn wir im Urlaub entspannt und zufrieden auf dem Liegestuhl in der Sonne dösen, fühlt sich das gut an. Wir sind ruhig – ein Punkt im unteren rechten Quadranten. Ein Gewinn am Automaten im Casino in Las Vegas hingegen fühlt sich gut und erregend an, ein Punkt im oberen rechten Quadranten. Langeweile empfinden wir als unangenehm und zumeist eher ruhig, Angst wahrscheinlich noch unangenehmer und je nach Blickwinkel entweder anregend oder lähmend. So lässt sich anhand der Achsen unser emotionaler Zustand graphisch abbilden. Wo würden wir Wut einzeichnen? Die meisten von uns wohl im linken oberen Quadranten weit außen. Wut fühlt sich schlecht an und erregt uns stark. Doch so einfach ist es nicht, denn diese Position repräsentiert nur eine Seite des Gefühls.

Wut entsteht, wenn man uns unfair behandelt, unterdrückt, lächerlich macht oder ein Mensch vor unseren Augen misshandelt wird. In solchen Momenten steigt das Erregungslevel im Menschen, er fährt hoch und braust auf. Mit Ausbrechen der Wut scheint das Hirn auszusetzen. «Bist du wütend, zähle bis zehn, bevor du sprichst. Bist du sehr wütend, bis hundert», empfahl einst der amerikanische Präsident Thomas Jefferson. Ein weiser Rat und doch schwierig in der Anwendung.

Vor lauter Wut sagen wir Dinge, die wir später bereuen. Vielleicht ist uns im Eifer des Gefechts sogar schon mal die Hand ausgerutscht. Selbst das sonst so gefühlskalte deutsche Strafrecht berücksichtigt, dass Wut blind machen kann. Hat das Opfer den Täter bis «zum Zorn gereizt», werden mildernde Umstände geltend gemacht, selbst wenn es Tote gab.[3] Einmal hochgekochte Wut, so die Annahme, lässt sich kaum noch kontrollieren, was durch sie geschieht, geschieht jenseits des Verstandes.

Wie der Kniereflex, ausgelöst durch einen Schlag unter die Kniescheibe, ist die Wut automatische Reaktion auf Reize aus der Umwelt, so die Annahme, und wird infolgedessen zu den sogenannten Basisemotionen gezählt. Demnach gilt, dass Menschen, egal in welchen Kulturen, welchen Alters, Geschlechts oder Hintergrunds, Wut in gleicher Weise erleben und zum Ausdruck bringen. Ein universell gültiges Ursache-Wirkungs-Prinzip also. Wenn die «Wut-Neuronen» im Hirn feuern, laufen wir rot an, die Augenbrauen wandern Richtung Nase und in die Stirn gräbt sich eine tiefe Furche, die sogenannte Zornesfalte. Wir kennen kein Denken mehr, sind blind vor Wut – ein ziemlich roher Zustand. Wer ausrastet, macht sich sprichwörtlich zum Affen. Doch, wie gesagt, ganz so einfach ist die Sache nicht. Seit Jahren kämpft eine Frau mit allen Mitteln der Wissenschaft für ein neues Verständnis unserer Wut.

Lisa Feldman Barrett ist Professorin für Psychologie an der Northeastern University in Boston. Zu Beginn ihrer Vorträge zeigt sie gerne ein Frauengesicht im stark vergrößerten Bildausschnitt.[4] Man sieht die Wangen der Frau voller Tränen, ihren weit aufgerissenen Mund und krampfhaft zusammengezogene Augenbrauen und hat unweigerlich den Eindruck, dass ihr Schlimmes widerfahren sein muss. Das Gesicht der Frau zeigt Wut, gepaart mit Verzweiflung und Schmerz. Doch dann zeigt Feldman Barrett das ganze Bild. Zu erkennen ist jetzt die Tennisspielerin Serena Williams, die vor Freude und Erleichterung aus vollem Herzen schreit, nachdem sie gerade das Finale der US Open gegen ihre Schwester gewonnen hat. Wir sehen also zwei völlig verschiedene Gemütszustände, die wir am Gesichtsausdruck allein nicht klar identifizieren können.

In den vergangenen Jahrzehnten reisten Forschende, auch aus dem Team der Professorin, in die entlegensten Winkel dieser Erde, um Menschen aus abgeschotteten Kulturen Fotos von wütenden Gesichtern zu zeigen. Die Ergebnisse der Studien belegen eine unerwartete Vielfalt im Ausdruck der Wut zwischen den Shuar in Ecuador, den Fore aus Papua-Neuguinea, den Hadza in Tansania oder Menschen in den USA und Europa.[5] «Es herrscht keine Einigkeit», sagt mir Lisa Feldman Barrett. Zwar gibt es ein gewisses Maß an Übereinstimmungen (vor allem innerhalb der Kulturen), doch ein eindeutiges Muster fehlt.[6] Das zeigt sich auch, wenn die Gesichtsmuskulatur von Versuchspersonen mit Elektroden gemessen wird, während sie verschiedene Emotionen durchleben.[7] Die Messungen ergeben Varianz und eben nicht Einheitlichkeit!

Gleiches gilt für die körperliche Reaktion. Vier Metaanalysen, also Zusammenfassungen von Forschungsarbeiten zu riesigen Datensätzen, konnten kein klares körperliches Muster im Zusammenhang mit Wut feststellen, das diese von den anderen fünf sogenannten Basisemotionen – Ekel, Freude, Angst, Überraschung oder Traurigkeit – zuverlässig unterscheiden würde.[8] «Moment», möchten Sie nun vielleicht einwenden, «Angst fühlt sich doch ganz anders an als Wut oder Freude.» Ja! – sie fühlt sich anders an, doch wie wir unsere Gefühle nach außen tragen, variiert maßgeblich und ist daher in der Deutung sehr anfällig für Missverständnisse. Ein knallrotes Gesicht kann Angst, Scham und Wut oder aber die unbändige Freude über ein gewonnenes Tennismatch zum Ausdruck bringen. Selbst im Hirn findet sich kein «Wutzentrum». Lisa Feldman Barrett und ihr Team prüften jede neurologische Studie zur Wut und den anderen Basisemotionen aus den letzten 20 Jahren. Das entsprach rund 100 wissenschaftlichen Veröffentlichungen an etwa 1300 Versuchspersonen. «Insgesamt haben wir keine einzige Hirnregion gefunden, die dem Fingerabdruck einer Emotion entspricht», schreibt Feldmann Barrett.[9] So existiert auch für die Wut nicht das eine Zentrum im Hirn, das immer und bei allen Menschen anspringt, wenn sie aufflammt. Nimmt man diese neuen Einsichten zusammen, wird klar, dass die Wut kein stumpfer Reflex sein kann, der stets gleich abläuft. Im Gegenteil. Wut ist individuell und sehr facettenreich.

Schon in der griechischen Antike wurde bezweifelt, dass Wut sich auf alle gleich verteilt.[10] Ein cholerisches Temperament wurde nur jenen attestiert, die besonders leicht aus der Haut fuhren. Menschen mit kurzer Zündschnur kennen wir alle. Ich erinnere mich noch sehr lebhaft an einen Kollegen, mit dem ich vor Jahren zusammenarbeitete, der schon bei Kleinigkeiten und oft ohne erkennbaren Grund extrem wütend werden konnte. Aus dem Nichts stieß er manchmal wilde Flüche aus oder warf mit Gegenständen um sich. Heute würde man ihn in der Wissenschaft nicht mehr Choleriker nennen, sondern von einer Trait-Anger-Persönlichkeit sprechen.

Im Leben von Menschen mit diesem Persönlichkeitsmuster flammt Wut schneller, öfter und stärker auf als beim Durchschnitt. Einen Teil tragen – wie immer – die Gene dazu bei. Man kann eine wütende Grundhaltung erben. Doch weit wichtiger sind drei kognitive Prozesse, die diese Menschen im Umgang mit Wut nicht absichtlich, aber zuverlässig anwenden und die zu Problemen führen.[11] Erstens neigen die permanent Wütenden dazu, in allem und jedem eine Provokation zu wittern. Die Chefin schickt eine Mail und vergisst zum Abschied zu grüßen – was für eine Unverschämtheit! Zweitens verfangen sie sich in Gedankenschleifen um die erlebten Ärgernisse. Statt «Schwamm drüber und weiter» zu denken, kreisen ihre Gedanken weiter um das Erlebnis. Im letzten Schritt versäumen sie es, Ressourcen zu aktivieren, um ihre Wut zu kontrollieren. Wer sich nicht um seine Wut kümmert, hat es schwer mit ihr.

Ob ein Mensch eine wütende Persönlichkeit auslebt, hängt von vielen Faktoren ab. Mittlerweile gibt es eine ganze Reihe von Untersuchungen, die zeigen, wie eng die Wut der Eltern mit der ihrer Kinder zusammenhängt.[12] Fahren die Eltern oft aus der Haut, beschimpfen einander und lassen ihrem Ärger freien Lauf, ist die Wahrscheinlichkeit hoch, dass dieser Funke auf den Nachwuchs überspringt. Wie wütend ein Mensch wird, ist eine Frage der Persönlichkeit, die wiederum von Genen und Umwelteinflüssen, also auch der Erziehung, abhängt. Bereits hier wird klar, wie individuell Wut ist.

Auch Vorurteile spielen eine Rolle. In vielen Köpfen ist Wut noch immer Männersache. Statistisch betrachtet werden Männer und Frauen allerdings gleich oft wütend, und auch Trait-Anger-Persönlichkeiten sind bei beiden Geschlechtern etwa gleich häufig vertreten.[13] Versuchspersonen jedoch, die sich ein wütendes Gesicht vorstellen sollen, haben in der Mehrzahl – egal ob Mann oder Frau – ein männliches Gesicht vor Augen.[14] Auch braucht ein durchschnittliches Hirn länger, um ein vor Wut verzerrtes Gesicht als das einer Frau zu erkennen.[15] Bei wütenden Männern sind wir schneller. Als hätte die Wut im Frauengesicht nichts verloren, ist unser Hirn irritiert und muss mehr «rechnen». Das lernen schon die Kleinen. So konnte die amerikanische Psychologin Pamela Cole in einer Studie zeigen, dass Mütter (die Väter wurden nicht beobachtet) auf die Wut von Söhnen im Schnitt doppelt so oft positiv reagierten wie auf die von Töchtern.[16] Außerdem fand Cole heraus, dass Mütter fünfmal eher auf die positiven Emotionen ihrer Töchter eingingen als auf deren Wut. Das bedeutet, wenn

Lea vor Freude jauchzt, erfährt sie mütterliche Zuwendung. Wird Lea hingegen wütend, erlebt sie Ignoranz, denn Wut gehört sich nicht. Bei Söhnen ist das anders. Hier reagieren die Mütter auch auf Wut. Ein Freudestrahlen von Finn erntet dieselbe Beachtung wie sein Wutausbruch. Die Häufigkeit, in der Frauen und Männer Wut verspüren, ist in etwa gleich, doch die Gesellschaft erwartet von Frauen, dass sie ihre Wut nicht zeigen. Jahrhundertelang galt «Hysterie» als psychische Störung «exklusiv» von Frauen und als angeblich heilbar durch zum Beispiel sexuelle Stimulation mit Hilfe von Vibratoren.[17] Unter dem Begriff wurden zahlreiche Symptome gebündelt, wie Nervosität, Reizbarkeit und Wutausbrüche. Eine Frau mit diesen Symptomen wurde als psychisch krank diagnostiziert, ein Mann dagegen fiel damit nicht weiter auf. Dieses Verständnis hallt bis heute nach mit gefährlichen Folgen. Gefühle in sich hineinfressen zu müssen, weil die Gesellschaft sie nicht akzeptiert, ist für die Psyche eine Katastrophe. So konnte die Forschung Zusammenhänge zwischen unterdrückter Wut und Depressionen, gesteigertem Schmerzempfinden und (bei Frauen) auch einem erhöhten Blutdruck zeigen.[18] In einem Experiment der Stanford University sollten Probandinnen ihre Emotionen in einem Gespräch aktiv unterdrücken. Das sorgte durchweg für Stress und Reibung, im Übrigen auch bei beiden Gesprächspartnerinnen.[19]

Ein Schema F, nach dem Menschen generell wütend werden, existiert nicht. Lisa Feldman Barrett sagt es in unserem Gespräch ganz klar: «Die Idee der Basisemotionen passt nicht. Die Daten unterstützen sie keineswegs.» Es gibt nicht die eine Angst, und auch Ekel, Freude, Überraschung und Traurigkeit äußern sich ganz unterschiedlich – wie eben auch die Wut. Wut wird als universelle Erfahrung von allen Menschen in gleicher Weise erlebt – diese Idee hält wissenschaftlicher Forschung nicht stand. Um unserer Wut angemessen zu begegnen, brauchen wir deshalb einen Weg, der zu uns ganz persönlich passt. Dabei hilft ein neuer Ansatz aus der Wissenschaft, die sogenannte Emotional Granularity. Ein zugegeben sperriger Begriff, vor allem, wenn man ihn ins Deutsche als emotionale Granularität übersetzt. Worum es geht, erschließt sich jedoch schnell, wenn wir uns dem Begriff über die Farbe Rot nähern.

Edvard Munchs Bild «Der Schrei» zeigt einen Menschen mit weit aufgerissenem Mund vor, wie der Laie vielleicht sagen würde, rot eingefärbtem Horizont. Der Kunstkenner wird darin ein unübertroffenes Zusammenspiel von Merinorot, Purpur, Perlrosa, Zinnober, Terrakotta und Tizian erkennen. Es handelt sich also um die meisterliche Kombination unterschiedlichster Rottöne zu einem Ganzen.

Wut kennt mindestens so viele Töne wie die Farbe Rot – mal ist sie feuerrot wie der Jähzorn, die Rage oder die Raserei, mal dunkler wie der Groll, die Verdrossenheit oder der Missmut. Die Aussage «Ich bin wütend» enthält nur so viel Information wie die Beschreibung «Der Himmel ist rot». Emotionale Granularität bedeutet, aufmerksam hinzusehen und präziser zu benennen, was man fühlt, als würde man einen Farbton in sein Granulat zerlegen. Wenn wir jetzt mit diesen unterschiedlichen Wuttönen zur Kreuz-Graphik zurückkehren, wird klar: Wut ist nicht ein einzelner Punkt im oberen linken Quadranten, sondern der Überbegriff für Dutzende Punkte dort, so wie Rot ein Überbegriff für Dutzende Farbtöne ist.

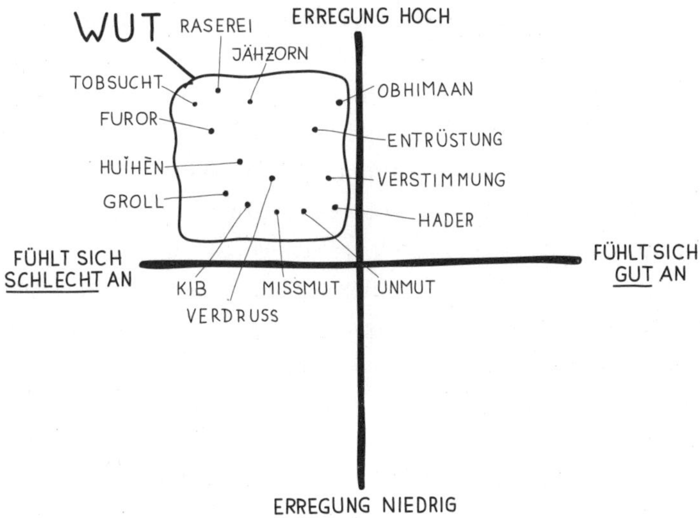

Die Vielfalt der «Wuttöne» scheint schier unendlich, nimmt man die vielen Wörter, die es in den unterschiedlichen Sprachen für Wut gibt.[20] Im Mandarin-Chinesisch gibt es neben einer allgemeinen Wut auch eine Wut gegen sich selbst, die *Huǐhèn*, ein Mix aus Hass und Bedauern, der aufkommt, sobald man etwas Unverzeihliches getan hat. In Thailand kennt man sieben Formen von Wut, und Indien ist eine wahre Wutschatztruhe.

Abhijeet Paul, ein Sprachdozent an der University of Berkeley in Kalifornien, beschreibt mir eine Form von Wut im Indischen, die wörtlich übersetzt so viel bedeutet wie «der Moment, in dem ein Stück Aubergine in heißes Öl fällt». Gemeint ist das kurze Aufbrausen, wenn wir etwas erfahren, das uns sehr ärgert. Und wenn ein Mensch in Indien von jemandem, den er liebt, bis zur Weißglut provoziert wird, spricht er von *Obhimaan*. Man könnte den anderen umbringen und empfindet im selben Moment doch eine unendliche Zuneigung. Wenn mein kleiner

Bruder mich als Kind bis aufs Blut reizte, hätte man das, was ich spürte, *Obhimaan* nennen können. In solchen Momenten hatte ich Schaum vor dem Mund, und doch war da gleichzeitig Liebe. Ein Wort für dieses ambivalente Gefühl kannte ich bis zu meinem Gespräch mit Abhijeet Paul nicht.

Um zu verdeutlichen, was emotionale Granularität heißt, schlägt Lisa Feldman Barrett vor, sich vorzustellen, wir hätten nur die zwei Kategorien «blendend» und «mies», um Emotionen zu beschreiben. Eigene Empfindungen oder die von anderen könnten also nur in einem einzigen Gegensatz charakterisiert werden – es gäbe nur schwarz oder weiß. Es sind, stellen wir fest, erst die feineren Nuancen von «Ich fühle mich blendend» – glücklich, zufrieden, entspannt, begeistert, inspiriert, stolz oder dankbar – und von «Ich fühle mich mies» – ärgerlich, beschämt, verzweifelt, erschüttert, traurig, düster oder reumütig –, die unsere Emotionen zum Ausdruck bringen.[21] Mit Hilfe der emotionalen Granularität können wir uns selbst dabei unterstützen, besser zu erkennen, womit wir es bei unserer Wut zu tun haben und wie wir mit ihr umgehen können.

In einer der ersten Untersuchungen dazu konnte Feldman Barrett zeigen, dass Menschen, die in der Lage sind, negative Emotionen präziser voneinander abzugrenzen, deutlich flexibler mit ihnen umgehen und effizientere Strategien anwenden, um die Kontrolle nicht zu verlieren.[22] Hinter einem einzigen Oberbegriff – wie zum Beispiel Wut – verbergen sich oft ganz verschiedene Gefühlsanteile aus Scham, Versagensängsten oder Hilflosigkeit. Wir denken: «Ich bin wütend», obwohl wir bei genauerem Hinsehen feststellen würden, dass wir nur leicht angesäuert sind oder uns ein wenig schämen und noch lange nicht vor Zorn kochen und alles kurz und klein schlagen könnten.

Es geht also in einem ersten Schritt darum, die passenden Worte für die eigene Wut zu finden. Emotionale Granularität erlangen wir über Sprache. Das zeigt etwa eine Untersuchung an 62 amerikanischen Schulen.[23] In einem wöchentlichen Training von 30 Minuten wurde Kindern eine Auswahl an Wörtern vermittelt, um präziser zu benennen, was sie spürten. Das zeigte Wirkung. Im Vergleich zu untrainierten Kindern verbesserte sich ihr Sozialverhalten und ihre schulische Leistung. Die Kinder lernten spielerisch neue Wörter für ihre Gefühlswelt und konnten allein dadurch souveräner in ihr navigieren.

In Tagebuchstudien fand ein Forschungsteam 2012 heraus, dass diejenigen, die ihre Wut genauer betrachteten und benannten, sich nicht so leicht provozieren ließen und weniger aggressiv waren als Menschen, die nicht so genau «hinfühlten».[24] Auch konnte gezeigt werden, dass Menschen mit einer Depression oder sozialen Angststörung negative Emotionen wie etwa Wut im Schnitt nicht so präzise beschrieben.[25] Wenn wir den Dingen einen Namen geben, beginnen wir, sie zu verstehen. Wie eine Malerin, die lernt, selbst die feinsten Unterschiede zwischen den Farben zu erkennen und für sich zu nutzen, können auch wir das Benennen der Vielfalt auf unserer Wutpalette verbessern.

Dabei hilft es, unseren Wortschatz zu erweitern, um die Nuancen unseres Wutspektrums ergründen zu können. Auf neue Wörter oder Umschreibungen für das, was wir wirklich fühlen, stoßen wir in Büchern, Gedichten oder erfinden sie selbst. Feldman Barrett empfiehlt den mit dem Pulitzer-Preis ausgezeichneten Roman *Middlesex* von Jeffrey Eugenides, der charmante Anregungen bietet wie «Hass auf Spiegel, der in mittleren Jahren beginnt», «Enttäuschung, wenn man mit dem Objekt seiner Phantasie schläft» oder «Trauer, ausgelöst von miserabel besuchten Restaurants». Von solchen Beispielen können wir uns für den Umgang mit unserer Wut (aber auch anderen Gefühlen) inspirieren lassen, indem wir beginnen, unsere eigenen Wortbilder zu kreieren: «Wut, die man spürt, wenn man von einer geliebten Person provoziert wird», könnten wir künftig *Obhimaan* nennen. Ein anderes Wortbild, vielleicht ohne Titel, wäre Wut auf einen Gegenstand wie eine Plastikverpackung, die sich nicht aufreißen lässt.

Haben wir gelernt, unsere Wut besser zu verstehen, fällt es auch leichter, sich in ein wütendes Gegenüber hineinzuversetzen und auf dessen Gefühle einzugehen. Sollten wir beschwichtigen, verhandeln, argumentieren oder lieber das Weite suchen? Ich weiß inzwischen, was ich tun muss, wenn jemand in meiner Gegenwart die indische «Auberginen-Wut» zeigt: nichts! Sie verfliegt fast so schnell, wie sie aufzieht. Empfinde ich selbst Zorn auf einen Menschen, den ich liebe, habe ich mit *Obhimaan* nun ein Wort. Manchmal lenkt mich allein der Gedanke an den Mix aus Liebe und Rage von der Wut ab, und mir wird klar, wie groß die Zuneigung für mein Gegenüber ist, sodass ich gelassener reagiere. Spüre ich hingegen, dass ich seit Tagen einen Groll mit mir herumtrage, weil ich mich gestritten habe oder beleidigt wurde, suche ich das Gespräch, weil ich weiß, dass ich diese Wut nur so abschütteln kann. Je mehr Übung wir im Entdecken und Benennen der Nuancen der Wut erlangen, desto besser werden wir sie bei uns und anderen verstehen.

Das genaue Hinsehen hat noch einen anderen Vorteil. Wir setzen uns mit dem Gefühl auseinander. Unterdrückte Wut wirkt wie Sand im zwischenmenschlichen Getriebe. Wenn ich gut darin bin, mich zu verstellen und meine Gefühle zu verbergen, können andere nicht wissen, dass es in mir brodelt. Und wenn ich nicht gut darin bin, etwas vorzuspielen, spürt das Gegenüber, dass etwas in der Luft liegt. «Ist irgendwas?», lautet dann die Frage. Statt ehrlich wütend zu antworten: «Ja, es ärgert mich sehr, dass du dich nicht für meinen Tag interessierst und immer nur von deinem Job erzählst», weicht man dem direkten Konflikt aus: «Was soll schon sein?» Doch unsere Gefühle sind nicht verschwunden, nur weil wir sie nicht offen zeigen. Manchmal schlägt die unterdrückte Wut dann in passive Aggression um. Um den anderen spüren zu lassen, dass etwas nicht stimmt, wird Schweigen als Strafe eingesetzt, kommt es zu Sticheleien («Wolltest du nicht abnehmen?») oder auch verletzenden Aussagen, die sich in ein Lob kleiden («Gar nicht schlecht für deine Verhältnisse»).

Wir sollten lernen, zu unserer Wut zu stehen und darüber zu sprechen. Je früher wir das tun, desto besser. Einem Kind, das im Supermarkt schreit oder in der Klasse einen Tobsuchtsanfall bekommt, ist nicht geholfen, wenn man es dafür verurteilt. Spricht man hingegen offen über sein Verhalten und versucht, gemeinsam mit ihm herauszufinden, was genau es gerade fühlt, wird es ihm leichter fallen, den Grund für seine wilden Ausbrüche zu erkennen. Umgekehrt sollten auch Erwachsene ihrer Wut Raum geben. Das zeigt dem Kind: Wut ist kein Tabu. Sobald wir unsere Wut verstanden haben, spricht nichts dagegen, sie mit anderen zu teilen. Im Gegenteil. Wut liefert viel Information in kurzer Zeit. Das ist klare Kommunikation. Allzu oft wickeln wir unseren Zorn so lange in Höflichkeiten ein, bis er seine Aussagekraft verliert. Wie sollen Chefinnen, Kollegen, Partnerinnen und Partner oder Kinder merken, dass sie eine rote Linie überschritten haben, wenn wir permanent herunterschlucken was in uns brodelt?

Ein gesunder Umgang mit Wut wirkt nach innen *und* nach außen. Die Balance ist entscheidend. Forschende der Rice University fanden 2018 heraus, dass Personen, die forsch auftreten, in Verhandlungen besser abschneiden als solche, die ausrasteten oder gar keine Wut zeigen.[26] Wem am Verhandlungstisch der Kragen platzt, der stößt ab. Wer aber gar keinen Unmut zum Ausdruck bringt, wirkt lasch, so die Schlussfolgerung. Es ist der Mittelweg, auf dem wir uns treffen. Vorgesetzte oder Kinder anzubrüllen, ist wenig zielführend. Eine klare Ansage, die deutlich macht, welchen Wutton man gerade spürt, hilft, einander zu verstehen.

Um das richtige Maß zu finden, sollten wir mit der verbreiteten Katharsistheorie brechen. Katharsis ist griechisch und bedeutet reinigen. Wut muss nach dieser Theorie ausgelebt werden, um sich von ihr zu befreien. In Berlin kann man dafür einen Crash-Room mieten. Für 179 Euro werden Vorschlaghammer und Axt gereicht, mit denen man ein voll möbliertes Zimmer in Einzelteile zerlegen darf, um sich so richtig abzureagieren. Traumhafte Vorstellung, oder?

Wer glaubt, Wut so loszuwerden, ist auf dem Holzweg. Professor Brad Bushman von der Ohio State University erforscht seit Jahren Wut und Aggression. Für einen Versuch ließ der Wissenschaftler Studierende einen kurzen Essay verfassen, der dann angeblich einem Kommilitonen zur Bewertung vorgelegt werden sollte.[27] Die fiel immer gleich aus: maximal negativ! Schlecht geschrieben, mangelhaft strukturiert und als Fazit in Handschrift daruntergekritzelt: «Das ist einer der schlechtesten Essays, den ich jemals gelesen habe.»

Grund genug, wütend zu werden und damit Zeit für den eigentlichen Versuch. Für den wurden die Studierenden zufällig in drei Gruppen aufgeteilt. Die erste Gruppe sollte einfach still dasitzen. Abwarten! Nichts tun. Die zwei anderen Gruppen durften auf einen Punchingball einschlagen, um sich abzureagieren, wobei die eine davon sich währenddessen den vermeintlichen Kritiker vorstellen sollte, den sie zuvor auf einem Foto zu sehen bekommen hatte.

Im Anschluss wurde die Wut aller Versuchspersonen abgefragt, und sie erhielten die Möglichkeit, sich zu rächen, indem sie dem erfundenen Kommilitonen über einen Kopfhörer unangenehm laute Geräusche auf die Ohren spielen konnten.

Die wütendsten und aggressivsten Personen, so zeigte sich, waren die Punchingball-Schläger, die an das Konterfei ihres Kritikers gedacht hatten. Sie drehten das fiese Geräusch besonders laut auf und zeigten die mit Abstand größte Wut. «Es ist wie Feuerlöschen mit Benzin», erklärt mir Professor Bushman. «Zu treten, zu schreien und zu fluchen fühlt sich gut an, wenn wir wütend sind. Mehr als 75 Prozent unserer Versuchspersonen mochten es, auf den Punchingball einzuschlagen», führt er schmunzelnd aus. Und doch rät er dringend davon ab. Gerade wenn wir den Drang spüren, ein Kissen zu verprügeln, uns die Seele aus dem Leib zu brüllen oder Gegenstände durch den Raum zu werfen, ist die Erregung besonders hoch. Wer diesem Drang nachgibt, fährt sein System nur noch weiter nach oben und sich selbst in der Wut fest.

Erregung lässt sich nur abbauen, wenn man dem Körper die Kraft nimmt, den energiegeladenen Zustand aufrechtzuerhalten. Eine lange Runde Joggen im Wald oder Auspowern im Fitnessstudio, bis nichts mehr geht, legt uns lahm und tut gut. Denn dabei füttern wir unsere Aggressionen nicht weiter, sondern entkoppeln die Erregung vom eigentlichen Auslöser und bauen Stress ab. Wichtig sei dann aber, es auch tatsächlich bis zur totalen Erschöpfung durchzuziehen, warnt Bushman.

Grundsätzlich gilt: Wut durch Aggression auszuleben, ob verbal oder physisch, facht diese eher noch an. Stattdessen kann es helfen, sich gedanklich aus der Situation zu lösen, um sich selbst, gewissermaßen von außen, zu beobachten. Wie eine Fliege, die an der Decke sitzt und auf uns und den Moment herunterschaut. Diese Technik wurde 2012 experimentell untersucht.[28] Dafür wurden Versuchspersonen während eines schwierigen Tests gezielt provoziert. Immer und immer wieder forderte man sie auf, die Lösungen lauter auszusprechen, obwohl die Probandinnen und Probanden schon fast schrien. Im Anschluss an die aufreibende Erfahrung wurde ein Teil der Gruppe gebeten, das Erlebte Revue passieren zu lassen. Aber aus einer distanzierten Perspektive, eben wie eine Fliege, die an der Decke sitzt. Der geistige Abstand, die sogenannte «Selbstdistanz», wirkte. Diejenigen, die dazu aufgefordert wurden, berichteten danach im Vergleich zu einer Kontrollgruppe von weniger Wutgefühlen und aggressiven Gedanken. «Man sieht sich von weiter weg und nimmt das große Ganze wahr, statt in der Opferrolle zu verharren», so die Erklärung des Forschungsteams.

Auch Jeffersons Vorschlag zu zählen hilft hier sowie tiefes Atmen in den Bauch (nicht flach über die Brust) oder sich achtsam selbst zu spüren, wie wir es schon im Umgang mit der Angst gesehen haben. Wo sitzt die Wut genau? In den Händen, im Bauch oder im Rücken? Gibt es Teile des Körpers, die ganz ruhig sind? Solche Strategien lernen Menschen mit extremer Trait-Anger-Persönlichkeit in Therapien, doch sie helfen auch allen anderen.

Ich denke heute oft an meinen Kollegen zurück, der so leicht aus der Haut fuhr, und glaube, dass weder er noch wir anderen damals richtig hingesehen haben. Mir erschien er einfach nur andauernd wütend – knallrot wütend. Die Nuancen hat niemand versucht zu erkennen, zu sehr schreckte die Wut als unerhörte Emotion ab. Wenn ich im Rückblick den Ansatz der emotionalen Granularität anwende, erkenne ich die unterschiedlichen Wuttöne. Inzwischen bin ich sicher, dass sich hinter seiner Tobsucht oft die Angst versteckte, etwas falsch zu machen. In anderen Momenten war es wohl eher Scham. Er spürte, dass er mit seinem Verhalten aneckte.

Wut ist mehr als «maximal erregt» und «maximal schlecht fühlen». Und in diesem Mehr liegt das Gute der Wut verborgen, von dem Gandhi zu seinem Enkel Arun sprach. Über Jahrzehnte haben People of Color ihren Ärger und ihre Wut unterdrückt, weil sie unerwünscht und noch dazu gefährlich für sie war. Der Tod von George Floyd markierte eine rote Linie, die überschritten wurde. Es war die Wut, die danach weltweit Hunderttausende auf die Straßen trieb. «Wir haben genug vom strukturellen Rassismus. Black lives matter!» Es geht nicht darum, Ausschreitungen zu rechtfertigen, sondern darum, dass Wut klar zeigt, dass etwas schiefläuft und der Ungerechtigkeit der Kampf angesagt wird. Die Suffragetten, die Anfang des 20. Jahrhunderts genug hatten und für ihr Wahlrecht kämpften, die Bürgerinnen und Bürger der DDR, die sich mit wachsendem Protest von einem Regime befreiten, oder die Homosexuellen-Proteste in San Francisco – das alles sind Momente, in denen Wut aufzeigte, dass es genug ist, dass man zu lange eine schreiende Ungerechtigkeit hat hinnehmen müssen.

Gleiches gilt auch im Kleinen für unsere ganz eigenen Herausforderungen. Wenn wir einen Groll mit uns herumtragen, weil wir uns gestritten haben, ist das ein Zeichen dafür, dass uns die Beziehung etwas bedeutet. Wut ist das Gegenteil von Gleichgültigkeit. Denn was uns nichts bedeutet, macht uns auch nicht wütend. Wenn wir uns unserer Wut in all ihren Farbtönen zuwenden und versuchen, zu verstehen, wo sie ihren Ursprung hat, was sie ausmacht und in welche Richtung uns ihre Energie führen will, dann wird sie zu Benzin, das den Motor antreibt. Wut zeigt uns und unserem Gegenüber, dass etwas nicht stimmt. Und je klarer wir das benennen können, umso leichter fällt es, Wege aus den Missständen herauszufinden.

Wenn mehr Menschen die Technik der emotionalen Granularität beherrschten, würden wir vielleicht seltener so harsch aneinandergeraten und öfter zuhören. In unserer Gesellschaft hat die Wut keinen guten Ruf. Doch mit Hilfe der Forschung gewinnen wir auch von dieser negativ empfundenen Emotion ein neues Bild. «Wut ist Energie, die uns zwingt, zu definieren, was gerecht ist und was ungerecht», lehrte Gandhi seinen Enkel Arun im Aschram. «Ohne sie hätte man keinerlei Motivation, sich einem Problem zu stellen.»[29]

Wut selbst ist nicht das Problem, sondern der erste Schritt zur Lösung.

GELBE SUPPE FÜRS GEHIRN

Zurück zu einem gesunden Hunger

Leib und Seele eines Menschen, ich sage dies mit aller Hochachtung gegen beide, sind gerade wie Wams und Unterfutter: schlägt das eine Falten, so schlägt das andere auch welche.

LAURENCE STERNE

Im 4. Jahrhundert nach Christus entdeckte der chinesische Arzt Ge Hong ein sonderbares Wundermittel.[1] Selbst Todkranke hob es zuverlässig von der Bahre. Obwohl das Mittel so erfolgreich wirkte, dass es bald nach seiner Entdeckung in das renommierte Handbuch der chinesischen Notfallmedizin aufgenommen wurde, wollte sich kaum jemand damit behandeln lassen. Weder die hohe Wirksamkeit noch der günstige Preis konnten daran etwas ändern. Wer erfuhr, woher die Medizin stammte, dem wurde übel. Um den Ursprung zu verschleiern, bekam das Wundermittel darum bald den Decknamen «Gelbe Suppe». Doch auch dieser Trick half nicht, denn die Medizin war mehr braun als gelb und roch auch nicht nach Suppe, sondern stank erbärmlich. So verschwand Ge Hongs Wundermittel wieder von der Bildfläche. Bis heute. Seit einigen Jahren erlebt die Gelbe Suppe in modernen Krankenhäusern eine unerwartete Renaissance. Gelingt es der Forschung, die unglaubliche Wirkung dieses Wundermittels zu entschlüsseln, könnte das helfen, ein Gefühl wieder in den Griff zu bekommen, das diese Welt vor eine große Herausforderung stellt: Hunger.

Zwölf Uhr mittags. Ich betrete einen kleinen Supermarkt

in der Bahnhofshalle, um mir schnell eine Flasche Wasser für die Fahrt zu kaufen. Zwei Stunden wird der Zug von Münster nach Köln brauchen. Wo ich schon einmal hier bin, vielleicht noch eine Kleinigkeit zu essen? Etwas aus der Obstabteilung. Das ist gesund. Mindestens zehn Apfelsorten stehen zur Auswahl. Oder doch lieber eine Banane? Vielleicht ein Bananen-Smoothie? Aber werde ich davon satt? In dem Moment kreuzt der verführerische Geruch von frischen Laugenbrezeln aus dem Supermarktbackofen meine Gedanken. Er steigt durch meine Nase, und ich ziehe seine Wirkung unweigerlich tief in die Windungen meines Hirns. Jetzt läuft mir das Wasser im Munde zusammen. Mittlerweile knurrt mein Magen. Ich habe Hunger. Wie kann das sein? Erst vor drei Stunden habe ich ausgiebig gefrühstückt. Mein Körper braucht nichts, doch mein Kopf signalisiert penetrant «Hunger!».

Auf den ersten Blick scheint Hunger gar kein Gefühl, sondern einen Mechanismus zu beschreiben. Unsere Zellen brauchen Energie, und die stammt vor allem aus Glukose. Steht zu wenig Glukose zur Verfügung, meldet sich der Hunger wie die Reserveleuchte im Auto, die den Fahrenden anzeigt, dass er tanken muss. Nach dieser sogenannten Sollwerttheorie entsteht unser Hunger, sobald die verfügbare Energie im Körper unter einen bestimmten Wert fällt, wir also Nachschub brauchen.[2] Unser Tank ist leer, also erfolgt eine Meldung ins Hirn. Dort springt das Hungergefühl an und drängt uns, etwas zu essen. Die Verdauung verwandelt die Nahrung in Energie, die sodann dem Körper zur Verfügung steht, bis der Sollwert wieder unterschritten wird und sich der Hunger zurückmeldet. Eine schlichte mechanische Ursache-Wirkungs-Beziehung, so einleuchtend wie falsch.

Denn der Sollwerttheorie nach müssten wir mit dem Essen aufhören, sobald der Tank voll ist. Mehr noch, wir dürften nur dann Hunger spüren, wenn der Sollwert unterschritten ist. Obwohl diese Erklärung noch immer in vielen Lehrbüchern auftaucht, gilt sie als wissenschaftlich überholt.[3] Wie die anderen Gefühle ist auch der Hunger komplex und läuft eben nicht nach dem immer gleichen Schema ab.

2005 bekamen in einem amerikanischen Labor zwei Gruppen von Versuchspersonen einen Teller Tomatensuppe vorgesetzt.[4] Die Teller der einen Gruppe wurden während des Essens über einen Schlauch im Tisch laufend unbemerkt nachgefüllt. In dieser Gruppe wurde im Schnitt 73 Prozent mehr Suppe gegessen als in der Kontrollgruppe ohne nachgefüllte Teller. Nach dem Essen sollten alle angeben, wie viel sie etwa gegessen hatten und wie satt sie sich fühlten.

Die Auswertung der Fragebogen zeigte, dass die ausgetricksten Suppenesser überzeugt waren, nicht mehr gegessen zu haben, und sie fühlten sich auch nicht besonders gesättigt im Vergleich zur Kontrollgruppe. Das Sattheitsgefühl wurde also vor allem von der Menge auf ihrem Teller bestimmt und nicht von der tatsächlichen Energie, die sie zu sich nahmen.

Das Suppenexperiment ist nur eines von vielen, das sich in den Ergebnissen nicht mit der Sollwerttheorie vereinbaren lässt. Reicht man vor oder zu einer Mahlzeit ein stark kalorienhaltiges Getränk, essen wir nicht weniger, weil das Getränk uns auch mit Energie versorgt, sondern mitunter sogar mehr.[5] Beim Essen in Gesellschaft nehmen Menschen bis zu rund 50 Prozent mehr Nahrung auf.[6] Diese Befunde passen auch deutlich besser zu unserem tatsächlichen Erleben. Mein Magen knurrt im Supermarkt, obwohl ich kurz vorher gefrühstückt habe und meine Energiereserven sicher noch lange nicht aufgebraucht sind. Selbst direkt nach einem üppigen Abendessen können wir Hunger auf Erdbeereis oder Mousse au Chocolat bekommen und im Anschluss vielleicht noch auf salzige Nüsse oder fettige Chips. Wenn wir uns für eine Reise Proviant einpacken, fangen wir an zu essen, sobald wir im Auto, Zug oder Flugzeug Platz genommen haben. Diese Lust, Nahrung zu uns zu nehmen, obwohl unser Körper mehr als genug Energie zur Verfügung hat, nennen manche vielleicht Appetit, Hype oder Fressattacke. In Wirklichkeit haben wir jedoch nur *einen* Hunger, der unterschiedliche Facetten hat. Und dieser Hunger ist ein Gefühl. Wenn wir uns richtig satt fühlen, wollen wir keine weitere Nahrung zu uns nehmen. Hunger hingegen ist das Verlangen zu essen.

Wie alle anderen Gefühle auch, hat der Hunger eine körperliche Komponente. Irgendwann ist der Magen voll, und das bremst unser Hungergefühl. Doch der Füllstand des Magens ist nur einer von vielen Hebeln, die am Hungergefühl mitwirken. Nähern wir uns unserem Hunger als Gefühl, bekommen wir einen neuen Zugang zu unserer Ernährung und darüber überraschend viel Macht, um auch unsere psychische Gesundheit zu stärken. Denn Hunger ist vor allem Kopfsache. Die Annäherung an dieses oft verkannte Gefühl beginnt wieder mit einem Blick zurück.

Unsere Vorfahren, die mit Beutejagd und Sammeln ihr Leben bestritten, konnten nie sicher wissen, wann sie die nächste Mahlzeit finden würden. Ihr Überleben hing davon ab, Nahrung zu sich zu nehmen, sobald sich die Chance bot. Kamen sie an einem Strauch reifer Beeren vorbei, waren sie gut beraten, viele davon zu essen, um Reserven für schlechtere Zeiten anzulegen. Hätte ein Sollwert den Hunger gebremst, hätten unserer Vorfahren keine Depots aufbauen können.

Wir mussten im Laufe der Evolution also ein Hungergefühl entwickeln, das nicht einfach nur vom Füllstand des Magens bestimmt wird, sondern Engpässen vorbeugt.[7] Und nach diesem Prinzip funktionieren wir noch immer. Wir werden ungehalten («hangry»), wenn es uns an Energie mangelt.[8] Dann meldet sich der Hunger sofort. Umgekehrt meldet er sich jedoch nur schwerfällig ab – bleibt manchmal sogar da –, wenn wir eigentlich schon genug Energie zu uns genommen haben. Eine positive Energiebalance, also mehr Energie aufzunehmen als zu verbrauchen, bedeutet Absicherung in einer Welt, in der die Nahrung knapp ist. Deshalb toleriert unser Organismus das. Werden unsere «kostbaren» Fettreserven jedoch angegriffen, schellen die Alarmglocken sofort, denn das war früher das deutliche Zeichen für eine Notsituation. Es ist die uralte und bei den frühen Menschen berechtigte Sorge, nicht genug Nahrung zu finden, die in der Ausstattung mit dem Hungergefühl zum Ausdruck kommt. Deshalb funktioniert der Hunger also nicht so einfach, wie die Sollwerttheorie vorgab. Das wird schon deutlich, wenn man sich anschaut, wie viele unterschiedliche Hormone an ihm mitwirken.

Das bekannteste ist das Insulin, das dafür sorgt, dass Körperzellen Zucker aus dem Blut aufnehmen und dadurch der Blutzuckerspiegel sinkt. Neueste Studien zeigen, dass das Hormon nicht nur an den Körperzellen, sondern auch direkt im Gehirn auf das Sättigungsempfinden wirkt.[9] Neben dem Insulin ist auch das Leptin beteiligt.[10] Es wird im Fettgewebe gebildet, gelangt von dort ins Blut und erreicht das Hirn, wo es im Hypothalamus andockt. Hier wird Meldung erstattet, das Hungergefühl zu drosseln, weil genug Reserven vorhanden sind. Leben wir jedoch über längere Zeit mit zu vollen Reserven, gewöhnt sich der Hypothalamus an die hohe Dosis Leptin und zeigt eine Resistenz. Leptin verliert dann seine Sättigungswirkung und tritt so bei adipösen Menschen nicht mehr auf die Bremse.[11]

In der Wissenschaft wird Hunger heute aus einer Anreizperspektive erklärt.[12] Demnach werden wir durch bestimmte

Reize zum Essen verlockt. Zu wenig Glukose, also ein leerer Energietank, ist ein Anreiz, der das Hungergefühl entfacht. Nach einer langen Bergwanderung haben wir Kohldampf. Doch es gibt unzählige weitere Reize, die ihn auslösen oder aufrechterhalten. Ein Foto von einer Pizza, serviert auf Instagram, der Geruch von frischen Brezeln aus einer Bäckerei. Langeweile beim Warten auf den Start des Flugzeugs oder Frust aus Liebeskummer. Manchmal werden wir auch einfach nur hungrig, weil Essen da ist wie am Hotelbuffet. Oder weil der Zeiger auf der Uhr im Büro sich der Zwölf nähert und wir zu dieser Zeit immer in die Kantine gehen. Mit dieser Aufzählung ließen sich Seiten füllen. Wichtig ist, dass wir begreifen, dass es viele verschiedene Anreize gibt, mit denen sich unser Hunger triggern lässt. Die Lebensmittelindustrie hat das längst verstanden und greift unser Hungergefühl auf vielfältige Weise ganz gezielt an.

Im TV-Spot stellt die italienische Mama lachend den Topf mit dampfender Tomatensauce auf ein kariertes Tischtuch, auf dem frische Zwiebeln und grünes Basilikum liegen. Rational ist uns vollkommen klar, dass die so beworbene Fertigsauce aus dem Glas nichts mit der vorgespielten Tradition oder hochwertigen Zutaten verbindet. Doch das ist unserem Hungergefühl egal. Es springt an, weil wir uns genau erinnern, wie süß und intensiv die Sauce schmeckt. «Du bist nicht du, wenn du Hunger hast», erklärt uns der Mars-Konzern und empfiehlt den Griff zu einem Snickers, um uns zu beruhigen, wenn wir aus der Haut fahren. Eine absurde Idee. Der Riegel, der im Grunde nur aus Zucker besteht, ist für unseren Organismus eine zusätzliche Belastung und keine Quelle der Entspannung. McDonald's macht uns Heißhunger auf Burger, indem wir grasende Kühe auf saftigen Wiesen zu sehen bekommen. Macht man sich die Mühe, die Unternehmenswebsite ausgiebig zu studieren, findet man die Info, dass ein einziger Burger-Pattie aus einem Fleischmix von bis zu 100 Kühen besteht.[13] Uns wird ein in Fett frittierter Fleischbrei als «100 Prozent Beef» verkauft, was nicht gelogen ist, aber auch nichts von Tiertransport, Schlachtung und schlussendlicher Vermengung des Fleisches sagt.

Lebensmittel werden nicht nur beworben, sondern oft regelrecht manipuliert. Räucherlachs auf Fischbrötchen etwa ist häufig kein echter Lachs, sondern Pazifischer Pollack, der zur Familie der Dorsche gehört und von der Lebensmittelindustrie in «Alaska-Seelachs» umbenannt und angeboten wird. Mit Hilfe von Cochenillerot A, einem chemischen Produkt auf Erdölbasis, lässt sich das weiße Fleisch des Pollack leuchtend rosarot färben – und schon ist die Lust auf frischen Lachs in uns geweckt.[14] Dass der Farbstoff im Verdacht steht, gesundheitsschädlich zu sein und ADHS bei Kindern auszulösen, kann unser Hungergefühl nicht wissen.[15] Popp Feinkost, ein deutscher Lebensmittelkonzern, ließ 2015 – gemäß EU-Richtlinie – auf die Verpackung seines Alaska-Seelachs-Aufstrichs deshalb den Hinweis drucken: «kann Aktivität und Aufmerksamkeit bei Kindern beeinträchtigen».[16] Ein Brotaufstrich aus eingefärbtem Lachs, der kein Lachs ist, aber die Psyche von Kindern angreifen könnte – das sind «Lebensmittel» im 21. Jahrhundert.

Selbst wenn wir uns auf der sicheren Seite wähnen, werden wir getäuscht. Im Laufe der Evolution haben wir gelernt, dass die Süße in Früchten für viele Vitamine und Reife steht. Darum mögen wir süßes Obst, wie die Apfelsorte Pink Lady, besonders gerne. *An apple a day keeps the doctor away* – das war einmal. Pink Lady enthält im Vergleich zu ursprünglichen Apfelsorten wenig Polyphenole, warnt unter anderem Greenpeace.[17] Polyphenole dienen der Frucht als natürlicher Abwehrmechanismus gegen Schädlinge, schützen uns Menschen vor Allergien und stärken unsere Abwehrkräfte. Aber sie lassen einen Apfel auch schneller braun werden, und braune Äpfel werden nicht gekauft. Die reduzierte Schädlingsabwehr kann man durch das Spritzen von Insektiziden ersetzen, deren Rückstände wir beim Kauf nicht sehen.[18] So beißen wir am Ende in einen Apfel, der ein Designprodukt ist, perfekt zugeschnitten auf unseren Hunger, dem er mit seiner Süße und Farbigkeit gleich zwei starke Anreize setzt.

Auf den Vorderseiten von Verpackungen wogen Weizenfelder, grasen Kühe auf Wiesen und strahlt Lachsfilet rosarot, während die Liste der enthaltenen gesättigten Fette, Geschmacksverstärker und Farbstoffe in kaum lesbarer Schriftgröße auf der Rückseite hinter kryptischen Abkürzungen versteckt wird. Die genannten Produkte sind nur beliebige Beispiele. Es ließen sich unzählige weitere anführen. Wir haben eine Welt erschaffen, in der ein Großteil der Lebensmittel Produkte sind, deren Produzenten davon profitieren, dass unser Hungergefühl so leicht aus der Fassung zu bringen ist.

Uns ist gelungen, wovon alle Generationen vor uns träumten: Wir haben Essen im Überfluss – 1,3 Milliarden Tonnen – ein Drittel der gesamten Produktion an Lebensmitteln – werden jährlich weggeworfen.[19] Doch statt glücklich und gesund macht uns das Schlaraffenland krank. Zum ersten Mal in der Geschichte sterben mehr Menschen an den Folgen von Übergewicht als an Mangelernährung.[20] Das ist längst nicht mehr nur ein Problem der reichen Industriestaaten. Von 1975 bis 2016 hat sich die Anzahl der fettleibigen Menschen weltweit verdreifacht. 2016 waren 39 Prozent aller Erwachsenen übergewichtig. Etwa die Hälfte aller zu dicken Kinder lebte 2019 in Asien, und auch in Afrika hat sich ihre Zahl seit dem Jahr 2000 verdoppelt. Das führt zu einer absurden Situation. In unseren Innenstädten hängen die Plakate von «Brot für die

Welt», auf denen Babys mit Hungerbauch in der Dürre darben, neben denen von Fitnessstudios, die einladen, für 19,90 Euro im Monat überschüssigen Speck auf Laufbändern zu verbrennen. 690 Millionen Menschen auf diesem Planeten sind noch immer Opfer von Nahrungsmangel und Hungersnöten, und alle zehn Sekunden stirbt ein Kind an den Folgen von zu geringer Energiezufuhr.[21] Für diese Menschen ist Hunger ein existenzielles Gefühl, das mit der Angst einhergeht zu *verhungern*. Noch im Zweiten Weltkrieg bedeutete Hunger auch mitten in Europa die Angst zu sterben, weil man nicht genug zu essen bekam. Hungersnot war in der Vergangenheit die Regel und der Großteil aller Menschen immer wieder davon betroffen. Heute ist es umgekehrt. Die Mehrheit lebt in Ländern, in denen es «zu viel» zu essen gibt, und darauf ist unser Hungergefühl nicht ausgelegt.

Immer mehr Menschen können ihren Hunger nicht mehr zügeln. Sie essen so viel, dass sie an Fettleber, Diabetes oder Bluthochdruck sterben. Extreme Gegenbeispiele sind Menschen, die ihren Hunger krankhaft unterdrücken. Die Zahl stationär behandelter magersüchtiger Menschen ist in den vergangenen zehn Jahren um 30 Prozent gestiegen.[22] Zwar bilden sie im Vergleich zu den Übergewichtigen nur eine kleine Minderheit, doch zeigen uns beide Phänomene, wie schwer es unser uraltes Hungergefühl in einer Welt hat, in der ihm die natürlichen Grenzen fehlen. Selbst für Normalgewichtige ist Hunger und Essen oft permanent Thema. Knapp die Hälfte der Mädchen und ein Fünftel der Jungen empfindet sich mit 15 Jahren als zu dick, obwohl sie normalgewichtig sind. Mehr als die Hälfte der Mädchen hat im Jugendalter bereits Diäten ausprobiert, jedes vierte mehrfach.[23]

Der Umgang mit dem Essen ist heute eine Herausforderung. Täglich treffen wir über 200 Entscheidungen, die mit

Nahrung und deren Aufnahme in Verbindung stehen.[24] Zucker in den Kaffee oder lieber Süßstoff? Jetzt ein Joghurt? Was gibt es heute in der Kantine? Oder lieber doch mit der Kollegin zur Pommesbude?

Die meisten von uns wissen sehr genau, wie wichtig eine gesunde Ernährung ist. Laut einer Umfrage von 2019 ist über 90 Prozent der Deutschen gesundes Essen wichtig. Doch in der Realität macht uns das Hungergefühl die gesunde Ernährung schwer. Wir öffnen die Packung Schokolade und lachen insgeheim über den Aufdruck «wiederverschließbar». Auf dem Sofa sitzend, greifen wir so lange in die Chipstüte, bis sie leer ist oder es uns gelingt, sie auf dem Couchtisch so weit wegzuschieben, dass unsere Bequemlichkeit unsere Gier besiegt. In dieser Welt des Überflusses warnt uns der Hunger nicht mehr vor einer Mangelsituation, sondern führt uns vor allem in Versuchung.

So verwundert es kaum, dass wir unserem Hungergefühl oft feindselig begegnen. Dabei geht es zumeist um Äußerlichkeiten. Wenn wir uns damit beschäftigen, unseren Hunger zu zügeln, dann oft, weil wir uns davon eine reinere Haut oder stärkere Muskeln versprechen. Grund Nummer eins, sich über den eigenen Hunger zu ärgern, ist für die meisten das Gewicht. Dünn zu sein gilt als schön, doch der Hunger macht es uns schwer, diesem Ideal zu entsprechen. Also versuchen wir ihn gewaltsam in die Schranken zu weisen. Mit strengen Diäten, deren Auswahl stetig wächst. Paleo, Ananas, Kohlsuppe, Low Carb, Atkins, Eiweiß, Intervallfasten, Weight Watchers, Detox – kein Wort, das sich nicht für ein Diätkonzept eignen würde. Viele enden beim Jo-Jo-Effekt und essen bald wieder genauso ungesund wie vor der Diät, weil es nervt, permanent mit dem Hunger auf Fett, Zucker und Salz zu ringen.

Wenn wir versuchen, unsere Ernährung umzustellen, wollen wir oft viel zu viel in zu kurzer Zeit. Dabei übersehen wir die Macht, die der Hunger als Gefühl über unsere Psyche hat. Heißt das, dass wir nichts tun können? Uns unserem Hunger und den vielen Anreizen ergeben müssen? Im Gegenteil. Wie bei allen anderen Gefühlen können wir auch beim Hunger einen neuen Umgang erlernen. Das ist gar nicht so schwer, wenn man erkennt, dass dieses Gefühl vor allem von einem unsichtbaren Zusammenspiel zwischen Darm und Hirn abhängt. Die Geschichte der Gelben Suppe zeigt uns, worum es dabei geht.

Es ist unklar wie, doch der Arzt Ge Hong kam vor über 1700 Jahren auf die Idee, Menschen mit Durchfallerkrankungen eine Stuhlspende zu verabreichen. Die Erkrankten löffelten den Stuhl eines gesunden Spenders – die Gelbe Suppe – worauf ihr Durchfall fast immer verschwand. Heute erlebt das alte Wundermittel eine neue Blütezeit. In Krankenhäusern kommen wieder Stuhlspenden zum Einsatz, wenn Antibiotika nicht mehr helfen, Darmkeime zu bekämpfen.[25] Diese Methode ist so erfolgreich, dass es mittlerweile kommerzielle Stuhlbanken gibt, die mit bis zu 13 000 Dollar Jahresgehalt um die Ausscheidungen potenter Spender werben.[26]

Der Mensch besteht nicht nur aus Mensch, und das lässt sich medizinisch nutzen.

Auf und in uns hausen 38 Billionen Mikroorganismen.[27] Damit kommt auf jede Zelle «Mensch» ein fremdes Lebewesen. Ein bunter Zoo aus Viren, Pilzen und Bakterien gehört zu uns, und die Mehrheit lebt als verstecktes Kollektiv, als Mikrobiom, im Darm. Dessen Zusammensetzung ist von Mensch zu Mensch verschieden, und mit jedem Stuhlgang scheiden wir einen Teil dieses Zoos aus. Was dann im Klo schwimmt, kann, als Stuhlspende verabreicht, von bestimmten Krankheiten befreien, weil das Mikrobiom des Kranken durch die Immigranten aus dem Darm eines gesunden Menschen seine Balance wiederfindet.[28] Eine kleine, aber stetig wachsende Gruppe von Forschenden vermutet jedoch noch ganz andere Kräfte in der Gelben Suppe. Die kanadische Mikrobiologin Emma Allen-Vercoe ist ein führendes Mitglied dieser Gruppe. Was sie mir 2020 aus ihren laufenden Untersuchungen berichtet, klingt zunächst unvorstellbar.

In Allen-Vercoes Labor an der University of Guelph steht ein silberner Kasten, aus dem unzählige Schläuche in Reagenzgläser und Kolben ranken. *Robo Gut* ist der Name dieses Apparats und der perfekte Stuhl seine Mission. Füttert man *Robo Gut* mit menschlichem Stuhl, ist er in der Lage, bestimmte Mikroben zu isolieren und zu vermehren, sodass man daraus Kapseln pressen kann. Es ist dasselbe Prinzip wie bei der Gelben Suppe. Der Unterschied besteht allerdings darin, dass mit den von *Robo Gut* verfeinerten Stuhlspenden keine Durchfallerkrankungen geheilt werden sollen, sondern die menschliche Psyche. Die Professorin und ihr Team arbeiten mit Hochdruck an der Zulassung ihrer *Robo-Gut*-Stuhlspenden für die Behandlung von Depressionen. «Ich weiß, es klingt verrückt», gibt sie zu, doch sie sei der festen Überzeugung, dass sich bestimmte psychische Probleme über den Darm heilen lassen.

Menschen mit Depressionen leiden oft an gedrückter Stimmung und vermindertem Antrieb, ein weiteres typisches Symptom ist ein gestörtes Hungergefühl. Manche lassen Mahlzeiten aus, stochern lustlos im Essen und bekommen keinen Bissen hinunter, andere haben Heißhunger auf Süßes und erleben Essattacken. Warum sollte ein solches Krankheitsbild mit einer Stuhlspende geheilt werden können? Die Vorstellung erscheint im ersten Moment absurd, doch zwei Forschungsteams aus Irland und China gelang es 2016 unabhängig voneinander, im Tierversuch Depressionen zu «übertragen».[29] Die Versuche wurden an Mäusen und Ratten durchgeführt, die im Labor vollkommen steril aufwuchsen. Auf und vor allem in diesen Tieren lebten keine Pilze, Viren und Bakterien. Ihnen fehlten die Mikroorganismen im Darm. Bis man sie mit kleinen Brocken menschlichen Stuhls fütterte. Die Brocken stammten von zwei verschiedenen Gruppen. Die einen Nager fraßen den Stuhl einer psychisch gesunden Kontrollgruppe, die anderen den von Menschen mit Depressionen.

Wenige Tage später offenbarte sich die Macht der Mikroben. Die Mäuse, die den «gesunden» Stuhl fraßen, verhielten sich weiter unauffällig. Die Mäuse jedoch, denen der Stuhl der Gruppe mit Depressionen verabreicht wurde, zeigten plötzlich typisch depressive Verhaltensweisen. Sie wurden ängstlicher, gaben bei Herausforderungen schneller auf und verhielten sich antriebslos. Hier wird ein zentraler Kreislauf deutlich. Die Mikroben in unserem Darm wirken bis in unser Hirn. Was wir essen, ernährt nicht nur uns, sondern auch den Zoo in unserem Bauch.

Die Lebewesen in uns fressen mit und scheiden dabei Stoffe aus, die auf Umwegen bis in unser Hirn gelangen. Sie nehmen Einfluss auf die Produktion von Serotonin, Dopamin, GABA, Acetylcholin und vielen anderen Botenstoffen, die unsere Stimmung, unseren Schlaf und unsere Geisteskraft mitbestimmen.[30] Da liegt die Vermutung nahe, dass sie auch Einfluss auf unser Hungergefühl nehmen, um bei der Zusammenstellung unseres Speiseplans ein Wörtchen mitzureden, denn schließlich bestimmt das Hungergefühl maßgeblich das, was wir essen.[31] Tatsächlich deuten Versuche an Tieren darauf hin.[32] Wie ein Kind, das quengelt, wenn es ein Eis essen möchte, verschaffen sich auch die Mikroben aus unserem Darm Gehör. Ein direkter Weg dafür ist der Vagusnerv, eine Datenautobahn quer durch den Körper, die auch das Hirn mit dem Verdauungstrakt verbindet. Im Darm gibt es Nervenzellen, mit deren Hilfe die Mikroben Signale über den Vagusnerv direkt ins Hirn schicken können: «Wir haben Hunger.»[33] Außerdem sind manche der Bakterien in der Lage, Stoffe zu produzieren, die dem Leptin, das wir bereits als Hungerbremse kennengelernt haben, sehr ähnlich sind: «Wir sind satt!» Selbst beim Geschmack scheinen die winzigen Lebewesen ihre Finger im Spiel zu haben. Verändert man im Labor gezielt das Mikrobiom von Mäusen, entstehen auf den Zungen der Nager mehr Rezeptoren, die auf Süßes anspringen.[34] Der Mechanismus dahinter ist noch unklar. Doch es gibt mittlerweile einige Untersuchungen, die darauf hindeuten, dass die Mikroben Einfluss darauf nehmen, was dem großen Lebewesen in dem sie wohnen, schmeckt und worauf es Hunger bekommt.[35] Das könnte bedeuten, dass manche unserer Leibspeisen in Wirklichkeit die der Bewohner unseres Darms sind.

Fest steht, dass Darm und Hirn noch viel enger miteinander verbunden sind, als lange angenommen. Bis die Wissenschaft, vielleicht mit Hilfe der Gelben Suppe, wirklich verstanden hat, welche Rolle das Mikrobiom in uns Menschen spielt, sind wir auf Versuche – Trial and Error – angewiesen. Doch schon die ersten Experimente lassen tief blicken.

In einem 2017 durchgeführten Versuch wurden depressive Menschen zufällig in zwei Gruppen eingeteilt. Die eine absolvierte ein Ernährungstraining, in dem ein besonders gesunder Speiseplan, bestehend aus viel Obst, Gemüse, wenig Fleisch, dafür Olivenöl und Nüssen, nahegelegt wurde.[36] Gleichzeitig sollten die Probandinnen und Probanden auf Ultra-Processed Food, also industriell verarbeitete Lebensmittel, verzichten. Dazu zählen Tiefkühlpizzen genauso wie Knuspermüsli, Bananen-Smoothies oder Fertigsaucen. Die Personen in der Kontrollgruppe bekamen kein Ernährungstraining, sondern die

Möglichkeit, über Themen zu sprechen, die sie interessierten, Musik und Nachrichten etwa. Einige spielten Gesellschaftsspiele. So wurden auch für sie positive Erfahrungen geschaffen, die jedoch nichts mit der Ernährung zu tun hatten.

Nach nur zwölf Wochen zeigte sich im Vergleich der beiden Gruppen ein deutlicher Unterschied. Die Versuchspersonen, die das Ernährungstraining absolviert hatten, berichteten von einem Rückgang der Depressionssymptome. Ihre Stimmung hatte sich aufgehellt, Ängste und Sorgen nachgelassen. Das gibt unserem Hungergefühl eine neue Dimension. Bislang ist noch unklar, womit wir die Mikroben am besten füttern. Doch die ersten Studien deuten vor allem in eine Richtung: Vielfalt![37] Mehrere hundert Spezies an Bakterien essen mit.[38] Da ist es plausibel, dass wir eine breite Palette an Futter zur Verfügung stellen sollten, um allen gerecht zu werden.[39] Außerdem warnt Professorin Allen-Vercoe vor künstlichen Zutaten.[40] Die Farbstoffe, die ein Fertigcurry so appetitlich orange strahlen lassen, oder die Süßstoffe in Light-Produkten dürfen in der Lebensmittelindustrie verarbeitet werden, weil sie als stabile Verbindungen eingestuft werden, die der menschliche Körper nicht verwerte, sondern unverändert wieder ausscheide. Doch das gelte nicht automatisch auch für die Mikroben, erzählt mir die Forscherin. Die seien sehr komplexe Wesen, mit über Millionen Jahre ausgeklügelten eigenen Verdauungsmechanismen. Manche der «stabilen» Stoffe würden die Mikroben zersetzen, warnt Allen-Vercoe, wodurch sie in ihrer Funktion gestört würden.

Werden die Mikroben in unserem Darm falsch gefüttert, streiken sie oder sterben im schlimmsten Fall ab. So gerät das Gleichgewicht im Darm durcheinander. Gerade in stressigen Phasen, wenn Beruf, Alltag und Familie uns überfordern, kann das passieren. Dann nehmen wir uns oft keine Zeit für unseren

Hunger. Wir essen gehetzt statt in Ruhe oder vergessen das Essen ganz. Im Büro erlauben wir uns den extra Griff nach der Schokolade, die wir Nervennahrung nennen, oder versuchen unsere Stimmung mit einer fettigen Pizza zu heben, die wir uns «verdient» haben. Viel deutet darauf hin, dass in Zeiten, in denen wir mit unserem Hunger stiefmütterlich umgehen, das Mikrobiom besonders leidet.[41] «Wir rollen mit den Augen, wenn die Regierung uns rät, täglich fünf Portionen Obst und Gemüse zu essen.[42] Aber stell dir vor, die Mikroben in deinem Darm könnten dich darum bitten, weil sie diese Stoffe brauchen», sinniert Emma Allen-Vercoe.

«Du bist, was du isst.» Der Volksmund weiß schon lange von der engen Wechselwirkung zwischen Darm und Psyche: Essen hält Leib und Seele zusammen. Was uns betrübt, das schlägt uns auf den Magen, und Vorahnungen, die wir uns nicht erklären können, nennen wir «Bauchgefühl». Mir ist klargeworden, dass mein Hungergefühl, das ich immer wieder spüre, großen Einfluss auf meine psychische Fitness nimmt und gleichzeitig von ihr abhängt. Das zeigt, wie sehr es sich lohnt, sich um unseren Hunger zu kümmern und dieses Gefühl in dem vermeintlichen Schlaraffenland nicht sich selbst oder gar der Lebensmittelindustrie zu überlassen.

Was können wir tun? Einfach auf unseren natürlichen Hunger achten? Essen, was uns schmeckt, bis wir uns satt fühlen? Diesen populären Ratschlag liest man immer wieder, doch wir haben gesehen, dass unser Hunger von vielen Triggern getäuscht wird, weshalb es sich lohnt, auch hier wieder genauer hinzusehen, denn Gefühlen kann man rational begegnen und sie hinterfragen.

Wer die Anreiztheorie im Hinterkopf hat, wenn der Magen knurrt, wenn farbenfrohe Verpackungen oder verführerische Gerüche locken, der kann sich fragen: Warum habe ich ausgerechnet jetzt so einen Heißhunger? Lachen mich die Chips nur an, weil sie zu nah vor mir auf dem Couchtisch liegen? Hat mich der Geruch aus dem Backofen im Supermarkt verführt? Heißt mein «Ich habe Hunger» vielleicht in Wirklichkeit «Ich habe Liebeskummer und will mich wieder besser fühlen» oder «Mir ist langweilig, ich brauche Ablenkung»?

Sich um den Hunger zu kümmern, bedeutet vor allem, ihn von externen Triggern zu lösen. Studierende, die Spaghetti aus einer 450-Gramm-Packung zubereiten sollten, entschieden sich für 29 Prozent weniger Nudeln als Studierende, denen man eine halbvolle 900-Gramm-Packung anbot.[43] Dieselbe Menge Pasta, nur in einer anderen Verpackungsgröße, und schon werden die Augen größer als der Magen. In unserer Kultur ist immer mehr Essen verfügbar, die Portionen wachsen. Analysen von Gemälden des letzten Abendmahls zeigen, dass selbst der Teller von Jesus in den letzten 1000 Jahren immer üppiger beladen wurde.[44]

Es fällt schwer, das Menü nicht für einen kleinen Aufpreis zur XXL-Version aufzustocken, weil wir große Portionen gewohnt sind und andernfalls das unschöne Gefühl haben, ein Schnäppchen zu verpassen. Wo immer es geht, sollten wir eigenständig portionieren. Lebensmittel in Schüsseln oder auf Teller umzufüllen, nimmt der Verpackungsgröße die Macht.

Außerdem kann der Hunger selbst «lernen». Wenn wir uns nach einer Mahlzeit übergeben mussten, weil etwas verdorben war, dann lernen wir daraus sofort. Und wenn wir wieder auf diese Art von Speise treffen, schlägt unser Hunger in Ekel um. Was im Negativen wirkt, lässt sich aber auch ins Positive verkehren. Ich kenne einige Menschen, die irgendwann beschlossen haben, vegetarisch zu leben, und die, nachdem ihnen anfangs die fleischlose Kost schwergefallen war, schon nach einiger Zeit berichteten, dass sie sich nicht mehr vorstellen könnten, Fleisch zu essen. Sie verspüren schlicht keinen Appetit mehr darauf. Die neue Essgewohnheit führte zu einer Umgewöhnung des Hungergefühls.

Bietet man Laborratten Nahrung an, die zu wenig Vitamin B_1 enthält, lernen die Tiere, diese Nahrung zu meiden.[45] Sie scheinen zu spüren, dass ihrem Körper etwas fehlt. Bekommen die Nager im Anschluss an eine Mangelernährung die Wahl zwischen Futter mit und ohne Vitamin B_1, präferieren sie die vitaminhaltige. In einem weiteren Versuch wurde die Zahl der Futteroptionen von zwei auf zehn erhöht.[46] Jetzt fanden nur noch sehr wenige Ratten die gesunde Option, mit der sich ihr Vitaminmangel ausgleichen ließ. Das Überangebot hatte zur Folge, dass die Ratten nicht mehr zurechtkamen.

In der Umwelt unserer Vorfahren wurde aus wenigen Lebensmitteln mit allen Sinnen ausgewählt. Unsere Ahnen haben zuerst begutachtet, befühlt und gerochen, bevor sie sich entschieden. Das ist heute viel schwerer, denn weder können wir die Packung mit den tiefgekühlten Chicken-Nuggets im Supermarkt aufreißen, um daran zu riechen, noch sehen wir einem Pink-Lady-Apfel an, dass er womöglich weniger gesund ist als ein anderer. Doch was wir tun können, ist, die Packung umzudrehen und das Kleingedruckte zu lesen. Wir können uns mit Nährwerten beschäftigen, um bewusstere Entscheidungen zu treffen. Niemand kann alle Inhaltsstoffe kennen, doch die meisten von uns wissen, dass zu viel Zucker, Salz und Fett ungesund sind, was sich leicht mit einem Blick auf die Nährwertangaben prüfen lässt. Beim Kauf eines neuen Turnschuhs oder der Buchung einer Urlaubsreise nehmen wir uns stundenlang Zeit, um im Internet genau zu recherchieren und die beste Qualität zu finden. Warum nehmen wir uns diese Zeit nicht für das, was wir täglich essen? Wir müssen nicht alle Lebensmittel prüfen. In der Regel sind es immer dieselben

Artikel, die wir kaufen. Was ist also drin im Lieblingsbrotaufstrich oder -müsli?

Außerdem sollten wir unserem Hungergefühl Zeit lassen. Moderne Therapieansätze gegen Alkoholsucht erkennen an, dass vollkommene Abstinenz oft nicht eingehalten wird. Deswegen zielen sie darauf ab, Betroffene im Umgang mit Rückfällen zu schulen. Übertragen auf den Umgang mit dem eigenen Hunger entspricht das einem «Cheat Day», einem eingeplanten Ausrutscher. Wir erwarten oft zu viel von uns in zu kurzer Zeit. Denn so wie es dauert, bis sich unser Hypothalamus an zu viel Leptin gewöhnt, genauso lässt er sich nicht von heute auf morgen wieder dafür sensibilisieren.

Essen wir oft mehr, als wir uns vornehmen, können wir unserem Hunger bewusst Stoppregeln setzen.

In einer 2007 veröffentlichten Studie wurde der Umgang mit dem Hungergefühl von je 145 Menschen aus Chicago und aus Paris untersucht.[47] Dabei fand man heraus, dass beide Gruppen Stoppregeln im Umgang mit ihrem Hunger nutzten. Doch die Regeln unterschieden sich. Die Menschen aus Frankreich gaben im Schnitt häufiger an, dass sie aufhören zu essen, wenn sie sich satt fühlen oder noch etwas «Platz» für ein Dessert einplanen. Sie hörten also in sich hinein und entschieden dann. Die Menschen aus Amerika machten ihr Hungergefühl eher von externen Situationen abhängig. Ihre Stoppregeln lauteten: «Ich höre auf zu essen, wenn mein Getränk leer ist», oder: «Ich höre auf zu essen, wenn die Serie im Fernsehen endet.» Diese Untersuchung zeigte auch, dass Übergewichtige eher auf externe Hinweise achten.

Setzen wir unserem Hunger bewusst Stoppregeln, die sich intern – an uns selbst – orientieren, könnte das helfen, über den gesunden Punkt hinaus zu essen.

Mit Geduld Essen zubereiten, die Zutaten riechen, anfassen, abwiegen und sich Zeit nehmen, um richtig zu schmecken, was der Hunger in uns reintreibt, das verschiebt den Fokus von außen nach innen.

Hunger ist komplex. Wer bei Google den Begriff «Ernährungsratgeber» eingibt, erhält über 200 000 Treffer. In diesem Dschungel der guten und weniger guten Ratschläge verliert man leicht den Überblick. Deshalb möchte ich zum Schluss noch von einem Forschungsergebnis erzählen, das für mich auf der Suche nach einem gesunden Hungergefühl zu einem nützlichen und vor allem einfachen Wegweiser geworden ist.

In der Mitte des 19. Jahrhunderts, zu Zeiten von Queen Victoria, wies die mittellose Landbevölkerung in abgeschnittenen Gebieten Englands, den schottischen Inseln und im Westen von Irland eine auffällig hohe Lebenserwartung auf. Forschende schlossen aus Ernährungsfragebogen von damals, dass dies auf eine besondere Ernährung zurückgeführt werden könnte.[48] Die isolierten Regionen boten ein Füllhorn an Lebensmitteln, die damals nicht als besonders schick galten, von denen wir heute aber wissen, wie nährstoffreich sie sind. Im Vergleich zu Briten heute aßen die Menschen damals im Schnitt nicht drei, sondern acht bis zehn Portionen Obst und Gemüse am Tag. Zwiebeln und Brunnenkresse waren so günstig, dass davon viel konsumiert wurde. Topinambur war weit verbreitet, weil es sich leicht anbauen ließ. Karotten, Rüben, Kohl, Brokkoli, Bohnen, Äpfel, Pflaumen und Kirschen wurden regional und – wie wir heute sagen würden – «bio» angebaut. Die Jahreszeiten gaben vor, saisonal vielfältig statt nach Süße oder Aussehen zu kaufen. Trockenfrüchte und Nüsse ersetzten Süßigkeiten. Fleisch war ein teures Gut, und wenn geschlachtet wurde, dann kam alles vom Tier auf den Tisch. Auch Hirn, Leber und Niere. Salz wurde nicht aus einem Streuer über das gesamte Essen gegeben, sondern am Tellerrand gehäuft, um präzise mit zwei Fingerspitzen zu würzen. Die Menschen aßen Fisch, den sie selbst im Meer gefangen hatten.

Natürlich ist es im Rückblick unmöglich, sicher festzustellen, ob die Menschen damals dank ihrer Ernährung länger und gesünder lebten. Allerdings sprechen aktuelle Studien genau dafür. Viel frisches Gemüse und Obst, Nüsse, Fisch, Vollkornprodukte, mäßig Fleisch und wenig Zucker haben gesundheitliche Vorteile, die bis tief in unser Hirn wirken. Und daher stelle ich mir beim Einkaufen, im Restaurant oder in Bahnhofsvorhallen mittlerweile gerne die Victoria-Frage: Hätte ein Mensch auf dem Land zu Zeiten von Queen Victoria das essen können? Mir hilft diese Frage bei der Auswahl meiner Lebensmittel, vor allem wenn ich auch an den Hunger der Millionen Mikroben in meinem Darm denke. Tage mit Ausrutschern darf es trotzdem immer wieder geben. Alles andere wäre wohl zu viel verlangt!

DIE ZWEI SEITEN DES TSEWA

Antrieb aus Selbstmitgefühl

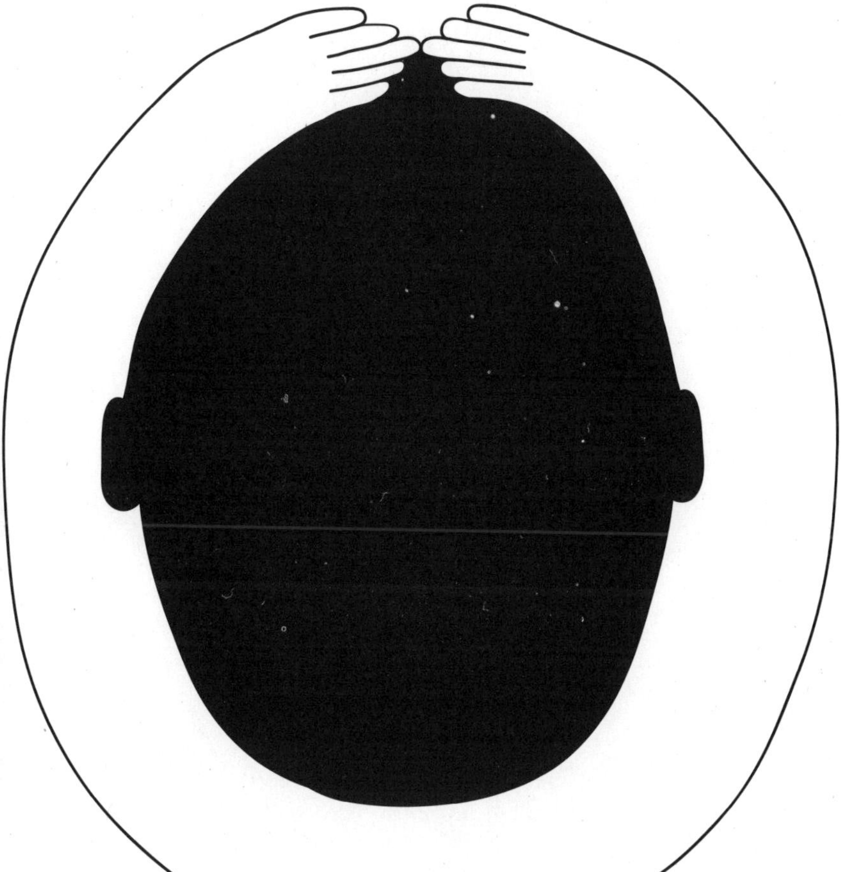

Zum Schluss, tut wie der Himmel tat, vergesst Gescheh'nes,
Verzeiht es Euch, wie er!

WILLIAM SHAKESPEARE

In der Grundschule war Deutsch mein Lieblingsfach. Ich liebte es, meiner Phantasie in Aufsätzen freien Lauf zu lassen. Leider ging das meist auf Kosten von Rechtschreibung und Zeichensetzung, sodass meine Lehrerin den Texten ohne Punkt und Komma kaum folgen konnte und mir immer wieder schlechte Noten gab. Statt zu rügen, ließen mich meine Eltern spüren, dass sie mein Leid verstanden und nachvollziehen konnten, wie sehr gerade dieser Misserfolg an mir nagte. Für sie war es selbstverständlich, mich aufzumuntern, wenn ich mit einer Deutscharbeit voll roter Kritik nach Hause kam. Sie machten das Problem nicht klein, sondern erkannten es an und brachten mir gleichzeitig Wärme und Zuspruch entgegen. Sie zeigten Mitgefühl.

Für mich ist es heute normal, Menschen, die mir etwas bedeuten, genauso zu begegnen, wie meine Eltern mir damals. Fällt ein guter Freund durch eine Klausur, versuche ich ihn aufzumuntern. Ich betone, dass nur wenige bestanden haben, jeder mal scheitert und er im Nachholversuch sicher durchkommen wird. Zerbricht die Beziehung einer Freundin, zähle ich ihre vielen Vorzüge auf, unterstreiche, dass sie es nicht verdient habe, verlassen zu werden, und erzähle je nach Stimmung auch von der Hängebrücke im Capilano Canyon.

Für die meisten von uns ist es ganz normal, anderen die Hand auszustrecken, wenn sie gestolpert sind und am Boden liegen. Wir ermuntern, heben Stärken hervor und strahlen Optimismus aus. Menschen, die mir etwas bedeuten, Mitgefühl entgegenzubringen, ist für mich selbstverständlich, mit Ausnahme einer einzigen Person. Scheitert sie, übe ich harsche Kritik und spare nicht an Vorwürfen. Statt Stärken zu betonen und vergangene Erfolge zu sehen, stechen mir nur ihre Schwächen und Fehltritte ins Auge. Niemanden sonst mache ich so runter. Diese Person, der ich so unbarmherzig begegne, bin ich selbst. Ganz ähnliches Verhalten beobachte ich manchmal auch an meinen Eltern und vielen anderen in meinem Umfeld. Wir sind für alle da. Aber wenn *wir* selbst unten liegen, werden wir streng, treten nach und formulieren Vorwürfe im inneren Monolog.

Ein Projekt misslingt, wir fallen durch eine Prüfung, trennen uns und werden uns noch im gleichen Moment selbst zum Feind. Wir kritisieren uns dafür, nicht genug gelernt, nicht genug geleistet, nicht genug unternommen zu haben. Unsere Vergleiche kennen nur noch die Richtung nach oben. Wir sehen all die anderen, die es geschafft haben, und fühlen uns daneben noch schlechter. Plötzlich ist nicht mehr unser Verhalten das Problem, sondern wir als ganze Person. «Du kannst nichts. Du bist ein Verlierertyp. Aus dir wird niemals etwas werden.» Schnell verliert die Kritik ihre Konturen und läuft wie das Wasser aus einem umgestoßenen Glas in alle Richtungen. Wir scheitern in A und werden aufmerksam, dass wir auch in B schlecht aussehen, in C noch nie gut waren und es in D erst gar nicht zu versuchen brauchen. Ein einziges Projekt misslingt und schon ist auch der Körper zu dick, unser Beruf prestigelos und unsere Beziehung nicht das Wahre.

Wir wissen aus eigener Erfahrung, wie wertvoll es ist, für Freunde da zu sein, um ihnen nach einem Rückschlag oder in schweren Zeiten wieder hochzuhelfen, sie zumindest zu stützen. Niemals kämen wir auf die Idee, einen gescheiterten Menschen, den wir lieben, runterzumachen. Einem Freund in Not werfen wir kein «Du Verlierer!» an den Kopf. Uns ist klar, dass das nicht hilft, sondern schaden würde. Wieso sind wir also so unerbittlich mit uns selbst? Warum begegnen wir uns im Scheitern so anders als einer guten Freundin? Weshalb gehen wir mit uns selbst nicht wohlwollend und mitfühlend um? Die Person, die wir am besten kennen, deren Wohlergehen uns einiges bedeuten sollte, machen wir fertig, wenn sie gestürzt ist.

Bei der Suche nach einer Lösung für diesen paradoxen Umgang mit uns hilft ein altes, hierzulande wohl eher unbekanntes Wort weiter: *Tsewa* ist tibetisch und bedeutet Mitgefühl. Doch anders als das Mitgefühl, das wir kennen, hat *Tsewa* zwei Richtungen. In der buddhistischen Kultur Tibets lässt sich mit diesem Wort Mitgefühl für andere *und* für sich selbst ausdrücken.[1] Übersetzt würde Tsewa also Mitgefühl *und* Selbstmitgefühl bedeuten. Schon hier wird deutlich, dass dieser Gedanke in unserer Kultur heute merkwürdig erscheint. Das Wort Selbstmitgefühl kennen wir nicht. Es steht nicht im Duden, klingt konstruiert, fast lässt es uns beim Aussprechen stolpern.

Warum sollte man mit sich selbst fühlen können? Wenn wir scheitern, fühlen wir uns traurig oder wütend. Wofür brauchen wir in diesem Moment eine zweite Ebene? Ein Gefühl zu unserem Gefühl, das klingt seltsam. Doch wenn wir an die Angst zurückdenken, die Angst vor der Angst, durch die eine Panikattacke entsteht, weil Betroffene sich vor ihren Angstgefühlen fürchten, erkennen wir genau dieses Muster. Wie auch bei Depressiven, die sich Vorwürfe machen, weil sie sich schlecht fühlen, oder – in die positive Richtung – wenn wir uns morgens gut fühlen und deswegen zufrieden sind oder uns die romantische Liebe rührt. Es passiert ständig, dass wir unser

Fühlen bewerten und damit ein weiteres Gefühl auslösen. So fremd es uns erscheint, aber wir sind in der Lage, Selbstmitgefühl aufzubringen. Worauf es dabei ankommt, erschließt sich am einfachsten über die uns bekannte Seite von Tsewa, dem Mitgefühl für andere.

Schon Einjährige versuchen, traurigen Menschen Trost zu spenden.[2] Die Kleinen können noch nicht richtig laufen oder sprechen und haben trotzdem bereits die Regung, füreinander da zu sein. Mitgefühl gehört offenbar zur Grundausstattung von Homo sapiens. Dabei geht es nicht um ein distanziertes «Oje, du Arme!». Das wäre Mitleid, das unbewusst oft die Blickrichtung von oben herab hat, wir sehen uns über der Person, für die wir es empfinden, und schätzen unsere Situation als die bessere ein.

Mitgefühl hingegen findet auf Augenhöhe statt. Im Lateinischen bedeutet Mitgefühl haben «compati», bestehend aus «com» für «zusammen» und «pati» für «an etwas leiden». Darin liegt der Unterschied zu Empathie oder Mitleid. Mitgefühl geht einen Schritt weiter. Es entsteht der Impuls zu helfen! Haben wir Mitgefühl mit einer Person, empfinden wir Sorge *und* die Motivation, ihr Leid zu lindern, weil wir buchstäblich mit ihr fühlen. Hieraus entspringt die Wärme, die vermittelte Zuversicht und die Hilfsbereitschaft, die wir empfinden, wenn jemand, den wir mögen, am Boden liegt. Selbstmitgefühl bedeutet nichts anderes, als uns genauso zu begegnen wie diesem Jemand.

Die Psychologieprofessorin Kristin Neff gilt als wissenschaftliche Vorreiterin auf diesem Gebiet.[3] Mit dem von ihr entwickelten Fragebogen ließ sich Selbstmitgefühl erstmals wissenschaftlich erheben und in Studien untersuchen.[4] Ihrer Definition nach besteht Selbstmitgefühl aus drei Komponenten, von denen jede zwei konträre Verhaltensweisen beinhaltet.[5]

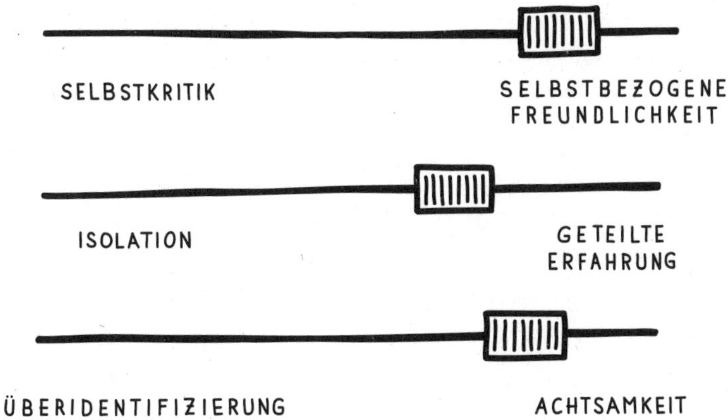

Die erste Komponente besteht aus selbstbezogener Freundlichkeit statt Selbstkritik. Hier ist die Fähigkeit gefragt, den eigenen Fehlern mit Verständnis, Geduld und Wohlwollen zu begegnen. In dem Fragebogen heißt es dazu beispielsweise: «Ich versuche mit mir selbst liebevoll umzugehen, wenn es mir emotional schlecht geht.»[6] Wer dieser Aussage zustimmt, begegnet sich freundlich und warmherzig. Wer eher zu dieser Aussage tendiert: «Wenn ich Leid erfahre, kann ich mir gegenüber ein wenig kaltherzig sein», attestiert sich einen selbstkritischen, also wenig mitfühlenden Umgang.

Bei der zweiten Komponente geht es darum, Leid als eine Erfahrung zu begreifen, die zum Menschsein gehört, und nicht als etwas, das die eigene Person von anderen unterscheidet und damit isoliert. Im Fragebogen heißt es dazu: «Wenn die Dinge bei mir schlecht laufen, sehe ich diese Schwierigkeiten als Teil des Lebens, den jeder einmal durchlebt» versus «Wenn es mir schlecht geht, neige ich dazu zu glauben, dass die meisten anderen Menschen wahrscheinlich glücklicher sind als ich». Für selbstmitfühlende Menschen ist Scheitern ein normaler Bestandteil des Lebens, der allen vertraut ist. Persönlich kenne ich es hingegen nur zu gut, mich in Momenten der Niederlage ganz allein zu fühlen.

Die letzte Komponente verlangt Achtsamkeit anstelle von Überidentifizierung. Achtsamkeit ist uns bereits mehrfach begegnet. Es geht um die Bereitschaft, negative Emotionen zu akzeptieren, ohne sie zu bewerten. Überidentifizierung heißt im Kontrast dazu, ein Problem aufzublähen und sich so sehr damit zu identifizieren, dass man die Welt aus den Augen verliert. «Wenn ich bei etwas scheitere, das mir wichtig ist, versuche ich die Dinge nüchtern zu betrachten.» Wer im Fragebogen hierauf maximale Zustimmung angibt, wäre achtsam. «Wenn ich mich niedergeschlagen fühle, neige ich dazu, nur noch auf das zu achten, was nicht in Ordnung ist.» Wer so denkt, ist in einer negativen Haltung verfangen.

Selbstmitgefühl entsteht also, wenn wir unser Leid erkennen und uns dann freundlich, warmherzig und wohlwollend begegnen, Scheitern als geteilte Erfahrung betrachten und ohne zu werten die Gefühle zulassen, die wir dabei empfinden. Die Buddhisten sahen hierin schon immer eine wichtige Stärke. Wir müssen die für uns unbekannte Seite des Tsewa heute erst kennenlernen. Dabei scheint die erste Herausforderung zu sein, das eigene Leid wirklich wahrzunehmen. Es ist absurd, aber oft sind wir die Letzten, die merken, wie sehr wir eigentlich leiden. Unsere technologisierte Welt ist verkopft, in ihr gilt es mit aller Macht die Kontrolle zu behalten. Ein Scheitern aktiviert folglich automatisch einen Analysemodus. «Wie konnte das passieren? Warum widerfährt mir so etwas? Was muss ich tun, um da wieder rauszukommen?»

Während wir analysieren, grübeln und versuchen, das Problem zu lösen, blenden wir die emotionale Wunde aus.[7] «Wenn wir uns bedroht fühlen, reagieren wir mit Kampf, Flucht oder Einfrieren. Kommt die Bedrohung aus uns heraus, in Form von negativen Emotionen wie Scham oder Sorgen, dann reagieren wir genauso und attackieren uns selbst», beschreibt mir der Psychotherapeut und Dozent der Harvard Medical School Christopher Germer den Prozess dahinter. «Kampf wird dann zu Selbstkritik, Flucht zu Isolation und das Einfrieren zu düsteren Gedankenkreisen», so Germer weiter. Selbstmitgefühl ist das genaue Gegenteil. Es heißt das eigene Leid anzuerkennen, statt es zu verdrängen. Wenn wir uns unserem Leid stellen, müssen wir dann nicht fürchten, in ihm zu versinken? Ist Selbstmitgefühl nicht verdächtig nah am Selbstmitleid?

Eine wissenschaftliche Auswertung von Gesprächen mit chronisch Kranken zeigt, dass Selbstmitleid einhergeht mit Gedanken der Ungerechtigkeit.[8] «Warum nur ich und nicht die anderen?» In einer Untersuchung an 300 deutschen Studierenden ließ sich zeigen, dass Selbstmitleid an andere negative Einstellungen wie Hoffnungslosigkeit, Verschlossenheit und Passivität gekoppelt ist.[9] Man sieht sich als bedauernswertes Opfer des Schicksals. Kein Wunder, dass viele Selbstmitleid als sehr destruktive Reaktion auf Probleme einstufen.[10]

Stellen wir diesem Versacken in trüben Gedanken nun unsere Definition von Selbstmitgefühl gegenüber, werden die Unterschiede deutlich. Im Selbstmitleid wird man zur Hauptfigur eines Dramas mit nur einem Satz: «Es geht mir so schlecht!» Selbstmitleidende lechzen nach der Aufmerksamkeit der anderen, die sich irgendwann genervt abwenden, weil konstruktive Gedanken oft nicht zugelassen werden und so das Leid erhalten bleibt.

Selbstmitgefühl hingegen heißt, Ruhe zu bewahren, kein Teil des Dramas zu werden, sondern eine Zuschauerperspektive einzunehmen und gelassen zu beobachten, was man fühlt. Tatsächlich zeigt die Forschung, dass selbstmitfühlende Menschen sich gerade nicht unter einer Decke aus Selbstmitleid verkriechen.[11] Im Schnitt hängen Menschen mit hohem Selbstmitgefühlswert weniger in negativen Gedankenwolken. Erinnern wir uns, dass Mitgefühl handeln heißt. Wer mitfühlt, möchte helfen. Die Hilfsbereitschaft gilt für andere genauso wie für uns, und das lässt sich wissenschaftlich nachweisen. 2005 führte Kristin Neff eine der ersten Studien dazu durch.[12]

An der University of Texas befragte sie 214 Studierende kurz nach der Bekanntgabe der Halbjahresnoten zu ihrem Befinden. 110 gaben an, sehr unzufrieden und gescheitert zu sein. Neff hakte nach und stellte fest, dass alle Gescheiterten, die zuvor in ihrem Fragebogen einen hohen Wert an Selbstmitgefühl attestiert bekamen, einen starken psychischen Schutz für sich aufgebaut hatten. Erstens verdrängten sie das Scheitern weniger, setzten sich mit ihrem schlechten Abschneiden auseinander und konnten so ihre negativen Gedanken schneller auflösen. «Wer sich in Momenten des Scheiterns Mitgefühl entgegenbringt, braucht nichts zu leugnen, zu unterdrücken oder zu vermeiden – die Gefühle können anerkannt, akzeptiert, verarbeitet werden und dann weiterziehen», erläutert Neff. Zweitens interpretierten die Selbstmitfühlenden ihr Scheitern eher als eine Chance, an der Erfahrung zu wachsen und etwas daraus zu lernen. Hier wird noch einmal der Unterschied zum Selbstmitleid deutlich. Der Misserfolg macht nicht passiv, sondern wirkt als Impuls und Anstoß. So blieb auch ihr Interesse an dem Kurs, in dem sie die schlechte Note erhalten hatten, im Vergleich zu den eher selbstkritischen Studierenden höher.

Von einem solchen Umgang mit dem Scheitern profitieren nicht nur junge Menschen. Vor allem am Ende des Lebens scheint Selbstmitgefühl von größter Bedeutung zu sein. «Meine Kollegin besuchte ihre Großeltern und stellte fest, dass die beiden auf sehr unterschiedliche Weise alt wurden», erzählt mir der Sozialpsychologe Mark Leary von der Duke University.

«Der Großvater war verbittert. Seine Gedanken drehten sich um die Dinge, die er nicht mehr tun konnte, oder die Schlüssel, die er schon wieder verlegt hatte. Er machte sich selbst runter. Die Großmutter hingegen akzeptierte das Altwerden. Mal ging es ihr schlechter, mal besser. An den schlechten Tagen setzte sie sich auf die Couch, machte sich eine Tasse Tee und beobachtete die Vögel. Vor allem war sie wohlwollend zu sich selbst.» Das kann man immer wieder beobachten. Manche altern zu mentalen Einsiedlern, die sich abschotten und unzufrieden auf ihren Fernseher starren, während andere offen, warmherzig und lebensfroh bleiben.

Mark Leary und sein Team wollten wissen, ob hier ein Zusammenhang zum Selbstmitgefühl besteht. So führte der Professor eine Reihe von Untersuchungen an Menschen im Alter zwischen 67 und 90 Jahren durch. Ging es den Befragten körperlich gut, fand sich kein Zusammenhang zwischen Selbstmitgefühl und Wohlbefinden. Spannend wurde es bei denen, die unter Schmerzen und gesundheitlichen Problemen litten. Hier berichteten die mit hohem Selbstmitgefühlswert von einem deutlich besseren Wohlbefinden als die mit niedrigem. Auch waren die Selbstmitfühlenden eher bereit, Hilfe wie eine Gehstütze anzunehmen oder sich Gesagtes wiederholen zu lassen, wenn sie es nicht verstanden hatten. Selbstmitgefühl hängt bei älteren Menschen offenbar mit der Bereitschaft zusammen, sich helfen zu lassen. Es gibt mittlerweile etwa ein Dutzend ähnlicher Studien, deren Ergebnisse in dieselbe Richtung deuten. Selbstmitgefühl im Alter geht mit weniger depressiver Stimmung und Angst, dafür mit erhöhter Lebensfreude und Zufriedenheit einher.[13]

Egal, in welchen Lebensabschnitten wir uns befinden, Selbstmitgefühl scheint den gesünderen Weg zu weisen. So zeigte die Auswertung von Gesprächen mit Menschen kurz nach ihrer Scheidung, dass die eher Selbstmitfühlenden sich schneller von der Trennung erholten als jene, die sich besonders kritisch oder im Selbstmitleid versunken dazu äußerten.[14] In Untersuchungen an traumatisierten Kindern und jungen Erwachsenen konnte die Forschung ebenfalls zeigen, dass jene, die sich eher viel Mitgefühl entgegenbringen, seltener zu Alkohol greifen oder Suizidversuche begehen und mit ihren negativen Gefühlen offener umgehen.[15]

Die uralte buddhistische Idee, sich selbst mitfühlend zu begegnen, steht – heute wissenschaftlich belegt – in Verbindung mit erfolgreichen Bewältigungsstrategien für unterschiedlichste Herausforderungen wie Stress, das Leben mit Diabetes, chronische Schmerzen, die Diagnose einer schweren Krankheit oder Essattacken.[16] Ein nachsichtiger Umgang mit sich selbst ist hier durchgehend von positiver Wirkung. Aber was passiert mit unserer Motivation, wenn wir zu nachsichtig mit uns werden? Brauchen wir nicht eine gewisse Selbstkritik und Härte gegen uns, um vorwärtszukommen?

Mark Leary ist ein renommierter und breit rezipierter Psychologe, der seit Jahren an den besten Universitäten der Welt spricht und mit seinen Forschungen bedeutende Beiträge auf seinen Gebieten leistet. «Ich dachte immer, ich verdanke meinen Erfolg dem Umstand, dass ich hart zu mir bin. Die meisten von uns werden so erzogen: Sei hart zu dir!», erzählt er mir. Doch mittlerweile sieht Leary das anders. «Ich habe erkannt, dass meine harsche Selbstkritik nicht zielführend war. Sie half mir nicht, besser zu arbeiten, sondern führte nur dazu, dass ich mich schlecht fühlte.» Seine Sätze hallten in meinem Kopf lange nach. Leary hat alles erreicht, also gut reden. Sein Erfolg befreit ihn vom Druck, streng mit sich zu sein. Doch wie sieht es aus, wenn jemand noch am Anfang der Karriere oder mittendrin steht, wenn man noch nicht da angekommen ist, wo man hinmöchte? Wir wollen doch etwas bewirken und brauchen dafür Ansporn statt Altersmilde.

Als ich mich mit diesem Thema auseinanderzusetzen begann, war meine größte Sorge, durch Selbstmitgefühl meinen Antrieb zu schwächen. Wer es zu etwas bringen will, so dachte ich, muss sich selbst die Sporen geben. Ein Rennpferd läuft Rekorde, wenn der Reiter es treibt. Leistung und Erfolg erfordern die Bereitschaft, hart an sich zu arbeiten und wenn nötig auch unbarmherzig mit sich selbst zu sein. Selbstmitgefühl klingt nach zu viel Nachsicht, unpassend für zielstrebige Macherinnen und Macher.

Der häufigste Grund, den Menschen dafür nennen, sich selbst kein Mitgefühl entgegenzubringen, ist die Sorge, zu nachlässig zu werden. Ohne die konstante Selbstkritik befürchten viele, ihre Arbeit zu vernachlässigen, die ganze Eispackung leer zu essen oder vor dem Fernseher zu versacken, sagt Kristin Neff.[17] Da dieser Gedanke so viele Menschen umtreibt, sollten wir ihn genauer betrachten. Sind Selbstkritik und Strenge tatsächlich die großen Motivatoren, für die so viele sie halten?

Die Forschung zur Selbstkritik zeigt, dass Menschen, die harsch zu sich sind, viel leisten und erreichen wollen.[18] Sie streben nach sogenannten *Achievement Goals*, also Leistungszielen, bei denen der Vergleich im Vordergrund steht («Ich will besser sein als der Rest»), und haben den Anspruch, exzellenten Standards zu genügen. Doch dafür zahlen die Selbstkritischen oft einen hohen Preis. In anderen sehen sie vor allem Konkurrenz, die es im Einzelkampfmodus zu überholen gilt. Außerdem trübt ständige Selbstkritik die eigene Wahrnehmung.[19] Selbstkritische Menschen unterschätzen systematisch ihre Leistungen und Kompetenzen. Wer kein akkurates Bild von sich hat, kann nicht wirklich wissen, woran es zu arbeiten gilt, um sich zu entwickeln. Selbstkritische Menschen fühlen sich nie ganz zufrieden, nie gut genug. Wenig verwunderlich also, dass die Wissenschaft Verbindungen zu Ängsten und Depressionen feststellen konnte.

Selbstmitgefühl wirkt anders. In einer Versuchsreihe an der University of California in Berkeley erforschten 2012 die Wissenschaftlerinnen Juliana Breines und Serena Chen den Einfluss von Selbstmitgefühl auf die Motivation von Studierenden.[20] Die Versuchspersonen mussten einen schwierigen Sprachtest absolvieren, für den alle, unabhängig von der tatsächlichen Leistung, die Rückmeldung bekamen, schlecht abgeschnitten zu haben. Diejenigen, die anschließend aufgefordert wurden, sich mit Selbstmitgefühl und Nachsicht zu begegnen, investierten später 33 Prozent mehr Lernzeit für einen zweiten, ähnlichen Test als eine Kontrollgruppe, die eine Aufforderung erhalten hatten, sich die eigenen Stärken ins Gedächtnis zu rufen.

Im nächsten Experiment sollten neue Versuchspersonen sich an einen Moment aus der Vergangenheit erinnern, in dem sie sich schuldig und schlecht gefühlt hatten. Im Anschluss daran wurden sie in drei zufällige Gruppen unterteilt. Die erste Gruppe sollte sich selbst ein paar kurze mitfühlende und freundliche Sätze zu der eigenen Verfehlung schreiben. Die zweite Gruppe sollte ebenfalls in einem kurzen Text besonders auf Erfolge aus der Vergangenheit eingehen. Die dritte Gruppe, eine reine Kontrollgruppe, wurde gebeten über irgendein Hobby zu schreiben. Es zeigte sich, dass die Personen aus Gruppe eins im Vergleich zu den anderen beiden Gruppen deutlich motivierter waren, sich für ihr Fehlverhalten zu entschuldigen und alles daranzusetzen, es nicht zu wiederholen. Selbstmitgefühl zu zeigen, nachdem man etwas falsch gemacht hat und es bereut, heißt, sich die Last von den Schultern zu nehmen. Es nimmt uns viel Druck, weil wir uns nicht vor einer eigens auferlegten Bestrafung und allzu harschen Kritik zu fürchten brauchen. Wer sich mit unerbittlicher Selbstkritik durchs Leben beißt, in der Annahme, dadurch weiterzukommen, untergräbt in Wirklichkeit die eigene Kraft.

Selbstmitgefühl gibt uns Antrieb, weil wir uns realistischer einschätzen, uns nicht vor den eigenen Sporen fürchten und unsere Bereitschaft größer wird, konstruktiv an uns zu arbeiten. Vermutlich können Studien auch deshalb zeigen, dass es selbstmitfühlenden Menschen besser gelingt, mit dem Rauchen aufzuhören, abzunehmen und sich bei Bedarf medizinisch versorgen lassen.[21] In einem Experiment wurden australischen Frauen Fotos von trainierten, schlanken, jungen Models aus Hochglanzmagazinen gezeigt.[22] Unter den Bildern standen Sätze wie «Diese Frau ist dünner als ich» oder «Ich würde mir wünschen, mein Körper sähe so aus». Nachdem alle Probandinnen die Fotos angesehen hatten, absolvierte ein Teil von ihnen eine Selbstmitgefühlsübung, indem sie ein paar freundliche Zeilen zu ihrem Gewicht, ihrem Aussehen und ihrer Körperform schrieben. Verständnisvoll und mitfühlend lautete der einzige Anspruch an den Text. Wie zu erwarten, nahmen die Frauen ihren Körper im Vergleich zur Kontrollgruppe weniger ablehnend wahr. Doch gleichzeitig waren sie auch motivierter, an sich zu arbeiten. Selbstmitgefühl wirkte also einerseits befreiend vom Druck und andererseits motivierend. Im Gegensatz dazu treibt Selbstkritik uns vor uns selbst her, lebt von Angst vor Bestrafung. Selbstmitgefühl ist die gesündere Variante. Nach einem Tiefschlag gewinnen wir wieder an Fahrt, weil wir uns besser fühlen wollen. Die Angst vor dem Scheitern sinkt, da Fehler nicht nur als unausweichlich anerkannt werden, sondern auch als Möglichkeit, an ihnen zu wachsen.

Zu lange hat die westliche Psychologie die fernöstliche Idee vom Tsewa für uns übersehen. Doch mittlerweile verfügen wir über eine stabile Datenlage aus unzähligen Experimenten und Untersuchungen, die im Ganzen immer wieder dasselbe zeigen: Selbstmitgefühl tut gut.[23] Dennoch fällt es vielen Menschen unverändert schwer, sich selbst – gerade in schlechten Zeiten – wohlwollend und freundlich zu begegnen.

Wir sind an unsere selbstkritische Stimme im Kopf so gewöhnt, dass wir sie oft kaum noch registrieren. Darum sollten wir als Erstes versuchen, genauer hinzuhören. Gibt es Sätze oder Gedankenmuster, die sich wiederholen? Erinnert uns die Stimme an eine Person aus unserer Vergangenheit, die besonders streng zu uns war? Selbstmitgefühl heißt, die automatische Kritik im Zaum zu halten. «Es geht gar nicht darum, dass ich mir selbst übertrieben freundlich begegne», sagt Professor Leary, «sondern vor allem darum, nicht so harsch mit mir umzuspringen.» Kristin Neff geht einen Schritt weiter und rät, ins Positive umzudeuten, ohne sich deswegen zu belügen. Die kritische Stimme will uns nicht schaden, sie will unser Bestes, wenn sie uns daran erinnert, dass zu viel Eis ungesund ist und Losertypen nicht befördert werden.

Dennoch muss man sich nicht gleich «dumm», «fett» oder «schwach» nennen. Wir sind es gewohnt, anderen Mitgefühl entgegenzubringen. Daran sollten wir uns orientieren. Wie begegnen wir einer Freundin, die uns ihre Sorgen anvertraut? Wonach fragen wir? Worauf weisen wir sie hin? Und vor allem, in welchem Tonfall sprechen wir mit ihr? Diese Fragen stelle ich mir, wenn ich merke, dass sich in meinem Kopf die Spirale der Selbstkritik wieder zu drehen beginnt. Ich versuche, als Freund auf mich zu schauen, und dieser Perspektivwechsel hilft, mir selbst freundlich und mitfühlend zu begegnen. Kristin Neff empfiehlt einige Übungen, um im Selbstmitgefühl besser zu werden. Zum Beispiel Momente schriftlich festhalten, in denen man sich verurteilt hat oder übertrieben streng war, und demgegenüber wohlwollende Gedanken zu formulieren. Oder sich in belastenden Situationen die Hand aufs Herz zu legen, um herunterzufahren – eine klassische Achtsamkeitsübung, die darauf abzielt, Körper und Psyche in Einklang zu bringen.

Doch vielleicht müssen wir Selbstmitgefühl gar nicht aktiv trainieren. Es reicht, wenn wir anfangen, etwas genauer zu beobachten, wie wir mit uns selbst umgehen. Harsch, neutral oder vielleicht sogar freundlich? Mark Leary spricht von einem «Sweet-Spot» zwischen Strenge und Wohlwollen, den wir alle für uns selbst finden können. «Egal, was ein gutes Leben ausmacht, ein zu geringes Selbstmitgefühl steht ihm im Weg», sagt er mir. «Ich muss gar keinen hohen Selbstmitgefühlswert haben, ich will nur keinen niedrigen. Es ist wie bei der Gesundheit. Ich brauche nicht die beste, aber ich will nicht krank sein.» Wir müssen uns also nicht permanent zu Selbstmitgefühl ermahnen. Wenn es uns gut geht, brauchen wir kein Selbstmitgefühl. Durch die Einsichten aus der Wissenschaft und vor allem durch Mark Learys Hinweise habe ich über die Zeit eine Veränderung erlebt, die in einen Satz passt: Wenn ich am Boden liege, versuche ich, statt nachzutreten nett zu mir zu sein. Oder zumindest netter, als ich es früher war. Damit fühle ich mich nicht nur besser, sondern bilde mir auch ein weiterzukommen.

«Ich werde älter», erzählte mir der 66-jährige Professor gelassen zum Abschied. «Dabei werde ich keineswegs freundlicher zu mir. Aber ich bin auch nicht mehr so gemein wie früher. Ich glaube, das macht es aus.» Davon bin auch ich mittlerweile überzeugt und Mark Leary sehr dankbar dafür, mir so einen entspannten Blick auf die mir bislang unbekannte Seite des Tsewa vermittelt zu haben.

EIN KORSETT, DAS NICHT PASST

Die vielen Wege unserer Trauer

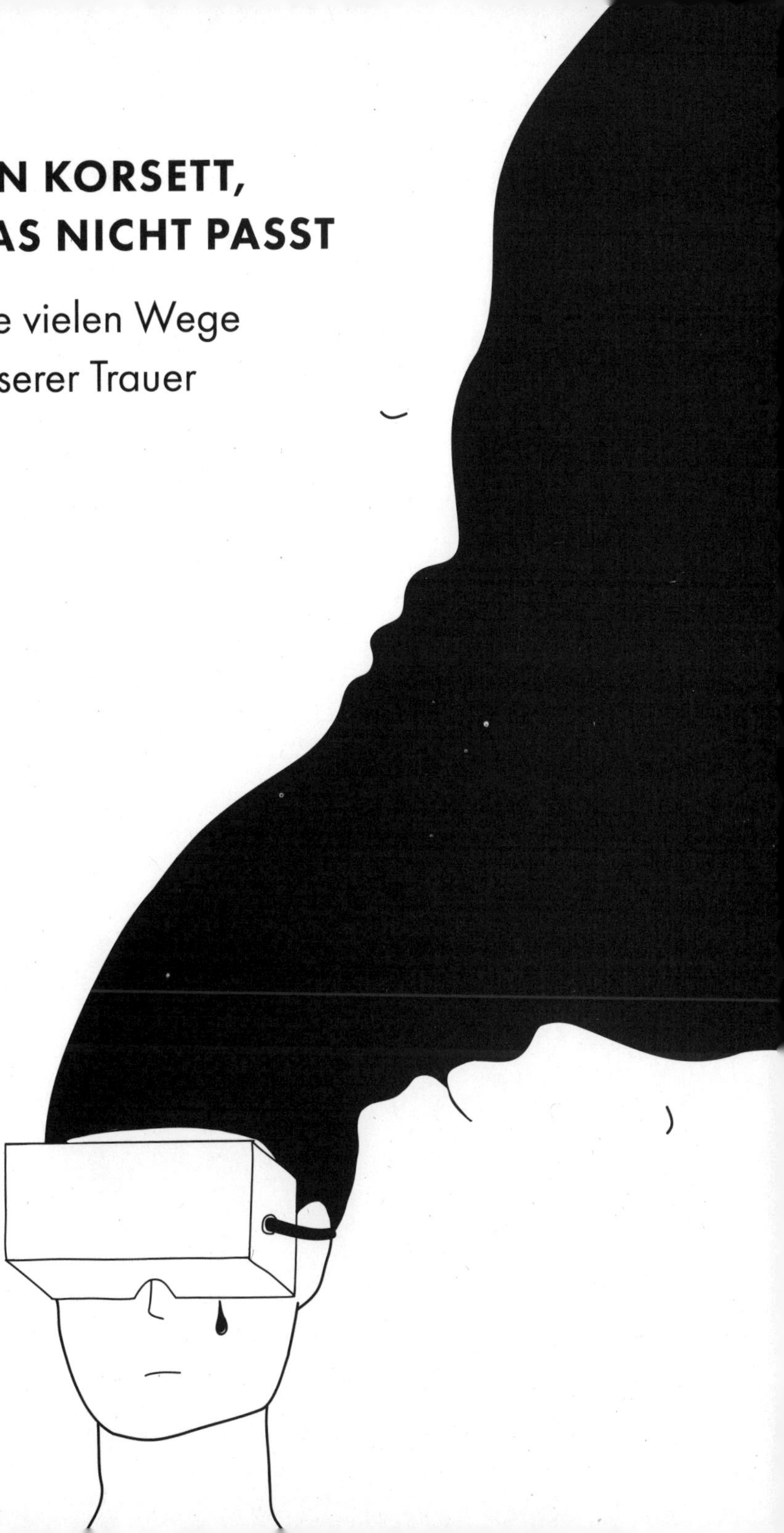

Siehe, die Trauer, sie ist des Trauernden einziger Trost.

ROBERT HAMERLING

Ungläubig lässt Frau Jang den Blick über die Hügel und Bäume des Parks schweifen. «Wo bist du?», fragt sie zaghaft in die Stille. Plötzlich läuft ein kleines Mädchen mit strahlenden Augen hinter einem Holzstapel hervor. «Mama», ruft es, «wo warst du? Hast du an mich gedacht?» Frau Jang bricht in Tränen aus. Obwohl sie ihre Tochter seit Jahren nicht gesehen hat, erkennt sie das Kind in seinem violetten Lieblingskleid sofort wieder. «Mama hat dich auch vermisst, meine Nayeon.» Frau Jang geht in die Knie, streckt beide Arme aus und will ihrer Tochter über den Kopf streicheln. In diesem Moment verschwinden der Park, die Landschaft und auch Nayeon wie von Geisterhand. Frau Jang hockt weinend vor einem Greenscreen in einem Fernsehstudio. Sie trägt eine Virtual-Reality-Brille und mit Sensoren gespickte und verkabelte Handschuhe. Wir sind zurück in der Realität, in der die kleine Nayeon vor drei Jahren an Leukämie verstarb.

Für die Dokumentation *Meeting you* setzte der koreanische Fernsehsender MBC ein ganzes Team daran, Nayeon als digitalen Klon zu neuem «Leben» zu erwecken.[1] So entstand das Mädchen am Computer nach den genauen Vorgaben ihrer Mutter. Das Ergebnis ist verblüffend realistisch. Die Haare des Kindes wehen im Wind, die Falten des Kleids fallen in perfektem Einklang mit ihren Bewegungen, und durch die berührungsempfindlichen Handschuhe spürt Frau Jang einen Widerstand, wenn sie ihre digitale Tochter berührt. Die beiden laufen durch den Park, spielen wie früher und feiern Nayeons Geburtstag. Am Ende reicht die animierte Tochter ihrer Mutter lächelnd eine weiße Blume. «Mama, du siehst, mir tut nichts mehr weh», sagt sie ruhig, legt sich auf den Rasen und schläft friedlich ein. Ihre Mutter bricht wieder in Tränen aus.

Frau Jangs Geschichte, die Anfang 2020 um die Welt ging, wurde im Netz tausendfach kommentiert. Viele sprachen ihr bedingungslos zu, doch immer wieder wurde Frau Jangs Umgang mit der Trauer auch hinterfragt. Ein solches Wiedersehen könne der Mutter nur schaden, gar zu Depressionen führen, warnten manche. Frau Jang solle loslassen, um mit ihrem Verlust abzuschließen, rieten andere. Eine Mutter trifft ihr totes Kind – die Tränen, die dieses Erlebnis hervorruft, schnüren uns die Kehle zu, doch noch im selben Atemzug bilden sich viele Menschen offenbar eine Meinung. Manchen erscheint es pietätlos, die Trauer in eine programmierte Computerwelt zu verlagern. Andere sehen im Trauern etwas sehr Intimes, das man nicht im Fernsehen mit der breiten Öffentlichkeit teilen sollte.

Frau Jangs Geschichte und die Reaktionen darauf zeigen, dass in unserer Gesellschaft offenbar bestimmte Vorstellungen davon existieren, wie man sich in einem Trauerfall zu verhalten hat. Vor Jahren habe ich diese Erfahrung selbst gemacht. Kurz nacheinander starben die Schwester und der Vater von Jonathan, einem meiner engsten Freunde. Sehr bald danach schon feierten wir wieder Partys, fuhren Zelten und brachen nachts ins Freibad ein. Ich sah meinen Freund weder weinen, noch schien er am Boden zerstört. Jonathan hatte die beiden sehr geliebt, und so war ich damals irritiert, dass er scheinbar nicht trauerte. In meiner Vorstellung sah die angemessene Reaktion auf so einen schweren Verlust ganz anders aus. Wenn unsere Liebsten sterben, dann scheint es normal, dass die Tränen andauernd fließen und wir uns zurückziehen. Dann liegt man mit roten Augen im Bett und hat keine Lust auf Urlaub oder Feiern, so dachte ich. Statt Jonathan verstehen zu wollen, ihn zu fragen, wie es in ihm wirklich aussieht, war ich insgeheim froh, dass das Leben scheinbar einfach weiterging.

Unser Umgang mit Trauer ist oft verkrampft. Wir scheuen diesen Teil unserer Gefühlswelt besonders. Allein der Gedanke daran, dass die Polizei klingelt, um uns zu berichten, dass unser Vater einen Autounfall hatte, eine Freundin beim Skifahren verunglückt oder unseren Kindern etwas zugestoßen ist, ist unerträglich. Und trotzdem haben wir gleichzeitig überraschend klare Vorstellungen davon, wie man sich im Trauerfall zu verhalten hat. Woher kommt das? Warum glauben wir zu wissen, wie Trauer aussehen sollte, wo wir uns doch kaum mit ihr beschäftigen? Gibt es eine richtige und eine falsche Art des Trauerns?

In früheren Zeiten gehörte der Tod zum Alltag. Noch zu Beginn des 20. Jahrhunderts wüteten in Europa Seuchen und Kriege. Das Leben war hart und die medizinische Versorgung schlecht. Man starb an einem entzündeten Blinddarm, beim Sturz vom wackeligen Baugerüst oder im Wochenbett. Im 18. Jahrhundert verloren europäische Eltern im Schnitt drei bis vier ihrer Kinder.[2] So wurden die Menschen oft schon früh mit den vielen Gesichtern des Todes konfrontiert. Der Verlust war wahrscheinlich genauso schmerzhaft wie heute, doch hatte er einen anderen Stellenwert. Er wurde weniger als eine individuelle Tragödie empfunden. Hinzu kam, dass die Menschen meist fest in einer Religion verankert waren und an ein Leben nach dem Tod – oft sogar ein besseres – glaubten.

Außerdem gaben ihnen Rituale Halt. Anfang 2020 wurde bei Ausgrabungen im Norden des Irak, tief in der Shanidar-Höhle, ein Beleg für ein sehr frühes Trauerritual entdeckt. Unter der Erde stieß man auf das 70 000 Jahre alte Skelett eines Neandertalers, der von da an Shanidar Z genannt wurde.[3] Irgendwem muss Shanidar Z vor Jahrtausenden so viel bedeutet haben, dass man sich um eine Beerdigung kümmerte. Das wissen wir, weil der Neandertaler auf dem Rücken liegend mit nach links gedrehtem Kopf, einer Hand am Haupt, dem rechten Unterarm auf der Brust und einem dreieckigen Stein als Kopfunterlage gefunden wurde. Diese Pose ist kein Zufall, sondern das Ergebnis einer Bestattungsprozedur. Solche Trauerrituale finden sich in unzähligen Kulturen.

Im antiken Ägypten balsamierte man Verstorbene, um sie als Mumien zu erhalten, und die Maya färbten ihre Toten rot ein und wickelten sie in Tücher.[4] Im Buddhismus kleidet man sich in Weiß, um zu zeigen, dass man trauert. Menschen jüdischen Glaubens bleiben nach einer Beerdigung sieben Tage lang zu Hause. Während Menschen muslimischen Glaubens in einem gen Mekka ausgerichteten ewigen Grab direkt in der Erde bestattet werden, sind im Christentum Urnen und Särge für die letzte Ruhe die Regel. Wie auch der gemeinsame Abschied von der verstorbenen Person in einem kurzen Gebetsgottesdienst und der abschließende «Leichenschmaus», bei dem Geschichten über die verstorbene Person erzählt werden, der aber auch signalisieren soll, dass das Leben weitergeht. In katholischen Gemeinden kommt man zum Sechswochenamt zusammen, um der Seele des Toten zu gedenken, und Menschen protestantischen Glaubens besuchen jedes Jahr am Ewigkeitssonntag im November die Gräber der Verstorbenen. Früher trugen nahe Angehörige traditionell für die Dauer eines Jahres schwarze Kleidung, wobei genau geregelt war, ab wann graue oder weiße Details dazukommen durften.[5] Somit war die Trauer auch nach außen sichtbar.

Es scheint den Menschen auf der ganzen Welt seit jeher ein Bedürfnis zu sein, durch Rituale Orientierung in der Zeit der Trauer zu finden. Doch seit der Aufklärung verlieren Religion und Brauchtum kontinuierlich an Bedeutung. Der wissenschaftliche Fortschritt hat den schicksalsergebenen Umgang mit dem Tod verdrängt. Immer neue Methoden helfen dabei, das Ableben hinauszuzögern. Herzschrittmacher, Chemotherapien oder Stammzelltransplantationen sind nur eine kleine Auswahl der mannigfaltigen Möglichkeiten, dem Tod vorläufig zu entkommen.

So hat sich die Lebenserwartung im weltweiten Durchschnitt in den letzten 200 Jahren mehr als verdoppelt, während die Kindersterblichkeit in den Industriestaaten deutlich unter ein Prozent gesunken ist.[6] Und die Tech-Giganten im Silicon Valley investieren Milliarden in Technologien gegen das Altern. Die beiden Google-Chefs Sergey Brin und Larry Page etwa gründeten gemeinsam mit dem Molekularbiologen und Apple-Aufsichtsratschef Arthur Levinson das Tochterunternehmen Calico, dessen Ziel es ist, das «Problem» Tod zu bezwingen.[7] Immer weniger Menschen glauben an Religionen, die ein Leben *nach* dem Tod versprechen. Wie lange wird es dauern, bis wir an Datenkonzerne glauben, die uns ein Leben *ohne* Tod verkaufen?

In vielen Köpfen ist der Tod zum erklärten Feind geworden, zum Schicksalsschlag, gegen den man bis zuletzt kämpft. Er begegnet uns permanent als Verbrechen in Krimiserien, doch aus dem Alltag des wahren Lebens wird er verdrängt. Den toten Körper des verstorbenen Vaters selbst waschen, wie es früher üblich war, wollen heute die wenigsten. Unsere Alten sterben im Heim oder Krankenhaus und nicht mehr in ihrer gewohnten Umgebung. Oft sind sie dabei alleine, weil die Angehörigen Hunderte Kilometer entfernt leben. Schwarze Kleidung ist längst Mode und kein Zeichen der Trauer mehr. Und selbst der Friedhof als Ort der Trauer hat an Bedeutung eingebüßt: 2017 gaben 72 Prozent der Deutschen an, dass sie für die Trauer um ihre Verstorbenen keinen bestimmten Ort aufsuchen müssten.[8]

Eine Gesellschaft, die den Tod immer weniger akzeptiert, sieht auch in der Trauer kaum noch einen Wert. So räumen wir ihr fast keine Zeit mehr ein. Wie selbstverständlich geht man davon aus, dass Trauernde schon nach ein paar Tagen wieder «funktionieren», arbeiten gehen und sich um Kinder und Haushalt kümmern. Geduld wäre angebracht, gefordert ist aber, dass es weitergeht, der Blick fest nach vorne Richtung Zukunft gerichtet bleibt. Arbeitgeber gewähren im Todesfall engster Angehöriger drei bis vier Tage Sonderurlaub. Wer mehr Zeit braucht, muss sich krankschreiben lassen. So bleibt für das Trauern, das doch zum Leben gehört, kaum mehr Platz und die natürliche Reaktion auf den Verlust wird zur «Krankheit» gemacht, von der die Trauernden so schnell wie möglich geheilt werden müssen.

Unsere Gesellschaft hat eine soziale Erwartungshaltung an die Trauernden. Zu Beginn gilt es als normal und richtig, Schmerz zu zeigen. Wer lachend auf einer geselligen Veranstaltung kurz nach dem Tod eines geliebten Menschen gesehen wird, löst oft Unverständnis aus, genauso wer «zu früh» wieder heiratet. Wir geben uns aufgeklärt, offen und modern, unabhängig von religiösen Ritualen oder gar kirchlichen Vorgaben, und haben doch noch sehr enge Vorstellungen davon, wie Trauer auszusehen hat.

Auch das Gefühl der Trauer ist komplex. Es bezeichnet den emotionalen Zustand, in den Menschen verfallen, wenn sie einen Verlust erlitten haben. Wir können um eine verlorene Heimat, das Ende einer Liebesbeziehung oder verpasste Chancen im Leben trauern. Wirklich tiefe Trauer empfinden wir aber, wenn jemand stirbt. Trauer bedeutet Abschied und Trennung. Erinnern wir uns an die Liebe und die Fähigkeit des Menschen, andere in sich «aufzunehmen», wird klar, wie schmerzhaft dieser Vorgang sein kann. Die Liebe der Hinterbliebenen ist mit ihrem Verlust nicht verschwunden, und so ist die Erfahrung kaum zu begreifen. Wir trauern nicht nur um die Toten, sondern auch um unsere eigene Zukunft, die nicht mehr mit diesen Menschen stattfinden wird. Nie mehr mit dem Ehemann verreisen. Nie mehr die Stimme des Sohnes hören. Nie mehr den Apfelkuchen der Mutter essen. Diese Vorstellung ist kaum zu ertragen und kann so intensiv sein, dass wir sie auch körperlich spüren. Dann greift sie unseren Schlaf an, stört das Hungergefühl oder löst Kopfschmerzen aus und man fühlt sich krank, obwohl auch das alles Teil der natürlichen Trauerreaktion sein kann.

Sosehr die Trauer, wie alle bisher besprochenen Gefühle, auch den Körper ergreift und viel Energie beansprucht, sehen wir uns in solchen Phasen dennoch gezwungen, weiter zu funktionieren. Wir werden geradezu überrumpelt von organisatorischen Herausforderungen: Die Beerdigung will geplant sein, Behörden fordern Unterlagen und Banken Vollmachten. Das kann Halt geben, weil man beschäftigt ist, und doch auch lähmen und überfordern. Und wenn der Verlust zudem finanzielle Konsequenzen hat, gilt es Entscheidungen zum Erbe zu treffen, einen Haushalt aufzulösen und das plötzlich fehlende Einkommen zu kompensieren. So gesellen sich zur Trauer nicht selten Wut und Angst oder Schuld und Scham. Warum musste uns das passieren? Wie soll es weitergehen? Habe ich vielleicht nicht genug getan, um diese Katastrophe abzuwenden?

Mit dem Verlust an Bedeutung von Religion und festen Ritualen im Umgang mit der Trauer öffnete sich Raum für neue Ansätze. Diesen füllte bald die Wissenschaft, die Antworten jenseits von Spiritualität und Brauchtum versprach. Alles begann 1917 mit einem bis dahin unbekannten Wort. Sigmund Freud, Begründer der Psychoanalyse, hatte einen Aufsatz über Trauer und Melancholie veröffentlicht.[9] Der Mensch, so Freud, investiere Energie in eine Beziehung. Wenn diese Beziehung nun durch den Tod endet, fehlt uns diese Energie. So sei es unmöglich, wie bisher weiterzuleben. Darum solle die Trauer schnell abgeschlossen werden. Was ist dafür zu tun? Laut Freud müssen wir alle Erinnerungen an den verstorbenen Menschen durchgehen, um die Energie unter den Trümmern der Trauer freizuschaufeln. Nur so könne ein gesunder Abschluss der Trauer erreicht werden und das Leben «frei und ungehemmt» weitergehen. Wer sich nicht in ausreichendem Maß mit dem Verlust beschäftige, unterdrücke seine Emotionen, so Freud weiter, und verdränge sie, was unvermeidlich negative Folgen hervorrufe. Letztlich, so glaubte Freud, führe nur eine entschiedene Abkehr von den Verstorbenen zurück in die Normalität. Für diesen Prozess erfand er das Wort «Trauerarbeit».

Die Idee, Trauer als Arbeit zu verstehen, beruhigt uns Menschen, denn Homo sapiens ist ein Problemlöser. Kalte Nächte? Wir entzünden ein Feuer. Gefährliche Bakterien? Wir entwickeln Antibiotika. Ein Bild sicher aufhängen? Wir erfinden den Dübel. Unserer Problemlösermentalität verdanken wir so viel, dass wir dazu neigen, in jeder Herausforderung ein Problem zu sehen, das es zu lösen gilt. Hier setzt Freuds Idee der Trauerarbeit an. Eine simple Vorstellung: Begreifen wir Trauer als Problem, das es zu lösen gilt, bekommen wir sie mit ein wenig Arbeit wieder in den Griff. Diese Botschaft verbreitete sich wie ein Lauffeuer, Forschende auf der ganzen Welt griffen Freuds Überlegung auf und entwickelten sie weiter.

Eine davon war die Psychiaterin Elisabeth Kübler-Ross. In ihrem in den 1970er Jahren veröffentlichten Buch über den Tod und das Sterben formulierte sie erstmals die heute weltberühmten «fünf Phasen der Trauer» aus.[10] Ein Modell, an dem man nicht vorbeikommt, wenn man sich mit dem Thema beschäftigt. Die erste Phase, die von jedem Trauernden durchlaufen werden soll, beinhaltet das Nicht-wahrhaben-Wollen, das abgelöst wird vom Zorn als Phase zwei. Dieser folgt die Phase der Verhandlung als Nummer drei, die wiederum von der Depression der Phase vier abgelöst wird, um schließlich mit der Akzeptanz als fünfter und letzter Phase den Prozess zu beenden. Nur wer alle fünf Phasen durchlaufe, könne seine Trauer bewältigen, so Kübler-Ross. Wie bei einem Jump-and-Run-Computerspiel, in dem man sich von Level zu Level kämpft, weisen uns die fünf Phasen den Weg durch die Trauer. Damit bekommt das Unvorstellbare einen Rahmen und eine Richtung: Es wird alles wieder gut, sobald Phase fünf abgeschlossen ist. Auch das beruhigt unseren Drang, Probleme zu lösen.

Nun wissen wir, dass Arbeit zu erledigen ist, und für diese haben wir eine Anleitung in fünf Schritten. Was noch fehlt, ist eine Anweisung, wie wir uns dabei verhalten sollen. Auch hier lieferte die Trauerforschung klare Ansagen. Der deutsch-amerikanische Psychiater Erich Lindemann veröffentlichte 1944 eine Arbeit mit dem Titel *Symptomatik und Management von akuter Trauer*, die zum Klassiker wurde.[11] In dieser Arbeit definierte Lindemann sehr genau, wie normale Trauer abläuft und ab wann sie als krankhaft einzustufen ist. Normale Trauer, schrieb er, sei bemerkenswert einheitlich: negativer Stress in Schüben von 20 Minuten bis zu einer Stunde, Kloß im Hals, Seufzen, Leere im Bauch und mentale Schmerzen.

Lindemann beschrieb ein Syndrom mit klar umrissenem und vor allem einheitlichem Symptombild und behauptete gleichzeitig, wer diese Symptome nicht aufweise, trauere krankhaft und psychisch gestört, wogegen dringend Therapie zu empfehlen sei.

Freud, Kübler-Ross, Lindemann und viele weitere schneiderten der Trauer ein Korsett. Doch dieses Korsett zeigt sich als zu eng geschnürt, so plausibel der Zuschnitt und verführerisch einfach die Linienführung auf den ersten Blick scheint. Sigmund Freud warnte selbst in seinem Aufsatz, dass seine Überlegungen reine Spekulation seien. Obwohl er in der Trauer eine Phase sah, die so schnell wie möglich abzuarbeiten sei, um alle Verbindungen zu den Verstorbenen zu kappen, gestand er später, dass die Trauer über den Tod seiner eigenen Tochter jahrelang in ihm rumorte.[12] Auch Kübler-Ross schrieb am Ende ihres Lebens, dass ihr Phasenmodell nie dazu gedacht gewesen sei, ein kaum zu fassendes Gefühl in einen engen Ablauf zu pressen.[13] Das Fünf-Phasen-Modell gilt in der modernen Psychologie als überholt. Auch finden sich keine wissenschaftlichen Belege für die Idee der Trauerarbeit, und Lindemanns einheitliches Bild gesunder Trauer deckt sich ebenfalls nicht mit den heute verfügbaren Daten. Im Gegenteil. Nach allem, was die Forschung mittlerweile weiß, verläuft Trauer in Wirklichkeit ganz anders.[14]

Vor etwa 30 Jahren begann die Wissenschaft die vorherrschenden Theorien über Trauer zu hinterfragen. Aus der Auswertung großer Datensätze entwickelten die Psychologin Margaret Stroebe und ihr Kollege Henk Schut von der Universität Utrecht 1999 das Duale Prozess-Modell der Trauerbewältigung.[15] Demnach bewegen sich Trauernde immer wieder zwischen zwei emotionalen Zuständen hin und her. Manchmal steht der Verlust und die damit verbundene Traurigkeit im Vordergrund, manchmal die Gegenwart, in der es um Neuorientierung und den zuversichtlichen Blick nach vorne geht.

Dabei erfüllen beide Seiten einen wichtigen Zweck. Die Traurigkeit dreht unsere Aufmerksamkeit nach innen und hilft uns zu reflektieren. Versetzt man Versuchspersonen im Labor gezielt in traurige Stimmung, können sie sich in Experimenten besser erinnern, sich selbst akkurater einschätzen und anderen unvoreingenommener begegnen.[16] Was bleibt mir? Wie viel Kraft kann ich aktivieren? Welche Menschen brauche ich jetzt? Das Traurigsein unterstützt uns bei der Beantwortung dieser Fragen.

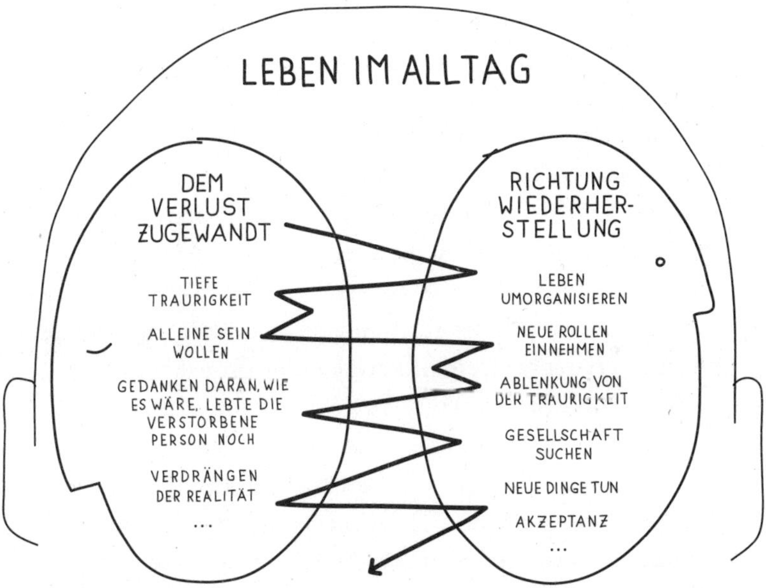

Das Duale Prozess-Modell [17]
Trauernde «schwingen» im Alltag immer wieder unregelmäßig zwischen zwei Polen hin und her, die beide einen Zweck erfüllen.

Auf der anderen Seite gibt es Momente voller Zuversicht, in denen Fröhlichkeit entstehen kann. Und wenn trauernde Menschen von ganzem Herzen lachen oder auch mal tanzen gehen, ist das kein Zeichen von krankhafter Trauer. Solche Momente tun gut und helfen dabei, wieder positive Emotionen zuzulassen. Da sind wunderbare Erinnerungen aus der Zeit vor dem Tod, die erhalten bleiben und uns glücklich stimmen können. Und natürlich ist da auch der Wunsch, weiterzuleben und sich den neuen Herausforderungen zu stellen. Außenstehenden erleichtern diese Momente, in denen die Traurigkeit nicht im Vordergrund steht, das Zusammensein. Wer schon einmal mit einem tieftraurigen Menschen zusammen war, weiß, wie viel Kraft das kosten kann. Aber sobald gemeinsam gelacht wird, fällt für den Moment alle Schwere von den Schultern.

Trauer ist nicht statisch, sondern wechselt zwischen Verzweiflung und Zuversicht, zwischen Weinen und Lachen. Das Hin und Her ist nicht vorhersehbar wie die Bewegung eines Pendels. Mal geht es mehr in die eine, mal stärker in die andere Richtung, mal bleibt es tagelang auf nur einer Seite. Die meisten Trauernden versinken nicht einfach in einem schwarzen Loch, sondern erleben die Trauergefühle als unvorhersehbare Wellen, die mit der Zeit kleiner und doch ganz plötzlich wieder zum großer Brecher werden, der alles umwerfen kann.

Professor George Bonanno von der Columbia University in New York hat von Tausenden trauernder Menschen Daten erhoben, und wer sich seine Auswertung ansieht, erkennt vor allem eines: Trauer ist keine einheitliche Erfahrung.[18] Die Wege der Trauer sind so vielfältig wie die Wege des Lebens. Es gibt nicht den einen «normalen» Weg, den alle Menschen einschlagen sollten. Es gibt unzählige. Dabei spielen viele Faktoren eine Rolle: die Persönlichkeit der Trauernden, die äußeren Umstände, die Kultur oder das Verhältnis zu dem verstorbenen Menschen. War es das natürliche Ende nach einem langen, erfüllten Leben, oder musste jemand viel zu früh gehen, wie Frau Jangs Tochter? War der Tod vorhersehbar, konnte man sich verabschieden, oder kam er völlig unerwartet?

Wie stark wir die Trauer erleben, hängt auch davon ab, wie groß die gemeinsame Welt war, wie eng das Zusammenleben, wie verbindend die Erinnerungen. Entscheidend ist also, welche Bedeutung der Verlust für eine Person hat. Ein Freund von mir weinte, als der Basketballstar Kobe Bryant bei einem Helikopterabsturz ums Leben kam. Für ihn war der geliebte Sport die geteilte Erlebniswelt. Ein anderer war überrumpelt von den Gefühlen, die der Tod seines Stiefvaters in ihm auslöste. Er hatte nicht erwartet, wirklich traurig zu sein, weil ihm die Beziehung nie sonderlich eng erschien. Es ist typisch für uns Menschen, erst dann zu erkennen, was wir haben, wenn man es uns nimmt. So wird einem oft erst durch die Trauergefühle bewusst, wie sehr man an jemandem hing.

Professor Bonannos Forschung zeigt auch, dass die meisten von uns in der ersten Zeit der Trauer unter depressiven Stimmungen leiden, sich dann jedoch erstaunlich schnell erholen. Bonanno spricht von Resilienz, wenn Menschen nach einem Trauerfall, der sie hart trifft, psychisch und physisch relativ stabil bleiben.[19] Für Außenstehende und auch für die Trauernden selbst kommt diese Erfahrung oft unerwartet, weil wir damit rechnen, gewaltig aus der Bahn geworfen zu werden. Doch je nach Studie schlagen zwischen 35 und 65 Prozent der Trauernden den Weg der Resilienz ein.[20] Das ergibt Sinn. Würden die Menschen an Trauer zerbrechen, hätte die Evolution die Trauer längst ausradiert. Wir sind dafür gemacht, uns auch unter dem Eindruck schwerer Verluste im Leben zurechtzufinden.

Mittlerweile weiß ich, dass mein Freund Jonathan seine Trauer zum Teil über diesen Weg beschritt. Es habe ihn selbst überrascht, als ihm abends vor dem Einschlafen keine Tränen kamen, erzählte er mir Jahre später, als ich endlich den Mut fand, ihn auf seine Trauer anzusprechen. Seinen Weg der Trauer habe er nicht bewusst gewählt, und so hatte er oft das Gefühl, dass andere um ihn herum mit der Situation überforderter waren als er selbst. Von außen hatte ich nur seine lachende, kraftvolle, resiliente Seite gesehen und nicht weiter darüber nachgedacht, dass selbst noch so große Widerstandskraft nicht bedeutet, dass ein Mensch nicht auch trauert.

Nur knapp zehn Prozent der Trauernden leiden unter einer «anhaltenden Trauerstörung», die von der Weltgesundheitsorganisation im Mai 2019 in die Internationale Klassifikation der Krankheiten aufgenommen wurde.[21] Für die Betroffenen bricht mit dem Verlust das Sozialleben fast vollständig zusammen und die Gedanken drehen sich nur noch um den verstorbenen Menschen, während positive Emotionen ausbleiben und eine Art Gefühlstaubheit eintritt. Als wäre man im Schmerz gefangen, verändert sich dieser Gemütszustand mindestens sechs Monate lang nicht, wobei die WHO einräumt, dass der Zeitrahmen auch von Kultur und Kontext abhängt. Es bleibt also weiterhin vage, ab wann ein trauernder Mensch als krank gilt und eine Therapie bekommen sollte.

In der Wissenschaft wird darüber schon lange gestritten.[22] Fest steht, dass Menschen, die einen Verlust betrauern, psychisch krank werden können, dann professionelle Hilfe brauchen und davon auch profitieren.[23] Doch die Trauer an sich ist niemals eine Krankheit, sondern eine vollkommen natürliche Reaktion. Wenn wir Menschen, die trauern, pauschal in Behandlung schicken, hilft das in etwa so viel, wie ein Bein einzugipsen, das nicht gebrochen ist. «Professionelle» Trauerhilfe, mit der Gießkanne einfach über alle trauernden Köpfe gegossen, hilft eben nicht allen.[24] Im Gegenteil. In einer Metaanalyse wurden die Effekte von Trauertherapie und -beratung aus über 23 Studien an mehr als 1600 Menschen ausgewertet.[25] Dabei zeigte sich, dass es den Behandelten im Vergleich zu den Kontrollgruppen kaum besser ging. Vielen wäre es ohne Behandlung sogar besser ergangen, ergaben die Analysen.

Die neuere Forschung stellt außerdem das von Freud erklärte Ziel, durch Trauerarbeit die Bindung zu den Verstorbenen abzubrechen, grundlegend in Frage. Zwischenmenschliche Beziehungen sind fest in unserem Gehirn verankert. Viele Trauernde berichten, dass sie nicht das Bedürfnis haben, die Bindung zu den Verstorbenen zu lösen.[26] Genau das war es, was Freud selbst erlebte, nachdem seine Tochter verstorben war. Eltern möchten oft weiterhin eine Beziehung zum verstorbenen Kind halten, sie anpassen und neu definieren, aber nicht verlieren. Der Wunsch, mit geliebten Menschen auch nach ihrem Tod weiterhin in Verbindung zu bleiben, wurde in der Psychologie lange Zeit als nicht normal und sogar schädlich für die Trauerbewältigung angesehen. Doch nach dem neueren Ansatz der *Continuing Bonds Theorie* (fortgeführte Verbindungen) gilt dies für unsere Psyche als durchaus hilfreich und nicht problematisch.[27] Manche Trauernde schreiben Briefe an die Verstorbenen. Im Netz gibt es virtuelle Friedhöfe und Web-Memorials. Familien feiern die Geburtstage verstorbener Kinder und teilen dieses Erlebnis in den Sozialen Medien. Vor diesem Hintergrund scheint auch Frau Jangs Wiedertreffen mit Nayeon nicht mehr so seltsam.

«Irgendwann musst du darüber hinwegkommen», heißt es oft. Nein! Die Zeit heilt nicht alle Wunden. Trauer um einen geliebten Menschen muss und kann vielleicht niemals ganz enden. Wie eine Narbe bleibt der Verlust: zwar verheilt, aber noch immer da, und an manchen Tagen schmerzhaft. Dann, wenn der Song, den man immer zusammen hörte, im Radio läuft oder im Garten die Blumen blühen, die die verstorbene Person im letzten Frühjahr ausgesät hat, bricht der Schmerz als Welle wieder über uns herein. Jonathan wird bis heute immer wieder von seiner Trauer heimgesucht. Wenn er nachts aus einem Traum aufwache, in dem sein Vater eine Straße überquere, sei der Schmerz wieder voll da, sagt er.

Wir gehen davon aus, dass Trauer irgendwann verschwindet und Trauernde wieder ganz die «Alten» werden. Doch wie soll das funktionieren, wenn die geliebte Person – ein Teil des Selbst – nicht mehr da ist oder gar das Kind durch einen Unfall oder eine Krankheit aus dem Leben gerissen wurde? Mit dem Verlust einer geliebten Person verändert sich so vieles, und einiges wird eben nie wieder wie vorher sein. Der kanadische Musiker und Autor Neil Peart verlor innerhalb eines Jahres seine Tochter bei einem Autounfall und seine Frau an Krebs. Über die Zeit seiner Trauer schrieb er ein bewegendes Buch, in dem er bekennt, dass es den Menschen vor seinem Verlust nicht mehr gibt.[28] Peart nennt sich selbst, wenn er an die Zeit vor der Trauer zurückdenkt, «the other guy». «Wir müssen am absoluten Nullpunkt starten und eine neue Version des Lebens konstruieren, eine Version, in der wir damit leben können», schreibt er. Es geht nicht darum, den Verlust nicht mehr zu spüren, sondern mit dem Verlust leben zu lernen.

Vor langer Zeit wurde die Trauer in ein Korsett gepresst, das heute noch Menschen den Atem abschnürt, wenn sie ihn am dringendsten brauchen. Die Schnallen dieses Korsetts sind die «Trauerarbeit», die Phasen der Trauer, die angeblich durchlebt werden müssen, und die Furcht davor, nicht «normal» zu trauern. Dieses Korsett passte noch nie. Die Trauer gehört den Trauernden und nicht den Normen. Letztendlich geht es darum, sich für das Thema Trauer zu öffnen und ihm Raum zu geben. Mein Freund meinte zu mir, dass es ihm guttue, über

Trauer zu sprechen. Doch der Moment, in dem man befreit darüber reden könne, ließe sich in unserer schnelllebigen Zeit oft nur schwer finden. Ich glaube, darum sollten wir uns bemühen: Momente zu schaffen, in denen wir miteinander über das Trauern reden und nachdenken. Wer einem trauernden Menschen wirklich helfen will, sollte sich nicht hinter Floskeln verstecken oder Probleme lösen wollen. Äußerungen wie «Alles wird gut», «Du musst darüber hinwegkommen!» oder «Letztlich hat jede Erfahrung einen Sinn» sind vielmehr Ausdruck unserer Hilflosigkeit, als dass sie irgendwem hilfreich wären. Doch aufrichtiges Interesse an der Trauer des Freundes wird dieser als Unterstützung empfinden. Vor allem dann, wenn er seine Gefühle ungefiltert zeigen darf und dabei nicht mit unserem Urteil rechnen muss.

Bedenken wir, dass die eigenen Vorstellungen von Trauer meilenweit von der Erfahrung der Betroffenen abweichen können. Dieses Verständnis nimmt auch uns den Druck, Erwartungen an unsere Gefühle zu stellen, wenn die Trauer eines Tages über uns hereinbricht. Machen wir uns bewusst, dass die Trauer in Wellen kommt, zwischen denen Platz für Fröhlichkeit und Zukunftsgedanken ist, und dass der Wunsch nach Aufrechterhaltung einer Bindung zu der verstorbenen Person ganz natürlich ist, können wir zwar den Schmerz nicht lindern, doch die Einsicht, dass es die «normale Trauer» nicht gibt, nimmt unnötigen Druck und befreit uns vom Anspruch, eine Lösung für ein «Problem» finden zu müssen.

Für Trauer gibt es keine Lösung, denn ein geliebter Mensch ist gegangen. Er wird uns fehlen. Trauer will nicht gelöst oder bearbeitet, sondern gefühlt werden. Es gibt keinen schnellen Weg links oder rechts an ihr vorbei. Der Weg führt mitten durch alle Gefühle, die dazugehören.

Ich glaube, dass Trauer viel mit der Liebe verbindet. Trauer nach dem Tod ist der Preis für die Liebe im Leben. Beide Gefühle brechen über uns herein, ohne nach unseren Plänen oder Wünschen zu fragen. Der Tod eines geliebten Menschen hinterlässt gerade deshalb Spuren, weil er geliebt wurde. Und es ist gut und tröstlich, dass ein Mensch Spuren hinterlässt, denn so lebt ein Teil von ihm in der Zukunft weiter. Das Leben ist nach einem Verlust nicht mehr dasselbe. Darum gilt es nicht, *darüber* hinwegzukommen, sondern *damit zu leben.* Was wir fühlen, ist niemals falsch. Lassen wir uns deshalb, was unser Fühlen angeht, in kein einziges Korsett zwängen. Das gilt für den Umgang mit Trauer genauso wie für den Umgang mit Liebe und allen großen und kleineren Gefühlen, die das Leben für uns bereithält.

DER GERISSENE FADEN

Vom neuen Glanz der alten Tugend der Geduld

Die Ungeduld verlangt das Unmögliche,
nämlich die Erreichung des Ziels ohne die Mittel.

GEORG WILHELM FRIEDRICH HEGEL

Feierabendverkehr auf der A1 – nichts geht mehr. In 20 Minuten soll ich im Studio sein. Mir ist heiß, trotz Klimaanlage. Unruhig trommle ich mit den Fingern der linken Hand auf das Lenkrad und drehe mit der rechten am Radio. Wo gibt es Staumeldungen? Verdammt! Ich bin zu spät. Gestresst greife ich nach meinem Handy, sicher kennt Google den Grund für den Stillstand, doch es rutscht zwischen die Sitze. Der Tag meint es nicht gut mit mir. Und warum fährt der Idiot nicht mal ein Stück vor? Auf der anderen Spur geht es längst weiter. Soll er doch Platz machen, damit ich ausscheren kann. Ich habe wirklich Besseres zu tun, als hier im Stau zu stehen. Mein Herz pocht, die Uhr tickt und ich kann nichts tun. Grauenhaft!

Ich bin ein ungeduldiger Mensch. Es fällt mir schwer, ruhig zu bleiben, wenn mich etwas ausbremst – egal ob ein Stau, eine Schlange vor der Kasse oder ein dringend gebrauchtes, aber verspätetes Paket. «Wir öffnen Kasse 2 für Sie» – das Einzige, was mich in diesem Moment davon abhält, mit ausgefahrenen Ellbogen an allen vorbei nach vorne zu rempeln, ist mein Schamgefühl. Wie gerne würde ich vorpreschen. Ich mag es zügig, und damit bin ich nicht alleine.

Zwei Drittel der Deutschen werden laut Meinungsumfrage ungehalten, wenn das Essen im Restaurant nach 30 Minuten noch nicht auf dem Tisch steht.[1] Mehr als die Hälfte fährt aus der Haut, wenn ihr Gegenüber nicht auf den Punkt kommt.[2] Und von den fast 20 000 Befragten einer Erhebung aus dem Jahr 2008 stuften sich lediglich 5,5 Prozent mit zehn von zehn Punkten als «sehr geduldig» ein.[3] Selbst wenn Sie sich für geduldig halten und sogar im Stau gelassen bleiben, kennen Sie sicher das ungute, kribbelige Gefühl, wenn eine Verabredung sich verspätet oder der Termin beim Arzt länger dauert als geplant, obwohl Sie dringend zurück an den Schreibtisch müssten. Es fällt uns schwer, auf etwas zu warten und dabei die Nerven zu behalten.

Wie gelingt es manchen Menschen, in solchen Momenten in sich zu ruhen, während andere vor Ungeduld platzen könnten? Alles angeboren oder nur eine Frage der Erziehung?

Eines der berühmtesten Experimente zum Thema Ungeduld ist der Marshmallow-Test des Psychologen Walter Mischel aus den 1960er Jahren.[4] Mischel setzte vierjährigen Kindern ein Marshmallow vor und stellte sie vor die Wahl, es entweder sofort zu essen oder einige Minuten zu warten und dafür ein zweites dazuzubekommen. Die Videoaufnahmen des Tests sind so charmant wie anrührend, weil man sofort erkennt, welche mentale Kraft die Geduldsprobe den Kindern abverlangt. Sie versuchen den Blick abzuwenden, stupsen die Süßigkeit an und lecken sich danach die Finger oder riechen daran. Nicht wenige scheitern beim Versuch, auf die doppelte Belohnung zu warten.

Einen Teil der Kinder aus seinem Versuch konnte Mischel 20 Jahre später erneut ausfindig machen und zeigen, je länger sie auf die Belohnung gewartet hatten, desto besser waren später ihre schulischen Leistungen, ihre Sozialkompetenz und ihre Frustrationstoleranz. Lange Zeit wurde dieses Experiment zitiert, um zu demonstrieren, dass Geduld Kindern gewissermaßen angeboren mit auf den Weg gegeben wird. Unveränderbar, so die Schlussfolgerung, würde sie einen entscheidenden Einfluss auf das spätere Leben nehmen. Doch neuere Studien konnten nachweisen, dass die Fähigkeit zur Selbstkontrolle vor allem vom Umfeld der Kinder und ihrer Erfahrung beeinflusst ist. So warten Kinder, deren Mütter einen hohen Bildungsabschluss haben, im Schnitt deutlich länger.[5] Celeste Kidd, die während ihrer Zeit als Doktorandin an der University of Rochester in einem Heim für obdachlose Familien arbeitete, vermutete, dass die dort lebenden Kinder, egal wie unterschiedlich sie sonst waren, den Marshmallow sofort essen würden. Das Umfeld hatte sie gelehrt: «Nimm, was du kriegen kannst!» Diese Vermutung überprüfte Kidd in einer Studie, mit einer leicht abgewandelten Form des Marshmallow-Tests.[6] In Kidds Versuch machte die Versuchsleitung den Kindern ein Versprechen, das sie kurz darauf brach. Das Ergebnis: Die enttäuschten Kinder harrten nur halb so lange aus wie Kinder ohne Enttäuschung. Ein Erlebnis aus dem Umfeld hatte also tatsächlich Einfluss darauf, wie bereitwillig die Kinder abwarteten.

Mittlerweile gibt es den Marshmallow-Test in unzähligen Varianten. Besonders spannend sind in diesem Zusammenhang die kulturellen Unterschiede in Bezug auf Geduld. Ein Forschungsteam um die Psychologin Bettina Lamm von der Universität Osnabrück führte 2017 den klassischen Marshmallow-Test mit Kindern aus Deutschland und Kindern von sehr ursprünglich lebenden Bauernfamilien in Kamerun durch.[7] 70 Prozent der kamerunischen Kinder warteten in aller Ruhe auf die Belohnung. Einige so geduldig, dass sie dabei sogar einschliefen. Von den deutschen Kindern gelang das lediglich 28 Prozent, der große Rest zappelte herum, trommelte auf den Tisch, schimpfte auf die Süßigkeit und wartete ungeduldig auf die Rückkehr der Versuchsleitung – das gleiche Verhalten, das ich im Stau an den Tag lege. Die Ursache für die großen Unterschiede zwischen den beiden Gruppen sieht die Forscherin in der Erziehung. Während Kinder in Kamerun unter klaren Regeln als Teil der Gemeinschaft leben und Respekt, Gehorsam und Kontrolle über ihre Emotionen lernen, ermutigen deutsche Eltern ihre Kinder, aktiv zu sein und ihre Wünsche zu äußern. «Wir werden quasi zur Ungeduld erzogen. In Kamerun ist es andersherum», erklärt mir Lamm.

Viele sind es gewohnt, zu bekommen, was sie wollen, und zwar sofort, weil alles um uns herum darauf ausgerichtet ist. Wie kleine Kinder schreien oder zappeln wir, wenn es uns nicht schnell genug geht. Dann drücken wir den Knopf im Aufzug nicht einmal, sondern gleich fünfmal, obwohl wir genau wissen, dass wir so auch nicht schneller nach oben kommen. Wir wollen das neue iPhone sofort, selbst wenn wir es ein paar Monate später viel günstiger bekämen, drehen durch, bei dem Versuch unsere Kopfhörerkabel zu entwirren, lesen von Artikeln nur noch die Überschriften und brauchen beim Fernsehen einen *Second Screen* in der Hand, um einen längeren Film zu überstehen.

In den 1980er Jahren versuchte die Heinz Company noch mit aufwendigen Werbeclips die Zeit schmackhaft zu machen, die zähflüssiges Ketchup nun einmal braucht, um aus einer Glasflasche zu fließen.[8] «Gutes kommt zu denen, die warten», hieß der Slogan. Doch keine Chance. Heinz-Ketchup musste umziehen und spritzt seither ohne jede Wartezeit aus zusammendrückbaren Plastikflaschen. Gutes kommt entweder sofort oder gar nicht. Warten ist out.

Der Onlineversandhändler Amazon hat das erkannt und liefert in Großstädten heute bereits wenige Stunden nach dem Klick auf «Jetzt kaufen». Doch auch das scheint noch zu lange, und so verspricht das Unternehmen nach erfolgreichen Tests in den USA, Österreich, Israel und anderen Ländern bald die Zustellung per Prime-Air-Drohnen in unter 30 Minuten.[9] Wir leben in einer Now-Economy.

Als Kind musste ich jede Woche sehnsüchtig auf den Samstag warten, bis endlich die nächste Folge meiner Lieblingsserie *Unser Charly* ausgestrahlt wurde. Netflix, Sky, Amazon Prime und die anderen Streamer haben das Warten abgeschafft. Die Anbieter veröffentlichen Serien als ganze Staffeln zum «Binge-Watching» am selben Tag. Nach drei Sekunden wird der Abspann abgebrochen, länger will niemand auf die nächste Folge warten. Zwischen 2013 und 2016 hat sich die Zahl der «Binge-Racer», wie Netflix Menschen nennt, die eine Serie am Tag ihrer Veröffentlichung komplett ansehen, auf 8,4 Millionen User verzwanzigfacht.[10]

Auch Google befeuert den Trend zum «Jetzt sofort». Die Suchanfragen nach «Jetzt geöffnet» seien in den letzten Jahren um 200 Prozent gestiegen, verkündet das Unternehmen, während solche nach klassischen Öffnungszeiten drastisch zurückgingen.[11] Die Menschen entschieden impulsiver und schneller als jemals zuvor, erklärt der Internetgigant diesen Trend und weiß, was zu tun ist: «Schnell sein, heißt auch zu wissen, was Ihre Kunden wollen, bevor sie es wollen.»[12] Die Momente, in denen im Netz plötzlich Hundefutterwerbung erscheint, kurz nachdem wir mit einem Freund über dessen Golden Retriever gesprochen haben, sind das Ergebnis. Wer wissen will, was Kauffreudige wollen, bevor sie es selbst wissen, hat keine Zeit zu verlieren.

Das israelische Start-up Faception geht noch einen Schritt weiter. Durch die Kombination von Big Data und Bilderkennungsalgorithmen sei man in der Lage, die Persönlichkeitseigenschaften von Menschen nur anhand einer Gesichtsaufnahme zu entschlüsseln.[13] Faception verspricht, anhand der Bilder von Überwachungskameras mit hoher Wahrscheinlichkeit einschätzen zu können, wie schlau, extrovertiert oder aggressiv eine Zielperson ist. Staaten und Unternehmen könnten sich so die Zeit sparen, Menschen mit Fragebogen, in Bewerbungsgesprächen oder Verhören «kennenzulernen». Ein Bild, und der Rechner weiß, wer wir sind und was wir in Zukunft vielleicht anstellen. Länder wie China, die USA und auch Deutschland setzen diese Reinform der Ungeduld, genannt «Predictive Policing», bereits ein.[14]

Der Geduldsfaden unserer Gesellschaft ist gerissen. Darin sieht eine der weltweit führenden Forscherinnen auf dem Gebiet, Sarah Schnitker, eine große Gefahr. «Ich glaube, dass wir die Geduld in westlichen Gesellschaften aufgrund von Technologie aufgegeben haben», erklärt mir die Professorin, die an der texanischen Baylor University forscht. «Alles dreht sich um Effizienz.» Und es sind nicht nur große Firmen, die dafür sorgen.

Die Gesellschaft verlangt schon von den Kleinsten, nicht zu zögern. Im Kindergarten Englisch lernen, mit fünf in die Grundschule, dort schnell begreifen, dass Noten den Lebensweg bestimmen, denn nur die «Besten» dürfen aufs Gymnasium. Also leisten und abliefern, um so früh wie möglich mit Einserabitur, gefestigter Persönlichkeit und einem klaren Ziel vor Augen an der Universität durchzustarten. Der Widerspruch, dass Studierende heute im ersten Semester mit 17 Jahren einerseits noch nicht für mündig genug gehalten werden, um ihren Mietvertrag zu unterschreiben, und andererseits reif genug sein sollen, um ein Studium zu bestreiten, fällt gar nicht mehr auf. Die jungen Menschen werden zum Rennen gedrängt – möglichst schnell fertig werden, möglichst schnell ankommen, möglichst schnell die große Leidenschaft finden.

Dieser Druck hinterlässt Spuren. Fast jedes zweite Schulkind leidet unter Stress, und zwischen 2005 und 2016 stieg der Anteil junger Erwachsener mit einer Depressionsdiagnose in Deutschland um 76 Prozent.[15]

Es ist eine kollektive Misere, dass wir in immer kürzerer Zeit nach immer mehr verlangen. Unter diesen Bedingungen fällt es schwer, mit sich selbst geduldig zu bleiben. Und so stellen wir auch als Erwachsene hohe Ansprüche an uns selbst und definieren unseren Selbstwert darüber, wie schnell wir diesen gerecht werden. «Du bist, was du schaffst», scheint die Devise. Ein Abschluss in Regelstudienzeit, eine Firma gründen mit Anfang zwanzig, ein straffer Bauch drei Wochen nach der Geburt, zurück am Schreibtisch, obwohl die Erkältung noch nicht ausgeheilt ist. «Ich bin ein ungeduldiger Mensch», antworten viele wie selbstverständlich im Bewerbungsgespräch, wenn nach einer Schwäche gefragt wird. Denn wir wissen, wer vorwärtskommen möchte, zögert nicht, sondern packt an, reagiert schnell, schafft viel und tritt nur widerwillig auf die Bremse – selbst im Stau.

In einer Langzeitstudie aus Neuseeland mit 1037 Personen wurde ab deren drittem Lebensjahr über 30 Jahre hinweg die Impulsivität, Frustrationstoleranz und Beharrlichkeit erfasst und auch Eltern und Lehrkräfte über die Selbstkontrolle der untersuchten Personen befragt.[16] Da beachtliche 96 Prozent der Kinder bis ins Erwachsenenalter dabeiblieben, konnte man eine ganze Reihe von statistischen Zusammenhängen errechnen. Von den besonders ungeduldigen Kindern rauchten im Alter von 15 Jahren 47 Prozent, von den besonders Geduldigen nur 20 Prozent. Auch bei den Schulabschlüssen zeigten sich gravierende Unterschiede. Fast die Hälfte der besonders Ungeduldigen erlangte keinen Schulabschluss und 13 Prozent von ihnen erlebten eine ungewollte Schwangerschaft, was jeweils nur auf drei Prozent der sehr Geduldigen zutraf. Bei den späteren Untersuchungen im Erwachsenenalter entnahm man den Teilnehmenden Blutproben, prüfte die kardiovaskuläre Fitness, die Zahnhygiene und weitere Gesundheitsparameter. Die besonders Geduldigen waren in besserer gesundheitlicher Verfassung und zeigten seltener Suchtverhalten. Auch waren sie seltener alleinerziehend, hatten weniger Geldprobleme und waren weniger kriminell.

Unsere Ungeduld ist nicht nur ein lästiges Gefühl, sondern birgt große Risiken. Sie bewirkt eine ständige innere Unruhe und setzt den Körper unter Stress. Folgen können Bluthochdruck, Magen-Darm-Beschwerden, Schlafstörungen und Depressionen sein.[17] Daran lässt sich nichts Positives finden, und eigentlich wissen wir das auch. Uns ist klar, dass wir mit Geduld weiter kämen, wenn wir genervt versuchen, im Stau durch ständige Spurwechsel schneller voranzukommen, oder laut werden, weil wir unserem Kind zum vierten Mal denselben Rechenweg erklären müssen. Unsere Ungeduld überkommt uns in solchen Situationen von ganz allein, wir brauchen dieses Gefühl nicht zu erlernen, während wir uns um Geduld bemühen müssen. Sie wird uns nicht geschenkt, was man deutlich an kleinen Kindern sehen kann. Westliche Säuglinge und Kleinkinder weinen oder werden wütend, wenn ihre Wünsche und Bedürfnisse nicht sofort erfüllt werden. «Es ist wie mit jeder anderen Fähigkeit auch», sagt Sarah Schnitker. «Wenn man sie im Alltag anwendet, wächst sie, wie ein Muskel.» Im Umkehrschluss gilt natürlich, dass ein Muskel, der nicht trainiert wird, abbaut. Was macht den Muskel also aus?

Zum einen ist Geduld die Fähigkeit, ruhig, beherrscht und nachsichtig zu bleiben, wenn etwas auf sich warten lässt. Diese Art von Geduld verlangt das Leben oft von uns. Wir müssen kurzfristig geduldig sein, wenn wir hungrig der Pizza beim Backen zusehen, eine Rückmeldung auf unsere Bewerbung herbeisehnen oder in Eile sind und die Schlange an der Supermarktkasse lang ist. Hier hat das verlangte Maß an Geduld einen relativ klaren zeitlichen Rahmen. Unser Hirn kann in etwa absehen, wie lange das Warten dauern wird. Das macht es deutlich einfacher, der Dinge zu harren, die da kommen. Manche setzen auf Achtsamkeitsübungen, andere zerstreuen ihre Aufmerksamkeit, indem sie eine Wartezeit überbrücken und in einem Buch blättern, ihre Nachrichten checken oder kleine Aufgaben erledigen. Jeder Moment, der von uns Geduld verlangt, stellt uns vor die Wahl, entweder ruhig und gelassen zu bleiben oder unseren Geduldsfaden reißen zu lassen.

Wer seinen Geduldsmuskel trainieren möchte, um grundsätzlich gelassener zu werden, sollte die Technik der kognitiven Umdeutung kennen. Eine Situation kognitiv umzudeuten heißt, der Geduldsprobe positiv zu begegnen oder zumindest nicht ablehnend. Stellen wir uns vor, wir erscheinen zur vereinbarten Uhrzeit im Café, doch unsere Verabredung verspätet sich. Wir könnten uns nun ärgern über diese Unhöflichkeit, uns warten zu lassen. Oder wir deuten die Situation um. Plötzlich haben wir ein wenig Zeit, unseren Blick schweifen zu lassen, die Sonne und den Kaffeeduft zu genießen, oder vielleicht lassen wir einfach unseren Gedanken freien Lauf und ein wenig Langeweile zu. Wenn uns dieser Perspektivwechsel gelingt, kann aus der kräftezehrenden Geduldsprobe eine positive Erfahrung werden.

Wichtig beim Umgang mit den Geduldsproben des Alltags ist auch, dass wir sie nicht persönlich nehmen. «Nein, der Stau war nicht extra für mich gemacht! Ein liegengebliebener Wagen, der mit mir und meinem Leben nichts zu tun hatte, blockierte die Fahrbahn. Meine genervte Ungeduld ist völlig sinnlos, da ich persönlich keine Möglichkeit habe, die Situation zu verändern.» Das kann man sich ganz bewusst sagen. Geduld heißt warten zu können, ohne dabei durchzudrehen. Doch Geduld ist noch mehr als das ruhige Überbrücken von Zeit, das zeigen die Worte für Geduld in anderen Sprachen. *Patientia*, lateinisch für Geduld, bedeutet auch Nachsicht, Ausdauer und Erdulden. Das hebräische Wort *savlanut* steht zudem für Toleranz, was schon ein Hinweis ist auf die Rolle der Geduld im Miteinander.

Als Student habe ich meine Großeltern zu mir eingeladen, um ihnen meinen Alltag zu zeigen. Kein leichtes Vorhaben, denn sie waren bereits gebrechlich und vor allem langsam. Beim Mittagessen fiel das besonders auf. In einer modernen Mensa muss alles schnell gehen. Hunderte Studierende wollen zur selben Zeit die Teller voll bekommen. Meine Großeltern wirkten in dieser Umgebung gänzlich fehl am Platz mit ihren gebeugten Rücken und Gehstöcken. Es kostete sie eine Menge Zeit, die kleine Schrift auf den Monitoren zu entziffern und die Teller auf ihre Tabletts zu heben. Hinter uns bildete sich eine lange Schlange. Normalerweise wäre ich in einer solchen Situation genervt gewesen. Doch an jenem Tag, nachdem ich schon mehrere Stunden mit den beiden verbracht, ihnen aus dem Wagen geholfen und gemächlich ein Stück Weg mit ihnen zurückgelegt hatte, fiel mir auf, dass ich nichts von meiner sonstigen Ungeduld spürte. Wir konnten zusammen essen, weil ich bereit war, mich zu gedulden. Das wirkte stärker als mein Drang, immer schnell zu sein, und verband uns drei.

Wir wissen, dass Ungeduld Gift für das Miteinander ist. Egal ob Liebesbeziehung, Freundschaft oder im Team – Ungeduld setzt unser Gegenüber unter Druck und verbreitet Stress und Ärger. Die Geduldigen bleiben auch dann ruhig, wenn ein begriffsstutziger Kollege zum fünften Mal dieselbe Frage stellt, und sind nachsichtig mit Alten, die nicht mehr so schnell können, oder Kindern, die noch nicht so geübt sind. Wissenschaftliche Studien zeigen, dass die Fähigkeit zur Geduld mit dem Persönlichkeitsprofil von Menschen zusammenhängt.[18] Die Ergebnisse legen nahe, dass die Geduldigen im Schnitt hoffnungsvoller, kooperativer und empathischer sind. Wer bin ich? heißt also auch: Wie geduldig bin ich?

Geduld macht uns zu sozialeren Wesen und ist so ein wichtiger Teil unserer Mitmenschlichkeit. Das scheinen wir heute oft zu übersehen. Wir halten es kaum aus, einander in Ruhe zuzuhören, und schielen mitten im Gespräch zu den aufleuchtenden Nachrichten auf unserem Handy, das neben uns liegt. Wenn wir unseren Mitmenschen geduldig begegneten, würden wir sie besser verstehen. Es lohnt sich, die Ansichten und Beweggründe unseres Gegenübers anzuhören und diese zu erdulden. Gerade wenn wir anderer Ansicht sind, sollten wir einander ausreden lassen. Bringen wir die Geduld auf, die Bedürfnisse eines anderen Menschen wahrzunehmen, lernen wir empathisch und mitfühlend zu sein. So ließen sich viele Konflikte vermeiden, und unser Miteinander könnte sich zum Guten verändern. Manchmal reicht es schon, sich auf das Tempo der eigenen Großeltern einzulassen, um sich das wieder bewusst zu machen.

Geduld bedeutet also auch Nachsicht, Ausdauer, Erdulden und Toleranz. Und damit ist sie mehr als das Gegenteil von Ungeduld. Wir brauchen sie in vielen Situationen unseres Alltags. Nicht nur für den Moment, sondern auch, um langfristige Ziele zu erreichen. Der Weg zum Erfolg ist fast immer ein mentaler Marathon und kein Sprint. Wer die ganze Strecke schaffen will, muss langfristig Kräfte mobilisieren. Das zahlt sich aus. Sarah Schnitker begleitete Studierende durch das Semester mit einer Reihe von Fragebogen.[19] Dabei wurde deutlich, dass sich die Geduldigen im Vergleich zu den eher Ungeduldigen mehr anstrengten, um ihre Ziele zu erreichen. Vor allem aber waren die Geduldigen zufriedener, wenn ihnen gelang, wonach sie strebten. Hierin vermutet die Wissenschaftlerin den Grund dafür, dass die Versuchspersonen, die sich gedulden konnten, auch mit ihrem Leben *insgesamt* zufriedener waren als der Rest. «Die meisten jagen so sehr dem Genuss nach, dass sie an ihm vorbeilaufen», schrieb der dänische Philosoph Kierkegaard. Geduldige Menschen nehmen sich Zeit, um ihre Ziele zu erreichen, und sie nehmen sich Zeit, um ihre Erfolge zu genießen.

Außerdem bedeutet geduldig zu sein, jetzt auf etwas zu verzichten, um in Zukunft einen Vorteil zu haben. Doch anders als bei den Kindern im Marshmallow-Test, reichen ein paar Minuten Ausharren für größere Ziele nicht aus. Wir müssen jahrelang einen Teil unseres Gehalts zurücklegen, um im Alter von einer auskömmlichen Rente leben zu können. Oder in der Ausbildung auf freie Zeit verzichten, um irgendwann ein Abschlusszeugnis in den Händen zu halten. Das erschließt sich uns sofort. Und trotzdem fällt uns die Umsetzung nicht immer leicht. Warum das so ist, fand ein Team aus Stanford rund um Professor Hal Hershfield in einem raffinierten Experiment heraus.[20]

Zunächst wurde die Hirnaktivität von Versuchspersonen gemessen, während sie an sich selbst denken sollten. Als Nächstes sollten sie an eine andere, ihnen eher fremde Person denken, vorschlagsweise an Natalie Portman oder Matt Damon. Wie erwartet fanden sich Messunterschiede im Hirn. Wenn wir an uns selbst denken, läuft in unserem Kopf ein anderes Muster ab, als wenn wir an eine fremde Person denken. Der Clou der Untersuchung bestand in einer dritten Aufforderung. Die Versuchspersonen sollten erneut an sich selbst denken, allerdings nicht an das Selbst im Hier und Jetzt, sondern an ihr Selbst in zehn Jahren. Das verblüffende Ergebnis war nun, dass die Hirnaktivität eher dem Muster glich, das die Gedanken an eine fremde Person erzeugt hatten. Vereinfacht gesagt, ist uns unser Zukunft-Selbst heute so fremd wie Matt Damon oder Natalie Portman. «Unser Selbst in zehn Jahren ist nicht einfach irgendwer. Es bedeutet uns schon etwas», meint Professor Hershfield im Gespräch. «Aber eben nicht so viel wie unser gegenwärtiges Selbst.»

Der Versuch aus Stanford ist Teil eines umfassenden Forschungsfeldes, in dem immer mehr Hinweise darauf hindeuten, dass in unserem Kopf zwei Versionen von uns existieren: ein *Jetzt-Selbst* in der Gegenwart und ein fernes *Zukunft-Selbst*, mit dem wir uns deutlich weniger identifizieren.[21] Das erklärt einiges. Warum fällt es uns so schwer, uns im Februar ins Fitnessstudio zu quälen? Weil es uns zu diesem Zeitpunkt ziemlich gleichgültig ist, dass eine uns fremde Person im Sommer am Strand mit einem trainierten Körper nur so strahlen wird. Warum sollten wir jetzt auf das Tattoo mit dem Namen unserer großen Liebe verzichten, nur weil unser unbekanntes Zukunft-Selbst sich in zehn Jahren vielleicht trennen möchte? Warum jetzt Geld zurücklegen, damit jemand im Rentenalter dann in der Karibik Cocktails schlürfen kann?

Es fällt uns schwer, geduldig am Ball zu bleiben, weil wir uns nicht bewusst sind, dass unser Hirn zwischen Jetzt- und Zukunft-Selbst unterscheidet. Wer würde schon von sich behaupten, zwei Selbst zu haben? Der Duden sieht keinen Plural vor. Doch Geduld verlangt genau diese Einsicht von uns, und zu der gelangen wir verblüffend einfach.

Mit Hilfe eines Bildbearbeitungsprogramms wurden für ein Experiment gealterte Avatare von Versuchspersonen erstellt: mehr Falten, größere Ohren, weniger und graue Haare.[22] In einer virtuellen Realität konnten sie so mit ihrem Ich aus der Zukunft sprechen. Allein diese Begegnung erhöhte die Bereitschaft, zugunsten einer größeren Belohnung in der Zukunft im Heute mehr Geld zurückzulegen. Die Versuchspersonen sehen ihr älteres Selbst an und sind bereit, dafür zu sparen.

Im Alltag braucht es solche Technologie nicht, um den Geduldsmuskel zu trainieren. Es genügt, sich das Zukunfts-Selbst möglichst bildlich vorzustellen. Wie wird es aussehen, sich bewegen und kleiden? Sobald wir uns bewusst vor Augen führen, dass wir es sind, die in der Zukunft mit unseren Entscheidungen aus der Gegenwart leben müssen, entsteht eine neue Motivation für Geduld. «Warten, geduldig sein, das heißt denken», schrieb Nietzsche. Was uns von den Tieren unterscheidet, ist die Fähigkeit, uns unser Selbst in der Zukunft vorstellen zu können. Wie wird es sein, wenn ich die Ausbildung abgeschlossen habe? Darf ich meinem Renten-Selbst nicht ein Tattoo auf faltiger Haut zumuten, wenn ich doch jeden Monat in seine Altersvorsorge einzahle? Warum nicht den ein oder anderen Kompromiss mit der Zukunft eingehen. Grundsätzlich gilt, dass uns solche Vorstellungen unserem Zukunfts-Selbst näherbringen und es uns dadurch leichter fällt, geduldig zu sein, um dieser «fremden» Person in der Zukunft etwas Gutes zu tun. Geduld bedeutet also auch die Zuversicht, dass unser fremdes Selbst verdient, worauf wir im Jetzt verzichten.

Und schließlich heißt Geduld auch, etwas zu ertragen, ohne daran zu verzweifeln. Wenn wir verlassen werden, von Arbeitslosigkeit betroffen sind oder Krankheiten erdulden müssen, brauchen wir einen langen Atem. Das fällt besonders schwer, wenn sich um uns herum alles in gewohnt hoher Geschwindigkeit weiterdreht. Anfang 2020 änderte sich das. «Ich muss Sie bitten: Seien Sie geduldig», appellierte Angela Merkel, als ein Virus die Welt ausbremste und viele von uns in eine Zwangspause schickte. Niemand konnte uns sagen, wie lange es dauern würde. Millionen Menschen in Kurzarbeit, Projekte stockten, Termine wurden verschoben, Großeltern durften ihre Enkel nicht besuchen, alle sollten zu Hause bleiben. Das Abwarten in Ungewissheit und die soziale Isolation waren für viele eine psychische Belastung. Erste Auswertungen von über 2000 Notfallhotline-Anrufen im chinesischen Wuhan Anfang Februar 2020 ergaben, dass 47 Prozent über Angstzustände klagten, 20 Prozent über Schlafprobleme und 16 Prozent über depressive Symptome.[23] Umfragen in der Schweiz und dem Vereinigten Königreich erbrachten ähnliche Ergebnisse.[24] Und gleichzeitig gab es nicht wenige, die in der Entschleunigung des ersten Lockdowns doch auch eine Chance sahen. Bereits im März 2020 gaben in einer Umfrage unter mehr als 13 800 Menschen aus 15 Nationen, darunter Deutschland, China und die USA, 53 Prozent an, dass sie erwarteten, durch die Krise ihrer Familie näherzukommen. «Meine Kinder finden es gut, dass ich zum Mittagessen jetzt zu Hause bin», erzählte mir ein befreundeter Professor mit sonst übervollem Terminkalender. Niemand weiß, was die Erfahrung der Krise langfristig mit uns allen macht, doch vielleicht blicken wir irgendwann zurück und stellen fest, dass wir im verordneten Ausharren den Wert der Geduld wieder zu schätzen gelernt haben. Ich mag das altertümliche Wort Langmut als Synonym für Geduld sehr. Ruhig und nachsichtig, lange mutig bleiben, das nehme ich persönlich aus der Krise mit, auch wenn mir das oft sehr schwerfiel.

Wir sind so sehr daran gewöhnt, zu machen und zu tun, dass wir unterschätzen, wie wertvoll das Abwarten sein kann. Tatsächlich ist die Strategie des Nichtstuns deutlich häufiger von produktivem Erfolg gekrönt, als die meisten glauben. Zurück in den Stau. Viele wechseln hier immer wieder zwischen den Spuren, in der Annahme, schneller ans Ziel zu kommen. Staufachleute raten davon jedoch ab. Man gewinnt kaum Zeit und zahlt mit viel Stress, während der Verkehr nur noch zähflüssiger wird.[25] Auch die wissenschaftliche Auswertung Hunderter Strafstöße im Männer-Profifußball ergab, dass die beste Abwehrstrategie für Torhüter das Stehenbleiben in der Mitte wäre.[26] Doch in 94 Prozent der Fälle wird in eine der beiden Ecken gehechtet. Geduldig abwarten, bis der Ball kommt, wäre sinnvoll, das ertragen allerdings die wenigsten, vielleicht weil es auf den ersten Blick nach Arbeitsverweigerung aussieht. Auch hier hilft noch einmal, sich das Ergebnis des Stromschock-Experiments zu vergegenwärtigen, in dem sich Versuchspersonen freiwillig schocken: Nichts zu tun, das schaffen wir kaum. In der Psychologie spricht man vom Action-Bias. Gemeint ist der Fehler unseres Hirns, grundsätzlich lieber zu handeln als abzuwarten.

Ein neuer Ansatz aus der Medizin versucht, diesem Fehler etwas entgegenzusetzen. Prostatakrebs wird dank besserer Vorsorge heute häufiger und schneller erkannt als früher. Lange folgte auf die Diagnose dann eine aggressive Behandlung. Chemotherapie, Bestrahlung oder chirurgische Operationen. Inzwischen weiß man, dass frühe Eingriffe längst nicht immer nötig sind.[27] *Watchful Waiting* – wachsames Abwarten, lautet die Alternative. Die Strategie wird neben Prostatakrebs auch bei Zysten in der Gebärmutter oder leichten Depressionen verfolgt. In Absprache mit den Betroffenen wird geduldig nichts getan, solange es geht. Das Ziel ist nicht die Arbeitsverweigerung oder Kostensenkung für das Gesundheitssystem, sondern das bestmögliche Leben für die Menschen ohne unnötige Nebenwirkungen.

Ich glaube, aus dem Ansatz des *Watchful Waiting* können wir auch etwas für unseren Alltag ableiten. Statt sofort loszulaufen, in den Action-Bias zu verfallen, wenn wir vor eine Herausforderung gestellt werden, sollten wir in Betracht ziehen, öfter wachsam abzuwarten. Das könnte uns von Zeit zu Zeit davor bewahren, voreilig Entscheidungen zu fällen und uns den Druck nehmen, immer sofort reagieren zu müssen.

Wenn wir unseren Geduldsmuskel trainieren, gehen wir gelassener mit aufreibenden Alltagssituationen um, sind toleranter und nachsichtiger mit anderen, verfügen über ein besseres Durchhaltevermögen, haben mehr Freude am Erfolg und können schwierige Situationen besser durchstehen – zusammen ergibt das ein flammendes Plädoyer. Doch ist Geduld in einem Alltag, in dem Wissen in 5G-Geschwindigkeit abrufbar ist, Bestellungen von Drohnen nach weniger als 30 Minuten abgeworfen werden und Algorithmen Persönlichkeiten innerhalb von Millisekunden entschlüsseln, wirklich noch erstrebenswert? Ist es nicht so, als würde man mit einem Traktor auf der Autobahn fahren? Passt Geduld ins 21. Jahrhundert?

Vielleicht mag geduldiges Handeln nicht immer vorteilhaft erscheinen, doch gerade in dieser schnelllebigen Zeit brauchen wir es. In unserer Gesellschaft werden komplexes Wissen und langfristig wirkende Problemlösungen in fast allen Lebensbereichen immer wichtiger. Beides erlangen wir durch Versuch und Irrtum, indem wir mit anderen zusammenarbeiten und uns die Zeit nehmen, uns umfassend mit dieser komplexen Welt auseinanderzusetzen. Ich habe das bei meiner Arbeit für dieses Buch selbst erlebt. Weltweit arbeiten Forschende aus ganz unterschiedlichen Ländern zusammen daran, den Aufbau des Hirns besser zu verstehen, reisen in die entlegensten Winkel, um Wut in fremden Kulturen zu untersuchen, oder tüfteln an Apparaten, die mit Stuhlspenden Depressionen heilen sollen. Bei meinen Gesprächen mit diesen faszinierenden Menschen konnte ich immer wieder erkennen, mit wie viel Langmut sie arbeiten. Die großen Fragen unserer Zeit werden wir nur beantworten, wenn ganz viele kleine Rädchen irgendwann ineinandergreifen. Die Katastrophe der Erderwärmung lässt sich nicht auf einen Schlag lösen wie der Gordische Knoten. Impfstoffe findet man nicht über Nacht. Quantencomputer baut niemand im Hauruckverfahren. «Ich bin gar nicht so schlau», soll Albert Einstein einmal gesagt haben, «ich bleibe nur länger an Problemen dran.» Geistesblitze können die Dinge ins Rollen bringen, doch damit aus einer Idee eine Innovation wird, die sich durchsetzt, brauchen wir Menschen, die nachdenken, lernen, innehalten und sich die Zeit nehmen, umzukehren, wenn sie falsch abgebogen sind.

«Alle Natur, alles Wachstum, aller Friede, alles Gedeihen und Schöne in der Welt beruht auf Geduld, braucht Zeit, braucht Stille, braucht Vertrauen», schrieb Hermann Hesse. Der Appell für etwas mehr Geduld im Leben ist kaum in schönere Worte zu fassen. Geduld ist uns in diesem Buch bereits in anderen Kapiteln begegnet. Wir brauchen sie, um unsere Ängste oder auch unser Hungergefühl besser zu verstehen. Auch auf den kommenden Seiten werden wir wieder auf sie stoßen, denn der Weg durch unsere Gefühlswelt will geduldig beschritten sein. Geduld sollte wie ein Muskel wieder mehr beansprucht werden von uns, weil wir Menschen ohne die Geduld weder zu uns noch zueinander finden. Das nächste Mal im Stau werde ich daran denken. Wenn ich die Geduld dafür aufbringe ...

PASSIONIERT AUSGEBRANNT

Über unsere gefährliche Suche nach Leidenschaft

Leidenschaften sind die Pferde am Wagen des Lebens, aber wir fahren nur gut, wenn der Fuhrmann Vernunft die Zügel lenkt.

KARL JULIUS WEBER

Ihr müsst herausfinden, was ihr liebt. Das gilt für eure Arbeit genauso wie in der Liebe ... Eure Arbeit wird einen großen Teil eures Lebens ausmachen, und der einzige Weg, um wirklich zufrieden zu sein, ist, das zu tun, was man für großartige Arbeit hält. Und um großartige Arbeit zu leisten, muss man lieben, was man tut. Wenn ihr das noch nicht gefunden habt, sucht weiter. Lasst euch nicht nieder. Wie mit allen Herzensangelegenheiten, werdet ihr wissen, wann ihr gefunden habt, wonach ihr sucht.»

Als Apple-Gründer Steve Jobs diese Worte dem Abschlussjahrgang in Stanford 2005 mit auf den Weg gab, erntete er tosenden Beifall.[1] Der Mitschnitt der Rede ging viral. Jobs schien einen Nerv zu treffen.[2] Gehalt und Firmenwagen sind out. Mach, was dich erfüllt. Hör auf dein Herz. Das empfehlen neben dem Apple-Gründer auch Warren Buffett, Oprah Winfrey, wohlwollende Eltern, unzählige Karriereratgeber und Postkarten an Kühlschränken: *Live your dreams.*

Im Gegensatz zu Generationen vor uns haben wir scheinbar unendlich viele Möglichkeiten. Egal ob im Job – Lehre? Studium? Start-up? Schafhirte? – oder in der Freizeit – Yoga? Marathonlauf? Töpfern? Upcycling? In einer Welt, in der alles möglich ist, entscheidet das Lustprinzip. Wir wollen Erfüllung finden, für die Dinge brennen, die wir angehen, und dabei möglichst viel Spaß haben. Und so steht auf jeder Richtung des Wegweisers, den der Zeitgeist ausrichtet: «Folge deiner Leidenschaft.»

Leidenschaft ist Energie, die sich selbst verstärken kann. Wenn wir sie fühlen, handeln wir mit Enthusiasmus, und das koppelt in unser Hirn zurück. Weil es sich gut anfühlt, was wir tun, belohnt uns unser Hirn mit noch mehr Feuereifer und Lust. Zu Shakespeares Zeiten war die Leidenschaft exklusiv der romantischen Liebe vorbehalten. Steve Jobs sah das entschieden anders. Leidenschaft erwartet man heute selbstverständlich nicht mehr nur im Bett, sondern auch im Büro. «Wähle einen Beruf, den du liebst, und du brauchst keinen Tag in deinem Leben zu arbeiten», lautet die verlockende Botschaft. Für den Abschlussjahrgang aus Stanford, dem alle Türen offen stehen, ist das selbstverständlich. Doch längst werden auch alle anderen mit dieser Botschaft bombardiert. Egal, wie viel Freiheit man bei der Berufswahl wirklich genießt, Leidenschaft ist die Maxime. Das ergibt auf den ersten Blick auch durchaus Sinn. Mehr als ein Viertel unseres wachen Erwachsenenlebens verbringen wir mit unserer Arbeit.[3] Da lohnt es sich, nach einer Beschäftigung zu streben, die uns mit Lust und Erfüllung versorgt. Doch die Suche nach der Leidenschaft im Beruf kann zu einem gefährlichen Irrweg werden.

Vor einigen Jahren habe ich das an der beginnenden Karriere eines Bekannten erlebt. Tom war gerade 25 geworden und hatte es mit seinem aufgeweckten Geist und Tatendrang geschafft, die Eigentümer eines wachsenden Start-ups so sehr von sich zu überzeugen, dass man ihn direkt in einer führenden Position einstellte. Es war erst Toms zweiter Job, und er machte ihn gut, das wurde ihm immer wieder bestätigt. Zu Beginn schwärmte er von der Herausforderung und Abwechslung, doch bald kamen Zweifel in ihm auf. Lange Meetings ohne Ergebnisse, immer wieder die gleichen Excel-Tabellen, dieselben Prozesse Woche für Woche. Der anfängliche Enthusiasmus und das aufregend Neue waren dem Alltag gewichen, und Tom verlor zusehends die Lust. Schließlich kündigte er. «Ich glaube, ich habe einfach noch nicht herausgefunden, was mir wirklich Spaß macht, was meine Passion ist», versuchte Tom seine Entscheidung selbst zu bekräftigen.

Tom war davon überzeugt, dass irgendwo in ihm seine *wahre* Leidenschaft schlummern müsse und er sie nur noch nicht gefunden und geweckt habe. Diese Ansicht teilen viele. In amerikanischen Studien gaben bis zu 78 Prozent der Befragten an, dass uns unsere Interessen und Vorlieben gegeben sind, in uns stecken und nur darauf warten, von uns geweckt und in pure Energie und Freude verwandelt zu werden.[4] Irgendwo, so die Annahmen von Tom und der Mehrheit der Befragten, schlummert in jedem eine Leidenschaft. Nennen wir solche Menschen «Erweckende». Paul O'Keefe von der Yale University in Singapur ist einer der wenigen weltweit, die an der Frage forschen, was diese Erweckungsmentalität mit uns macht.

Für ein Experiment dazu teilte er Studierende in zwei Gruppen.[5] Der ersten Hälfte wurde erklärt, dass Interessen fix im Menschen verankert sind, man sie stabil mit sich herumträgt und irgendwann – wenn die Zeit gekommen ist – aktivieren kann. Der anderen Hälfte wurde erklärt, dass Interessen formbar seien, entwickelt werden müssten und wachsen würden, wenn man sich intensiv mit einem Thema beschäftige. Im Anschluss daran wurde beiden Gruppen ein kurzer, sehr eingängiger Film über schwarze Löcher gezeigt. Die Versuchspersonen gaben daraufhin einhellig an, dass ein erstes Interesse für das Thema in ihnen geweckt sei. Nun wurden sie gebeten, einen Fachartikel aus dem Wissenschaftsmagazin

Science über schwarze Löcher zu lesen. Schwierige Ausdrücke gepaart mit trockener Theorie. Und hier differenzierten sich nun die Gruppenangaben. Die Studierenden, denen zuvor die Erweckungsmentalität nahegebracht wurde, gaben auf, wenn sie den Text schwer verständlich fanden. «Was anstrengend ist, kann keiner echten Leidenschaft in mir entsprechen, sonst hätte ich nicht solche Mühe. Ich bin raus.» Die Studierenden, die gelernt hatten, dass Leidenschaft aufgebaut und entwickelt werden muss, ließen sich von dem komplexen Fachartikel nicht so leicht abschrecken. Ihr Interesse an dem Thema blieb deutlich höher. Das heißt: Erweckende geben auf, wenn es sich nicht sofort wie Leidenschaft anfühlt. Sobald eine Sache schwierig wird, der Erfolg ausbleibt oder eintönige Routine aufkommt, vermuten Erweckende wie Tom, dass es an der Zeit sei weiterzusuchen. Muss man sich etwas erkämpfen, Geduld für die Langstrecke aufbringen, kann es keine wahre Leidenschaft sein, denn wer etwas leidenschaftlich tut, bekommt die Energie dafür «geschenkt». Getrieben von der Sorge, die wahre Bestimmung zu verpassen, wenn sie bleiben, ziehen Erweckende rastlos weiter. Die Erweckungsmentalität ist verbreitet, dennoch liegt sie einem Trugschluss auf. «Leidenschaft wartet nicht auf dich, du musst sie selbst erschaffen», erklärt mir Paul O'Keefe. Anders als die meisten glauben, liegt ein weiter Weg zwischen dem ersten Interesse und der wahren Leidenschaft.

Die Wissenschaft beschreibt diesen Weg anhand eines Vier-Phasen-Modells.[6] In Phase eins geht es um einen Funken, der in einer speziellen Situation überspringt. Ein Vortrag weckt erstes Interesse für ein neues Thema, ein Urlaub Lust auf eine neue Sprache oder ein Video über schwarze Löcher die Neugier für Astrophysik. Phase zwei beschreibt das «Erhalten» dieses Interesses. Jetzt geht es darum dranzubleiben. In wie vielen Kellern verstauben Schlagzeuge oder Geigen, weil Eltern sich vom ersten Funken ihrer Kinder zu viel versprachen? Die ersten Stunden Musikunterricht, die ersten italienischen Vokabeln, das erste Video über schwarze Löcher – all das macht Spaß. Doch soll aus dem Funken ein kleines Feuer werden, gilt es nun, das aufgekommene Interesse weiter anzufachen. Danach kann mit Phase drei das «Eintauchen» beginnen. Man hat erstes Know-how erlangt, beherrscht die Grundzüge und will mehr. Das anfängliche, durch äußere Umstände ausgelöste Interesse wird jetzt langsam zum eigenen inneren Antrieb. Man taucht in das Thema ein, sucht größere Herausforderungen. Erst in Phase vier, dem «Versinken», spricht die Wissenschaft von einem ausgeprägten intrinsischen Interesse, das wir Leidenschaft nennen können. Jetzt kann es zu Flow-Erlebnissen kommen und zu ersten Erfolgen. Endlich gelingt ein Gespräch in der fremden Sprache oder das schwierige Stück auf der Geige. Das Interesse hat eine ungeahnte Tiefe erreicht, nicht mehr zu vergleichen mit dem ersten Funken. Das Feuer brennt kraftvoll.

Nichts spricht dagegen, uns auszuprobieren. Nur durch Neugier eröffnet sich die Chance, dass ein Funke überhaupt überspringt und womöglich ein Feuer entfacht. Gerade junge Menschen haben dabei wenig zu verlieren, was natürlich auch für Tom gilt. Und trotzdem glaube ich, dass er irgendwo zwischen Phase zwei und drei vorzeitig abgesprungen ist und sich dahinter ein Muster verbirgt.

Leidenschaft braucht Zeit. Menschen, die wie Tom daran glauben, dass eine festgelegte Leidenschaft in ihnen schlummert, wollen sich die tiefere Auseinandersetzung mit Themen oder Herausforderungen, die keinen Enthusiasmus in ihnen auslösen, sparen und brechen ab. Das fand auch Paul O'Keefe in seinen Studien heraus.[7] Erweckende zeigen weniger Bereitschaft, sich mit Themen zu beschäftigen, die bisher nicht zu ihren Interessen zählen. Das bedeutet, die Erweckenden suchen immer weiter und tragen dabei gleichzeitig Scheuklappen.

Wer sich hingegen bewusst macht, dass ein kleiner Funke genügen kann, um einen längeren Prozess anzustoßen, an dessen Ende ein Feuer entflammt, dem wird klar, dass wir Menschen in ganz unterschiedlichen Bereichen Leidenschaft entwickeln können. Vielleicht erschließt sich uns mit dieser ersten Einsicht ein Tätigkeitsfeld, das wir vorher gar nicht im Blick hatten.

O'Keefe berichtete mir dazu von einer noch unveröffentlichten Langzeituntersuchung, die er und sein Team über zwei Jahre durchführten. Untersucht wurden Studierende an einer Universität mit einem Schwerpunkt auf Sozial- und Geisteswissenschaften, entsprechend gering war dort das Interesse am Fach Mathematik. Ein kompletter Studienjahrgang wurde zu Semesterbeginn in zwei zufällig zusammengestellte Gruppen geteilt. Die Kontrollgruppe bekam ein allgemeines Seminar zu Fähigkeiten, die nützlich für ein Studium sein können. Mit der zweiten Gruppe wurde ein 30-minütiges Training zum Thema Leidenschaft durchgeführt. Darin wurde erklärt, dass Leidenschaft sich nicht einfach «finden» lässt, sondern langsam geformt und aufgebaut werden muss. Den Versuchspersonen wurden dafür die Ergebnisse des oben beschriebenen Experiments mit den schwarzen Löchern vorgestellt und sie sollten eine Situation aus ihrer Vergangenheit aufschreiben, in der sie bewusst an einer Sache drangeblieben waren.

Acht Monate später zeigten die so trainierten Studierenden im Vergleich zur Kontrollgruppe ein deutlich stärkeres Interesse für einen Kurs in Mathematik. Sie erzielten darin bessere Abschlussnoten und sahen eine stärkere Verbindung zwischen Mathematik und ihren eigentlichen Lieblingsfächern.

Nach zwei Jahren schlossen, im Vergleich zur Kontrollgruppe, mehr von ihnen sogar einen freiwilligen Zusatzkurs in Mathematik ab. Das Interesse am eigentlichen Hauptfach blieb dabei in beiden Gruppen gleich. Diese Untersuchung zeigt noch einmal, welche Macht unsere Einstellung auf unsere Gefühlswelt hat. Auch für die Leidenschaft ist entscheidend, wie wir sie verstehen. Bin ich der Meinung, dass wir selbst es sind, die Leidenschaft formen und aufbauen, wachsen meine Chancen, auch dann dranzubleiben, wenn die gewählte Tätigkeit auch Eintönigkeit oder Anstrengung mit sich bringt. Nur so baue ich fundiertes und vernetztes Wissen auf, erreiche die für Leidenschaft zwingend erforderliche Tiefe.

«Manchmal kommt die Leidenschaft dann ganz schnell. Wie ein Aha-Moment. Und manchmal dauert es länger», erklärt O'Keefe und warnt im selben Atemzug: «Es ist immer ein Prozess. Und der dauert normalerweise eine ganze Weile.» Natürlich kann es passieren, dass jemand ein Video über schwarze Löcher sieht und ab diesem Moment für das Thema brennt, Stufe zwei und drei im Vorbeilaufen mitnimmt und sehr schnell in Phase vier versinkt. Doch das ist die Ausnahme. In der Regel braucht Leidenschaft vor allem eins: Geduld.

Hier kommt die 10 000-Stunden-Regel ins Spiel, die der Autor Malcom Gladwell in seinem Weltbestseller *Überflieger* berühmt machte.[8] Gladwell kam durch eine Studie des Psychologen Anders Ericsson aus dem Jahr 1993 auf die Idee.[9] Ericsson und seine Kollegen befragten an der Berliner Hochschule der Künste Studierende im Fach Violine, wie viele Stunden pro Woche sie mit ihrem Instrument bisher etwa geübt hatten. Dabei zeigte sich, dass die Besten des Jahrgangs bis zu ihrem 18. Lebensjahr auf im Schnitt insgesamt 7410 Stunden kamen. Die eher Mittelmäßigen «nur» auf 5301 Stunden. Hochgerechnet auf das Alter von 20 Jahren sind es 10 000 Stunden, die es bräuchte, um zu den Besten zu gehören. Auch Bill Gates, die Beatles oder Mozart haben dieses Zeitpensum gebraucht, bis sie auf höchstem Niveau programmieren, musizieren und komponieren konnten, kalkulierte Gladwell über den Daumen. Die gewagte These bestand nun darin, dass Talent nicht wichtig sei, sondern mit Fleiß und Disziplin jeder Mensch alles erreichen könne. Egal ob Profifußballer, Klaviervirtuose oder Spitzenprogrammiererin. Nach Gladwells 10 000-Stunden-Regel schafft man das mit einer 40-Stunden-Woche (ohne Urlaub) in fünf Jahren. Doch ist das realistisch? Wie immer bei allzu einfachen Daumenregeln ist Vorsicht geboten.[10] Die 10 000 Stunden aus der Studie an der Berliner Hochschule der Künste waren ein Mittelwert, den die Hälfte der Besten im Alter von 20 Jahren nicht erreicht hatte. Auch zeigen neuere Untersuchungen, dass Übung nicht alles ist.[11] Ohne ein gewisses Talent erreicht man mit Fleiß und Disziplin oft nur Mittelmaß. Und trotzdem hat die 10 000-Stunden-Regel einen wahren Kern. «Meister fallen nicht vom Himmel», heißt es im Sprichwort. Entwicklung verlangt Geduld, wie wir gesehen haben. Bis wir etwas wirklich beherrschen, braucht es Langmut. Professor Ericsson trug für eine Übersichtsarbeit zahlreiche Einsichten aus der Wissenschaft zusammen und kam zu dem Schluss, dass in Schach, Sport, Musik und Kunst rund zehn Jahre reflektierter Übung die Besten vom Durchschnitt abheben.[12] Es gibt Kinder, die kommen in bestimmten Bereichen schon besonders begabt zur Welt, doch bis sie wirklich beherrschen, was ihnen in die Wiege gelegt wurde, dauert es. Von einfachem Erwecken kann keine Rede sein.

Angela Duckworth, eine Wissenschaftlerin der University of Pennsylvania, erforscht, wieso es manchen Menschen gelingt, am Ball zu bleiben und erfolgreich zu werden, und anderen nicht. Unabhängig von angeborener Begabung macht den Unterschied, so zeigt ihre Arbeit, eine Mischung aus Ausdauer und Leidenschaft. Duckworth nennt sie «Grit», was übersetzt so viel wie «Biss» bedeutet.[13] Die Idee, dass Grit die entscheidende Zutat sei, kam ihr bei Interviews mit Menschen aus Bereichen wie dem Investment-Banking, der Kunst, dem Journalismus, der Wissenschaft, der Medizin oder dem Recht.[14] Gefragt danach, was die Besten der Besten in diesen jeweiligen Feldern von allen anderen abhebe, nannten die Befragten immer wieder Grit oder Synonyme für die Idee dahinter. Tatsächlich waren viele beeindruckt von den Erfolgen mancher, die sich zu Beginn ihrer Karriere schwertaten und doch so engagiert bei der Sache blieben, dass sie am Ende zur absoluten Spitze gehörten. «Andersherum stellten viele überrascht fest, dass die besonders Begabten es schlussendlich nicht nach ganz oben schafften», schreibt Duckworth.

Wir sehen die Profis und sind geblendet von ihrem strahlenden Erfolg. Manchmal denken wir dann ein wenig neidisch, dass es ihnen leichtgefallen sein muss, nach oben zu gelangen, weil sie von ihrer wahren Leidenschaft getragen wurden. Doch dabei übersehen wir den langen Weg. Die Beatles spielten im Cavern Club in Liverpool fast 300 Abende und hatten in Hamburg über 270 Auftritte, bevor sie berühmt wurden. Bob Dylan wurde am Anfang seiner Karriere von der Bühne gebuht und Michael Jordan zunächst nicht ins Basketball-Team der Highschool aufgenommen.[15] Was erfolgreiche Menschen scheinbar eint, ist ihre Leidenschaft für genau das, was sie tun. Falsch! Was erfolgreiche Menschen wirklich verbindet, ist, dass sie dranbleiben. Erst daraus erwächst tiefe, wahre Leidenschaft. Menschen mit Erweckungsmentalität wie Tom suchen nach Rückschlägen lieber woanders weiter statt dranzubleiben. «Verstehe, dass Leidenschaft ein Prozess ist. Schätze den Prozess. Bleib dran. Erst wenn du dich selbst nicht wachsen siehst, räume das Feld», resümiert Paul O'Keefe den Kern der Sache.

In einer Untersuchung an einer Einführungsklasse in Psychologie konnte gezeigt werden, dass erstes Interesse bei den jungen Menschen dazu führte, dass sie sich ein Lernziel setzten und sich so tiefer in das Thema knieten.[16] Das daraus wachsende Verständnis des Stoffes vergrößerte wiederum das Interesse. Eine positive Spirale. Das ist die sich selbst verstärkende Kraft des Gefühls Leidenschaft. Können und Leidenschaft beeinflussen sich wechselseitig. Ich habe Interesse und strenge mich an, dann werde ich besser und mein Interesse wird größer. «Leidenschaft wächst wie anspruchsvoller Geschmack durch Training. Es ist wahrscheinlicher, dass man durch Handeln anfängt, etwas zu fühlen, als dass man durch Fühlen anfängt zu handeln», schrieb der Harvard-Psychologe Jerome Bruner.[17] Leidenschaft entsteht, wenn wir anfangen, eine Tätigkeit zu beherrschen, wenn wir besser in ihr werden und unseren Fortschritt spüren. Es fühlt sich gut an, für eine Sache zu brennen. Doch genauso wie unsere negativen Gefühle immer auch eine gute Seite haben, sollten wir auch bei den positiven die Kehrseite betrachten. Mir wird das vor allem bei der Leidenschaft für den Beruf immer wieder bewusst.

Kaum jemand hinterfragt heute noch das angepriesene Ziel, den Job zur Passion zu machen. Wir gehen davon aus, dass etwas falsch läuft, wenn wir nicht jeden Tag mit Freude und Enthusiasmus zur Arbeit gehen. Hätte man meinen Großvater gefragt, ob er seinen Job beim Finanzamt mit Leidenschaft macht, hätte er wahrscheinlich allein die Frage nicht verstanden. «Ich mache meine Arbeit ganz gerne, aber Leidenschaft? Das sind für mich der Garten und das Wandern in den Bergen», wäre vermutlich die Antwort gewesen. In einer Untersuchung an Studierenden in Kanada gaben 84 Prozent an, eine Leidenschaft zu haben.[18] Tanzen, Hockey, Skifahren, Lesen und Schwimmen waren die Top 5. Das alles hat nichts mit Arbeit zu tun. Weniger als vier Prozent nannten eine Leidenschaft mit Bezug zu Arbeit oder Ausbildung. Es scheint also nicht in der Natur der Sache zu liegen, Leidenschaft und Job zu verbinden. Warum muss ich meinen Beruf lieben? Ich persönlich schreibe mit großer Freude an diesem Buch und bin doch – das sage ich ganz ehrlich – wie mein Großvater noch lieber draußen in der Natur.

Glückwunsch an alle, die morgens mit brennender Leidenschaft zur Arbeit fahren. Aber auch großen Dank an alle, die einfach ihren Job machen. Wer um 4.30 Uhr in der Bäckerei Brötchen auf Bleche schiebt, wer im Advent in Zwölfstundenschichten Pakete ausliefert, jedes Jahr einer neuen Grundschulklasse das Einmaleins beibringt oder 40 Jahre lang beim Finanzamt Steuerbescheide prüft, verdient Anerkennung von anderen und von sich selbst – egal, wie groß die Leidenschaft für die Arbeit ist. Zuverlässigkeit, Optimismus, Fleiß und die Fähigkeit, auch in turbulenten Zeiten ruhig zu bleiben, sind möglicherweise wichtigere Eigenschaften im Beruf. Gerade beim Berufseinstieg kann wie bei Tom durch eine zu intensive Suche nach der Leidenschaft ein enormer Druck entstehen. Ich würde uns allen wünschen, dass wir uns frei machen davon. Es könnte doch mal wieder mehr darum gehen, dass man mit der Arbeit die Familie ernährt, anderen Menschen hilft oder einen Beitrag zur Gesellschaft leistet. Das ist schon eine ganze Menge. «Aber ist es nicht schön, die Leidenschaft im Beruf zu finden?», könnte eingewendet werden. Dem widerspreche ich gar nicht. Schließlich verbringt man wie gesagt sehr viel Zeit mit der Arbeit. Großartig, wenn man brennt für das, was man tut. Doch Leidenschaft im Beruf ist ein zweischneidiges Schwert.

Viele träumen davon, ihre Leidenschaft zum Beruf zu machen. Endlich die Surfschule oder das kleine Café mit selbstgebackenen Kuchen eröffnen, weil man so gerne am Meer ist oder backt. Leidenschaft bedeutet Freude an einer Tätigkeit. Macht man nun die Passion zum Beruf, muss man sich plötzlich acht Stunden und oft noch mehr mit ihr beschäftigen. Jetzt gilt es zu liefern, um Geld zu verdienen, Routine und Alltag schleichen sich ein. Die Surflaien nerven mit den immer gleichen Fragen, und jeden Morgen Schokoladenkuchen backen, um abends die Hälfte wegzuschmeißen, weil weniger Gäste ins Café kommen als erhofft, frustriert. Im Beruf besteht die Gefahr, den Spaß an der Sache und damit auch die Leidenschaft zu verlieren. Ich kenne viele Künstlerinnen oder Musiker, die ihr Hobby zum Beruf machten und irgendwann erzählen, dass ihnen der Ausgleich fehle.

«Leidenschaft dagegen wünscht sich kein Mensch. Denn wer will sich in Ketten legen lassen, wenn er frei sein kann?», fragte Immanuel Kant. Plato, Aristoteles und Spinoza sahen die Sache ähnlich kritisch.[19] Tatsächlich ist Leidenschaft nicht per se etwas Gutes. Das steckt schon im Wort. Im Deutschen enthält sie buchstäblich das Leid und in vielen anderen Sprachen steht sie als *passion* auch für die Qualen Jesu. Tatsächlich kann Leidenschaft unserer Psyche schweres Leiden zufügen.

Mein Vater war immer ein leidenschaftlicher Lehrer. Er liebte seinen Beruf und zog viel Kraft aus der Arbeit. Doch als er nach einigen Jahren in die Schulleitung befördert wurde, wurde es schleichend zu viel. Er übernahm immer mehr Aufgaben. Stundenpläne koordinieren, Klassenräume verteilen, die Schulzeitung verlegen, die Mensa führen und so weiter. Ich habe damals eine Gratwanderung an ihm beobachtet. Die Arbeit machte ihm Spaß und er war mit Ehrgeiz dabei. Und trotzdem wurde mein Vater von seiner Leidenschaft vereinnahmt. Gefährlich wird es dann, wenn der Beruf in uns aufgeht und nicht umgekehrt.

Was mein Vater erlebte, ist keine Seltenheit. Die Mehrheit der arbeitenden Menschen in Deutschland macht einen guten Job, und 70 Prozent haben Spaß an dem, was sie tun.[20] Und trotzdem kommt immer wieder Unzufriedenheit auf, eben weil uns suggeriert wird, dass wir einen Job brauchen, der uns erfüllt, für den wir brennen. In unserer Gesellschaft wünschen sich Unternehmen Menschen, die sich engagieren, mitdenken und am besten immer und überall erreichbar sind. Je leidenschaftlicher man etwas tut, umso eher ist man bereit, dafür in anderen Bereichen Abstriche hinzunehmen. Überstunden, Stress und Frust sind die Folge. Rund die Hälfte der Deutschen fühlt sich von Burnout bedroht, und das Krankheitsvolumen hat sich rapide erhöht.[21] Waren es 2005 noch 14 Krankheitstage, registrierte die AOK 2018 einen Anstieg auf 120,5 Krankheitstage je 1000 Versicherten.[22] Das ist rund neunmal mehr. Leidenschaft ist Feuer, Phase vier heißt brennen, und wer da nicht aufpasst, brennt aus. Natürlich steht längst nicht jeder Burnout-Fall mit Leidenschaft in Verbindung. Doch wenn erwartet wird, dass man liebt, was man tut, fehlt die Akzeptanz für ein Kürzertreten, wenn es zu viel wird – im Außen, aber auch im Inneren. Dann entsteht Dauerdruck und irgendwann Leiden, das einen in der Passion regelrecht kaputtgehen lässt. Wir alle kennen dennoch auch Menschen, die für ihre Arbeit leben, bis spät in die Nacht an Problemen tüfteln, damit bestens zurechtkommen und sich nichts Schöneres vorstellen können. Von Burnout keine Spur. Auch mein Vater ist schlussendlich nicht ausgebrannt, es war nur phasenweise deutlich zu viel. Wovon hängt es also ab, ob man sich an der Leidenschaft verbrennt oder aus ihr Energie und Freude ziehen kann?

Die Wissenschaft unterscheidet zwei Formen von Leidenschaft.[23] Die *harmonische Leidenschaft* ist die, von der wir alle träumen. Wir versinken im Flow, vergessen die Zeit, schöpfen Kraft aus unserem Handeln und wissen doch genau, wann es zu viel wird. Ein Lehrer, mit harmonischer Leidenschaft für seinen Beruf, liebt es, Kindern Dinge beizubringen, und lehnt trotzdem dankend ab, wenn man ihm anbietet, in der Mittagspause einen kleinen Zusatzkurs zu übernehmen. Die Zeit der Pause möchte er für sich haben, um zu entspannen oder mit den anderen zusammen zu essen. Harmonische Leidenschaft wirkt ansteckend, weil man die ausgestrahlte Begeisterung spüren kann. Sie lässt uns durchhalten und Kraft mobilisieren.

In der *obsessiven Leidenschaft* dagegen lauert die Gefahr. Man kann nicht mehr ohne, die Passion übernimmt die Kontrolle. Schleichend verlernt man das Neinsagen, nimmt immer mehr auf sich und vernachlässigt zum eigenen Nachteil alles andere im Leben. Das sind die Ketten, vor denen Kant warnte.

Mit einem vom Team um den kanadischen Psychologieprofessor Robert Vallerand entwickelten Fragebogen lassen sich die beiden Formen der Leidenschaft messen.[24] Auf einer Skala von eins bis sieben wird angekreuzt, wie sehr man Aussagen über eine Tätigkeit zustimmt, die man als eigene Leidenschaft bezeichnet. «Ich habe Schwierigkeiten, mir ein Leben ohne die Tätigkeit vorzustellen», «Ich hänge emotional von dieser Tätigkeit ab» oder «Ich fühle mich nahezu besessen von der Aktivität».

Wer bei einer Reihe solcher Aussagen mit einem hohen Wert zustimmt, bekommt obsessive Leidenschaft attestiert. Mittlerweile gibt es über 200 Studien, in denen die Auswirkungen der beiden Formen untersucht wurden, und die Ergebnisse zeichnen ein klares Bild.[25] Man kommt zunächst mit beiden Leidenschaftsarten vorwärts, wird besser in dem, was man tut. Doch auf Dauer greift die obsessive Form die Psyche an.

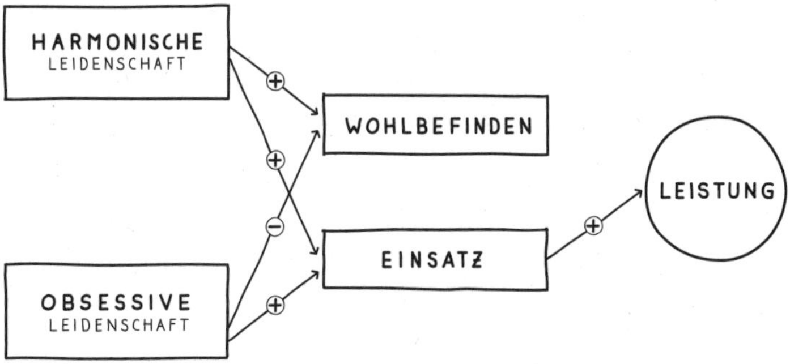

Leistung und Leidenschaft [26]
Beide Formen der Leidenschaft führen zu Leistung durch Einsatz. Doch die obsessive Form untergräbt das psychische Wohlbefinden. Das wird oft dann nicht erkannt, wenn die Leistung einen hohen Stellenwert hat.

In einer Umfrage unter Hunderten französischen und kanadischen Krankenschwestern wurde gezeigt, dass obsessive Leidenschaft im Vergleich zu harmonischer zu erhöhten Konflikten im Privatleben und Burnout-Raten führt.[27] Dieser Befund, und das ist ganz entscheidend, war unabhängig von der Menge an gearbeiteten Stunden. Ausbrennen heißt nicht zwingend zu viel zu arbeiten. Es geht nicht darum, wie viele Stunden, sondern mit welcher Art von Leidenschaft wir unserem Beruf nachgehen. Obsessiv leidenschaftliche Menschen fahren im Schnitt schneller aus der Haut, wenn andere ihre Ansichten nicht teilen. Es fällt ihnen schwer abzuschalten, weil sie so eingenommen sind, dass alle Gedanken nur noch um ihre Tätigkeit kreisen. Für Freude an anderen Aktivitäten ist kein Platz mehr. Und besonders kritisch wird es im Moment des Scheiterns.[28] Das eigene Handeln ist so eng mit dem Selbstwertgefühl verbunden, dass ein Misserfolg als Angriff auf die eigene Identität gewertet wird. Aus «Ich habe einen Fehler gemacht» wird dann «Ich bin ein Fehler». Wie die Kritik ohne Selbstmitgefühl ist auch diese pauschal und vor allem persönlich. Statt unser Handeln zu bewerten, bewerten wir uns als Person im Ganzen.

Wer die Leidenschaft im Beruf sucht, sollte immer wieder innehalten und ehrlich reflektieren. Möchte ich das wirklich selbst? Kommt der Antrieb aus mir? Und tut mir gut, was ich mache? Leidenschaft kann in unserem Hirn Freude auslösen, die sich dann durch unser Verhalten selbst verstärkt. Das ist das große Potenzial dieses Gefühls. Es ist bereichernd im Leben, für etwas zu brennen. Doch muss das wirklich der Beruf sein? Leidenschaft ist harte Arbeit, die neben allen Mühen auch ein gewisses Maß an Vorsicht von uns verlangt. Denn wenn die Passion zur Obsession wird, kommt es zu Leid, das uns in Ketten legt.

Ben Horowitz, ein amerikanischer Unternehmer und Autor – längst nicht so berühmt wie Steve Jobs –, erhielt für das Video seiner Rede vor dem Abschlussjahrgang der Columbia University nicht Millionen, sondern bislang nur 25 000 Views.[29] Vielleicht liegt das daran, dass sich Horowitz gegen die Leidenschaft und damit den Zeitgeist stellte. «Folge deiner Leidenschaft ist eine sehr ‹ichzentrierte› Sicht auf die Welt. Wenn ihr durchs Leben geht, werdet ihr mit der Zeit feststellen, dass das, was ihr von der Welt nehmt, sei es Geld, Autos, Dinge, Auszeichnungen, viel weniger wichtig ist als das, was ihr in die Welt gebt. Somit lautet meine Empfehlung an euch: Folgt eurem Beitrag. Findet heraus, was ihr gut könnt, und gebt davon etwas zurück, helft anderen, helft der Welt besser zu sein – das ist es, wonach ihr streben solltet.»

Wenn es darum geht, aus der eigenen Arbeit langfristig etwas für das eigene Leben zu ziehen, liefert uns Horowitz damit ein gehaltvolleres Rezept als Jobs.

Das scheint auch der Apple-Gründer am Ende seines Lebens so gesehen zu haben. Walter Isaacson, sein Freund und Biograph, beschreibt ein Gespräch zwischen den beiden, als Jobs bereits todkrank war.[30] Gefragt nach seiner Rede in Stanford, habe Jobs gesagt: «Jeder meint ‹Folge deiner Leidenschaft›. Aber wir gehören alle zum Fluss der Geschichte ... du musst etwas zurückgeben in diesen Fluss, das der Gemeinschaft helfen wird, sodass Menschen über dich sagen werden, er hatte nicht nur Leidenschaft, ihm war auch daran gelegen, etwas zu tun, wovon andere profitieren.»

In einer Zeit, in der alle außergewöhnlich, individuell und in flammender Leidenschaft leben wollen, den Blick von sich selbst zurück auf die Gemeinschaft zu bringen, hat Größe. Wer seine Leidenschaft darin findet, etwas für andere zu tun, gibt sich und der Welt möglicherweise am meisten. «Wo sich die Bedürfnisse der Welt und deine Talente kreuzen», sagte Aristoteles, «da liegt deine Berufung.» Falls er das Zitat nicht kannte, hätte es Steve Jobs sicher gefallen.

ALLES GUT AUF SPROSSE ACHT

Zufriedenheit statt Jagd nach dem Glück

Es gibt nur ein Mittel, sich wohl zu fühlen:
Man muß lernen, mit dem Gegebenen zufrieden zu sein
und nicht immer das verlangen, was gerade fehlt.

THEODOR FONTANE

Als die Vereinigten Staaten am 4. Juli 1776 ihre Unabhängigkeit erklärten, sprachen die Gründerväter den Menschen drei Grundrechte zu: Leben, Freiheit und das Streben nach Glück. «The Pursuit of Happiness», was auch als *Hetzjagd* nach dem Glück übersetzt werden kann, ist seit diesem Tag ein Anspruch, auf einer Stufe mit dem Leben in Freiheit. Warum heißt es in der Unabhängigkeitserklärung nicht einfach Leben, Freiheit und Glück? Warum wurde dem Glück noch ein Streben vorangestellt? Vielleicht, weil man schon damals ahnte, dass es sich nicht festhalten lässt. Man muss ihm nachjagen, denn Glück überdauert immer nur den Moment.

Das konnten zwei Forscher in den 1950er Jahren an Laborratten zeigen.[1] Den Nagern wurden Elektroden ins Hirn implantiert. Über einen kleinen Hebel in ihrem Käfig konnten sie dann Stromimpulse tief in ihr Belohnungssystem schicken und dadurch Glücksgefühle auslösen. Als die Ratten das begriffen hatten, ließen sie nicht mehr ab von dem Hebel. Männchen verloren ihre Lust an Fortpflanzung. Weibchen vernachlässigten ihre Jungen so, dass diese verhungerten. Besonders glückssüchtige Nager hebelten sich über 2000-mal pro Stunde Glück ins Hirn. Hätten die Wissenschaftler nicht eingegriffen, wären die Tiere an ihrer Glückssucht gestorben.

Die Technik ist heute so weit, dass Personen mit sehr schweren psychischen Störungen, bei denen weder Medikamente noch Verhaltenstherapien anschlagen, Glücksschrittmacher ins Hirn operiert werden, die einen vergleichbaren Effekt haben. Tiefenhirnstimulation heißt das Verfahren, bei dem ähnlich den Tierversuchen Elektroden im Belohnungssystem für Glücksschübe sorgen. In einer der ersten Untersuchungen zur Wirksamkeit dieses Verfahrens aus dem Jahr 1986 wird von einer Amerikanerin berichtet, die den Hebel, über den sie die Stärke des Stromimpulses in ihrem Hirn erhöhen konnte, so oft betätigte, bis an ihrem Finger eine offene Wunde klaffte.[2]

Die Frau vernachlässigte ihre Körperhygiene und familiären Pflichten. Nach einigen Testläufen im Krankenhaus flehte 2013 ein 33-jähriger Deutscher seinen Arzt am Tag der Entlassung an, die Stromstärke zu erhöhen.[3] Der Mann hatte Angst, die Glücksdosis könne ihm in den kommenden Wochen nicht mehr reichen, so schnell hatte er sich an die neuen Hochs gewöhnt. «Es ist wie bei den Ratten. Glück macht abhängig», erzählt mir Professorin Helen Mayberg, die in New York als Neurologin forscht. «Die Patientinnen und Patienten verhalten sich wie Kokainsüchtige.»

Mayberg ist eine Pionierin auf dem Gebiet der Tiefenhirnstimulation und hält eines der wichtigsten Patente zu dem Verfahren. Sie kennt sich aus mit der Gier nach dem Glück. «Es ist ein kurzer Rausch. Ich habe einen Orgasmus, ich esse Schokolade, ich mache etwas Aufregendes, doch der Effekt hält nicht an.» Für viele Menschen fühle sich Shoppen gut an, sagt sie. Ein neues Paar Schuhe kann glücklich machen. «Doch unser Hirn ist so geschaltet, dass es die Dinge, die sich gut anfühlen, immer wieder will. Und dann kaufen wir mehr als wir sollten. Brauchen wir 20 Paar Schuhe?», fragt sie und warnt vor einer Spirale, die wir ganz ähnlich von der Leidenschaft kennen.

Wenn uns etwas glücklich macht, bedarf es einer immer höheren Dosis, je öfter wir das Glücksgefühl wieder erleben wollen. Dann reichen die neuen Schuhe nicht mehr aus und es muss noch der Gürtel, die Jacke oder am besten beides sein. Mayberg ist der menschlichen Unersättlichkeit nach Glück in ihrem Therapieansatz für schwerste Depressionen insofern entgangen, als sie die Elektroden nicht mehr ins Belohnungssystem implantiert, sondern in einen Bereich, der an der Verarbeitung von negativen Erfahrungen beteiligt ist.[4] Kommt der Stromimpuls hier an, fühlen die depressiven Menschen kein Glückshoch. Der Impuls bringt Ruhe, einen neuen Takt in eine Region, die bei den schwer Depressiven unter gestörter Aktivität steht, weswegen diese sich nicht aus dem tiefen Loch von Traurigkeit und fehlendem Antrieb befreien können. «Wir schalten das Negative ab. So können die Menschen wieder ihre eigenen positiven Erfahrungen machen», erklärt Mayberg den Mechanismus.

Glücksgefühle sind etwas Wunderbares. Sie bestehen aus einem Cocktail aus Neurotransmittern im Hirn. Einer der wichtigsten ist wieder das Dopamin. Denken wir an Wolke sieben, auf der wir dank eines Dopaminrauschs schweben, wenn wir uns verlieben. Das ist pures Glück – im Großen wie im Kleinen. Ein neues Paar Turnschuhe, eine Beförderung, eine Erbschaft oder die Geburt eines Kindes – all das löst Glück in unserem Hirn aus. Auch wenn niemand ohne Glück leben möchte, stellt das permanente Streben nach Glück eben auch eine Gefahr dar. Wenn ich mir das neue Handy leisten kann, wenn ich endlich meine wahre Leidenschaft entdecke, wenn ich befördert werde, wenn ich noch drei Kilo abnehme – dann werde ich mich glücklich fühlen. Tatsächlich aber lässt Glück sich nicht festhalten. Denn wir gewöhnen uns schnell an das neue Handy, die Beförderung und sogar an die Liebe. Dann lechzen wir nach dem nächsten Erfolg, dem nächsten Kick, um uns wieder glücklich zu fühlen. Mit dem Begriff der Hedonistischen Tretmühle kennzeichnet die Psychologie die ewige Jagd nach dem Glücksgefühl als endloses Treten auf der Stelle. Nach einem Hoch kehrt schnell wieder der emotionale Normalzustand ein, eine neue Jagd beginnt.

Schon im Wort «Happiness», das aus dem Altnordischen kommt, wo *Hap* so viel bedeutet wie Zufall oder Spielglück, versteckt sich der Hinweis, dass sich das Glück nicht einfangen lässt.[5] Das Ungewisse ist der Kick, den das Glück bietet. Wenn uns ein Einarmiger Bandit sicher jedes dritte Spiel mit dem Jackpot belohnen würde, hätten wir nach kürzester Zeit keine euphorischen Glücksgefühle mehr, weil wir genau wüssten, was uns erwartet.[6] An unseren nahen Verwandten lässt sich gut beobachten, dass Glücksgefühle den Zufall regelrecht brauchen.

2003 brachte man in einem Labor Affen bei, dass immer, wenn eine Lampe anging und die Tiere einen Knopf drückten, sich eine Klappe öffnete, hinter der Futter als Belohnung lag.[7] Während des Versuchs wurde die Dopaminausschüttung im Affenhirn gemessen, und dabei zeigte sich, der Höhepunkt war nicht mit Erhalt des Futters erreicht, sondern wenn die Lampe anging. Es war die Erwartung der Belohnung, die den Affen glücklich machte. Hielt er das Futter in der Hand, klang das Glücksgefühl schon wieder ab.

Nun baute man einen Zufallsmechanismus in das Spiel ein. Ab jetzt lag nur noch in 50 Prozent der Fälle eine Belohnung hinter der Klappe. Die Lampe leuchtete, ein Affe drückte den Knopf, aber die Belohnung war nicht mehr regelmäßig da, sondern erschien nur noch in der Hälfte der Fälle. Man sollte meinen, dass der Affe seine Lust am Spiel verlieren würde, doch das Gegenteil trat ein. Die Dopaminausschüttung im

Affenhirn schoss geradezu in die Höhe. Der eingebaute Zufall erzeugte einen regelrechten Glücksboost im Affenhirn. Wurde die Belohnung in 25 oder 75 Prozent der Fälle (beides weniger «zufällig» als 50 Prozent) gegeben, reduzierte sich die Dopaminmenge wieder. Je größer das «Vielleicht», desto mehr Glücksgefühle im Hirn.

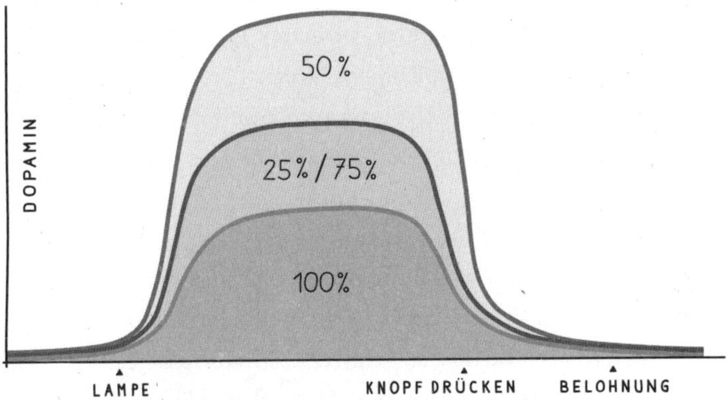

Zufall macht glücklich [8]
Je größer der Zufall der Belohnung, desto mehr Dopamin wird im Affenhirn ausgeschüttet.

Die Gründerväter der Vereinigten Staaten meinten es gut, als sie das Streben nach Glück zu einem Grundrecht machten, und dennoch beruhte der Anspruch auf einem Trugschluss. Mittlerweile gibt es eine ganze Reihe von Studien, die zeigen, dass die Jagd nach dem Glück ins Unglück führen kann.[9]

«Es ist mir extrem wichtig, mich glücklich zu fühlen», wer solchen Aussagen mit hohen Werten zustimmt, so konnte 2011 durch die Auswertung von Tagebüchern in einer Untersuchung gezeigt werden, fühlt sich im Alltag eher einsam.[10] In einem Anschlussexperiment bekamen Versuchspersonen entweder einen Zeitungsartikel über die vielen positiven Effekte des Glücklichseins zu lesen oder einen neutralen Text. Danach sahen alle einen Film über menschliche Beziehungen. Wer vorher das Lob auf das Glück gelesen hatte, fühlte sich dabei einsamer als jene, die den neutralen Bericht gelesen hatten. In Zeiten ohne Stress, wenn es den Menschen eigentlich gut gehen könnte, berichten die, die nach dem Glück jagen, dass sie sich schlecht fühlen, weil sie das ersehnte Gefühl nicht erreichen.[11] Ein starker Fokus auf Glück trägt außerdem zum Eindruck bei, dass die Zeit rast.[12] Wer sich permanent glücklich fühlen möchte, braucht eine Aktivität nach der nächsten, die den Kick auslösen kann. Das macht rastlos, an Langeweile ist nicht zu denken!

2014 konnte Brett Ford von der University of Toronto zeigen, dass Menschen, die dem Glück einen besonders hohen Stellenwert in ihrem Leben geben, mehr depressive Symptome zeigen als solche, die es mit dem Glück nicht ganz so verbissen sehen.[13] Dieser Zusammenhang wurde 2019 auch an Kindern beobachtet.[14] «Glücklich sein zu wollen, ist normal», hält Ford im Gespräch fest. Dagegen spricht auch nichts.[15] Problematisch werde es, so Ford weiter, wenn wir es zu sehr wollen, wir uns um das Glück regelrecht sorgen. Das Streben nach dem Glück gilt in der Forschung heute als ein Paradoxon.[16] Um jeden Preis glücklich sein zu wollen, kann bedeuten, sich dadurch selbst ins Unglück zu stürzen, weil es mehr und mehr braucht, um Glücksgefühle zu empfinden, und die Erwartungen stetig steigen. Dieses Mindset bedroht uns nicht nur als Einzelpersonen.

The Pursuit of Happiness zerstört unseren Planeten. Das globale Wirtschaftssystem basiert auf Wachstum. Immer weiter, immer mehr. Der American Dream ist längst über die Grenzen der Vereinigten Staaten hinaus zu einer Grundhaltung geworden. Menschen auf dem gesamten Globus sind auf der Jagd nach dem Glück, die nicht nur wie die Suche nach dem Goldtopf am Ende des Regenbogens ins Leere führt, sondern uns unbefriedigt zurücklässt. Wir sind nicht dankbar dafür, dass wir heute doppelt so lange leben wie die Menschen vor 200 Jahren. Wir sind nicht satt, obwohl es genug Nahrung gibt. Statt uns zu freuen, dass wir den Winter nicht auf dem Zeltboden in einem Flüchtlingslager in Moria frieren müssen, ärgern wir uns in einer warmen Wohnung mit Strom und fließendem Wasser, wenn Netflix hängt, weil das Internet zu langsam ist.

Wir dürfen uns von ganzem Herzen freuen, sobald wir Glücksmomente erleben. Ihnen nachzujagen schafft jedoch eine Gier, die niemals befriedigt werden kann. Glück ist vergänglich, schwer zu kontrollieren, und es läuft davon, wenn wir es hetzen. Es bleibt eine Momentaufnahme, und jeder Versuch, daraus einen Dauerzustand zu machen, ist zum Scheitern verurteilt.

Als alternatives Ziel möchte ich uns ein tieferes, ein anhaltendes und ruhigeres Gefühl ans Herz legen, jenseits der kurzen Euphorie – die Zufriedenheit.

Auf den ersten Blick ist es nicht ganz einfach, den Begriff Zufriedenheit wissenschaftlich von Glück zu trennen. Die meisten Studien auf diesem Gebiet erscheinen auf Englisch, und «Happiness» wird hier als Überbegriff für einen ganzen Kontinent unserer Gefühlswelt genutzt. Mal sind eher kurze Glücksmomente, mal das subjektive Wohlbefinden, mal ein Mix aus Sinngefühl und Glaube oder einfach nur Freude gemeint. Sobald man jedoch etwas tiefer in das Thema eintaucht, wird klar, dass die meisten Studien genauer beschreiben, was sie jeweils mit «Happiness» meinen. In manchen Fällen passt als Übersetzung das Wort Zufriedenheit dann deutlich besser.

Im Gegensatz zum Glück definiert sich die Zufriedenheit nicht über ein extremes Gefühlshoch, sondern über einen Zustand innerer Ruhe, in dem wir nichts vermissen. Wenn die Wissenschaft von einem zufriedenen Menschen spricht, ist jemand gemeint, der immer wieder positive Emotionen erlebt. Negative Emotionen kommen vor, sie sind nur seltener. Hier wird klar, dass Zufriedenheit und Glücksgefühle zusammengehören.[17] Doch der Horizont der Zufriedenheit ist weiter. Zufriedenheit beschreibt den Blick auf unser Leben insgesamt.

Einer der Ersten, der versucht hat, das greifbar zu machen, war der Princeton-Psychologe Hadley Cantril. 1965 entwickelte er dazu eine simple und bis heute gängige Methode. «Stellen Sie sich eine Leiter vor, die zehn Sprossen hat. Die oberste steht für das beste Leben, dass Sie sich vorstellen können, die unterste für das schlimmste. Welche Sprosse entspricht Ihrem Leben?»

Tatsächlich hat diese schlichte Art der Messung von Zufriedenheit Aussagekraft. Wir können sagen, auf welcher Sprosse wir stehen, denn Zufriedenheit kommt aus uns selbst. Sie ist eine persönliche Erfahrung. Um sie statistisch zu erheben, braucht man also keine Dopaminwerte oder Hirnareale zu messen. Auch für Forschungszwecke genügt unsere ganz individuelle Einschätzung. Bittet man Menschen, mehrere Jahre in Folge ihre Zufriedenheit einzustufen, bleiben die Werte relativ stabil.[18] Unsere jeweilige Tagesform hat überraschend wenig Einfluss, auf welcher Sprosse der Leiter wir uns sehen.[19] Schlechtes Wetter oder schlechte Laune blenden Menschen bei der Frage nach ihrer Zufriedenheit weitestgehend aus.

Glück gleicht seinem Wesen nach einer Nussschale, die von jeder Welle des Lebens erfasst wird, wohingegen Zufriedenheit einem großen Frachtschiff entspricht, das seinen Kurs den Wogen zum Trotz stabil hält.

Im Wort Zufriedenheit steckt der «Frieden» und damit das Gegenteil von ungewissem Zufall oder einer unersättlichen Jagd. Zufriedenheit ist eine Geisteshaltung. Ein tiefes Grundgefühl vom Frieden mit uns selbst und der Welt um uns herum. Obwohl die Zufriedenheit schwerfälliger ist als das Glück, können wir den Kurs anpassen. Wovon hängt es ab, ob ein Mensch auf der fünften oder achten Sprosse der Leiter steht?

Ein beachtlicher Teil unserer Zufriedenheit steckt uns schon in den Genen. Das weiß man aus dem wissenschaftlichen Vergleich Tausender Zwillingspaare. Eineiige Zwillinge, deren Gene identisch sind, geben ähnlichere Sprossen an als zweieiige Zwillinge, deren Gene im Schnitt nur zur Hälfte übereinstimmen. So errechnet die Forschung, dass wir rund 40 Prozent unserer Zufriedenheit dem Erbgut unserer Eltern verdanken.

Neben den Genen wirkt auch das Land, in dem wir leben, mit. Seit Jahren befragt die UNO weltweit Menschen anhand des Leiter-Modells nach ihrer Zufriedenheit. Im Bericht von 2020 lag Afghanistan mit einem Wert von 2,6 auf dem letzten von 153 Plätzen.[20] Krieg, Armut, Terror und Unterdrückung nehmen den Menschen dort das, was es zu einem Leben in Zufriedenheit braucht.

Platz eins des Rankings belegt, zum dritten Mal in Folge, Finnland. Wer das Glück hat, in Finnland geboren worden zu sein, sieht sich im Mittel auf Sprosse 7,8. Es gibt nahezu keine Korruption in diesem Land, die Polizei genießt einen guten Ruf, und die Regierung arbeitet transparent. Außerdem herrscht wenig Ungleichheit. Die Menschen teilen sehr ähnliche Lebensbedingungen, und sie spüren einen starken Zusammenhalt. Man vertraut den Institutionen und einander. Dieses Vertrauen ist der Grundpfeiler der finnischen Zufriedenheit. Denn wie Zufriedenheit ist auch Vertrauen ein tiefes Gefühl, das sich langsam entwickelt. Natürlich verdankt Finnland seine Spitzenposition auch dem Umstand, dass das Land zu den reichsten der Welt gehört. Und dennoch hängt es 20 deutlich wohlhabendere Staaten wie Luxemburg, die Vereinigten Arabischen Emirate oder Singapur ab. Tatsächlich findet die Forschung seit Jahren immer wieder, dass Lebensstandard nicht zwingend mehr Zufriedenheit bedeutet.

Es gibt mittlerweile riesige Datensätze aus über 164 Ländern, die zeigen, dass Zufriedenheit und Einkommen zu Beginn zusammen wachsen. Ein Dollar mehr heißt etwas mehr Zufriedenheit. Doch im Schnitt ist bei 95 000 Dollar Haushaltsjahreseinkommen Schluss mit der wachsenden Zufriedenheit. In Lateinamerika und der Karibik liegt der Wendepunkt mit umgerechnet 35 000 Dollar niedrigerer als etwa in Westeuropa mit 100 000 Dollar. Doch überall gilt: Ab einem gewissen Betrag bekommt die ansteigende Zufriedenheitslinie einen Knick und fällt oft sogar wieder nach unten ab. Reichtum macht nicht zufrieden. Man kann Scheine gegen Glücksmomente tauschen, doch an Luxus gewöhnt sich der Mensch bedauerlich schnell. Schleichend wird Lebensstandard dann zum Ersatz für Lebenssinn, wie Max Frisch schrieb.[21] Statt zu fragen «Warum bin ich hier und wofür lebe ich?», lebt es sich nur noch für ein *Immer mehr*. Wenn das Ziel im Leben jedoch Zufriedenheit heißt, macht es keinen Sinn, den Reichen auf ihren Golfplätzen oder Yachten nachzueifern. Meine Eltern bekamen als Lehrkräfte zusammen rund 85 000 Euro netto im Jahr. Das ist viel Geld, vor allem mit der Aussicht auf eine ordentliche Pension. Doch wer hätte gedacht, dass Lehrkräfte schon fast am Wendepunkt der Zufriedenheit leben? Würde man Teenager befragen, wer genug Geld hat, um wirklich zufrieden zu sein, würde ich wetten, dass Fußballprofis und Topmodels deutlich öfter genannt werden.

Im Vergleich zu den Genen haben die Lebensumstände der Menschen überraschend wenig Einfluss auf die Zufriedenheit. Als 2002 für eine amerikanische Studie die zufriedensten zehn Prozent einer Stichprobe mit Menschen verglichen wurden, die nur einen mittleren Wert der Zufriedenheit angaben, zeigte sich, dass beide Gruppen gleich viele positive und negative Ereignisse aus ihrem bisherigen Leben berichteten.[22] Übersichtsstudien belegen, dass selbst große Veränderungen wie eine Hochzeit, die Geburt eines Kindes, Trennungen und sogar Trauerfälle den Wert der Zufriedenheit im Mittel nicht nachhaltig verschieben.[23] Nimmt man die Daten, die bisher vorliegen, hängt unsere Zufriedenheit zwischen 10 und 15 Prozent von äußeren Umständen ab.[24] Sie kommt, das zeigt die Forschung immer wieder, aus uns heraus und nicht von außen in uns hinein. Nur rund die Hälfte unserer Zufriedenheit wird also von Genen und Lebensumständen beeinflusst, die andere Hälfte haben wir mit unserem Verhalten und unserer Einstellung selbst in der Hand.[25] Das ist die wichtigste Einsicht aus über vier Jahrzehnten Wissenschaft rund um die Zufriedenheit: Wir können uns auf der Leiter bewegen.

Wenn wir das Streben nach Glück sein lassen und uns stattdessen auf die Zufriedenheit konzentrieren, sollten wir nicht denselben Fehler begehen und daraus etwas machen, das wir unbedingt haben wollen. Ruhige Gelassenheit bereitet den sichersten Weg zur Zufriedenheit, die sie im Kern ausmacht. Gerade in der heutigen Welt, die «höher, weiter, schneller» verlangt, bedeutet weniger zu machen, oder sogar zu verzichten, unsere Zufriedenheit zu stärken. «Wem genug zu wenig ist, dem ist nichts genug», hatte schon der griechische Philosoph Epikur erkannt. Und Konfuzius war sicher, «die durch Beschränkung verloren haben, sind selten».

2010 wurden die Ergebnisse einer riesigen Langzeituntersuchung veröffentlicht, für die sich 2250 Menschen im Alter zwischen 18 und 88 Jahren aus ganz unterschiedlichen Ländern und Berufsfeldern eine App auf ihr Smartphone geladen hatten.[26] Wochenlang stellte die App zu verschiedenen Tageszeiten immer wieder folgende Fragen: «Wie fühlst du dich?» – «Was machst du gerade?» – «Denkst du an etwas anderes als an das, was du machst?»

In unglaublichen 47 Prozent der Fälle wurde die letzte Frage mit «Ja» beantwortet. Fast die Hälfte der Zeit waren die Menschen in Gedanken also nicht bei dem, was sie taten. Selbst bei Aktivitäten wie arbeiten, lesen oder sich unterhalten fiel dieser Wert im Schnitt nicht unter 30 Prozent. «Der menschliche Geist ist ein wandernder Geist. Und ein wandernder Geist ist ein unzufriedener Geist», so lautet die Zusammenfassung dieser Ergebnisse.[27]

Während einer Zugfahrt den Blick aus dem Fenster und die Gedanken in alle Richtungen schweifen zu lassen, kann für innere Ruhe sorgen und ein besonderer Moment sein. Doch häufige gedankliche Ablenkung auch im gewöhnlichen Alltag hat nichts mehr mit innerer Ruhe und Balance zu tun. Wir denken darüber nach, was wir noch einkaufen wollen, was wir im Meeting morgen vortragen müssen, und lesen verstohlen aus dem Augenwinkel Nachrichten, die auf unserem Smartphone-Display aufleuchten, während uns ein Freund im Café erzählt, dass er bald Vater wird. «Wie bitte?», schrecken wir auf und merken, dass in solchen Momenten die Gegenwart stattfindet, ohne dass wir an ihr teilnehmen.

Zufriedenheit ist der große Blick auf unser Leben, der wie eine Kette aus aneinandergereihten Momenten besteht. «Wir sind die Summe aller Augenblicke unseres Lebens», schrieb der Autor Thomas Wolfe. Es geht nicht darum, dass wir in jedem Moment das euphorische Glück spüren, sondern darum, unsere Momente überhaupt zu spüren. Deswegen sollten wir das Gedankenwandern im Zaum halten, statt uns der albernen Illusion vom erfolgreicheren Multitasking hinzugeben.

Nicht selten führt uns das Gedankenwandern von uns selbst weg zu den anderen, und dann beginnen wir zu vergleichen – ein zutiefst menschliches Bedürfnis, das jedoch oft unsere Gelassenheit untergräbt. Ein Versuch an der Emory University, der 2003 an Affen durchgeführt wurde, zeigt warum.[28]

Zwei Kapuzineräffchen sitzen nebeneinander in getrennten Glasboxen, und eine Versuchsleiterin bringt ihnen einen einfachen Tauschkurs bei. Reichen ihr die Tiere einen kleinen Stein durch einen Schlitz, bekommen sie dafür ein Stück Gurke von ihr. Im ersten Durchgang mit vielen Wiederholungen des Tauschs fressen die Affen seelenruhig nebeneinander. Dann holt die Versuchsleiterin einen Teller Weintrauben. Affe eins reicht ihr aufgeregt den Stein und wird mit einer Traube belohnt. Affe zwei gibt ebenfalls seinen Stein nach draußen und bekommt – keine Traube, sondern wieder die Gurke. Entrüstet schleudert er das Gurkenstück gegen die Frau und beginnt rasend vor Wut in seiner Box auf und ab zu springen und aggressiv vor die Scheiben zu schlagen.[29]

Im Laufe der Evolution, so die Vermutung, war es wichtig, die eigenen Anstrengungen und deren Ergebnis mit anderen zu vergleichen. Ein Affe, der sich im Schnitt mit weniger zufriedengab als der Rest seiner Horde, riskierte auf Dauer, zu wenig zu bekommen. Aus dieser Grundhaltung entsteht die Gefahr, dass man im Vergleichen nie wirklich zufrieden endet. Erst als er sieht, dass sein Nachbar eine bessere Belohnung bekommt, gibt sich Affe zwei mit der Gurke nicht mehr zufrieden. Menschen ticken ähnlich: 100 000 Euro zu verdienen, während der Nachbar nur 75 000 Euro im Jahr nach Hause bringt, wirkt womöglich sehr befriedigend, 150 000 Euro zu bekommen, während der Nachbar 200 000 Euro verdient, kann in Frust und Unzufriedenheit enden.

Bei jedem Vergleich besteht außerdem die Gefahr, dass wir uns als ganze Person nur mit einem Teil der anderen messen. Und zwar lediglich jenem Teil, den wir von außen an den anderen wahrnehmen. Wir wissen um unsere Schwächen, Ängste und Defizite, und dieses Wissen fehlt uns bei den anderen. So können wir nicht objektiv vergleichen. Beobachten wir die Beziehung einer Freundin, haben wir vielleicht den Eindruck, dass sie nicht zu ihrem Partner passt. Dann fühlen wir uns daneben besser, wenn wir selbst gerade verliebt sind. Ein Abwärtsvergleich. Wir sind überlegen. Doch daraus entsteht keine tiefe Zufriedenheit. Oft fühlen wir uns eher schuldig. Außerdem schauen wir deutlich öfter nach oben.[30] Dabei ziehen uns Aufwärtsvergleiche besonders herunter. Denn überall sehen wir Menschen, die mehr verdienen oder noch verliebter durch den Park spazieren als wir.

«Vergleichen ist das Ende des Glücks und der Anfang der Unzufriedenheit», schrieb Søren Kierkegaard. Das Glück über ein Spielzeug in unserer Hand verpufft schon im Kindergarten, wenn ein anderes Kind mit einem besseren Spielzeug den Sandkasten betritt. Mit dieser Haltung beginnt die Unzufriedenheit. Da das Vergleichen so tief in uns Primaten steckt, wird es uns nicht gelingen, es auf null zu reduzieren. Unser Hirn will abgleichen, um zu wissen, wo wir stehen. Und letztendlich dient uns ein Vergleich auch dazu, Ziele zu setzen und uns zu motivieren. Statt dabei aber vor allem auf andere zu achten, könnte ein neuer Ansatz sein, uns mit uns selbst zu vergleichen. Eine zufriedene Hobbysportlerin misst sich an ihren eigenen Bestzeiten und nicht an denen, die sie beim Laufen überholen. Ihr ist weniger wichtig, welchen Platz sie beim Halbmarathon erreicht, sondern ob sie schneller ins Ziel kommt als letztes Jahr. Wenn wir uns, ohne die anderen zu ignorieren, mehr auf uns konzentrieren, uns mit uns selbst zu einem früheren Zeitpunkt vergleichen, erkennen wir, was wir geschafft und schon alles erreicht haben.

2015 zeigte eine Untersuchung an unter 30-Jährigen und über 60-Jährigen, dass der Drang, sich mit anderen zu vergleichen, im Laufe des Lebens nachlässt.[31] Die Forschenden vermuten, dass wir Menschen uns im Alter eher mit unserer eigenen Vergangenheit vergleichen als mit der Gegenwart anderer.

Wehren wir uns also nicht gegen das Bedürfnis unseres Hirns zu vergleichen, sondern versuchen wir mehr, uns an uns selbst zu messen. So werden wir mit der Zeit besser verstehen, was uns ausmacht, und erkennen, wohin wir uns entwickeln. «Wie viel Muße gewinnt derjenige, der nicht darauf achtet, was sein Nächster sagt, tut oder denkt, sondern nur darauf, was er selbst tut», riet schon der römische Kaiser und Philosoph Mark Aurel.[32]

Sich weniger mit anderen vergleichen fällt in unserer Gegenwart nicht immer leicht, weil wir viel Zeit in den Sozialen Medien verbringen, einer Welt, die explizit vom Vergleich lebt. Instagram, TikTok, Twitch, YouTube und immer neue Plattformen führen uns permanent vor Augen, wie sehr sich unser Leben von dem der anderen unterscheidet. Vor dem Einschlafen noch schnell durch Instagram scrollen, und wir sehen, was andere alles erlebt haben, um wie viel schlanker, schöner, reicher und zufriedener sie sind als wir. Wir können gar nicht anders als weiterzuscrollen und wenn wir es endlich schaffen, das Handy wegzulegen und einschlafen wollen, starren wir unbefriedigt ins Dunkle. Wir wissen zwar genau, dass gerade in der digitalen Welt viel mehr der Schein als das Sein zählt, und fühlen dennoch das ungute Ergebnis des automatischen Vergleichs, das dann auf unser Gemüt drückt.

Eine 2019 veröffentlichte Langzeitstudie an Jugendlichen stellte einen deutlichen Zusammenhang zwischen der Nutzung von Sozialen Netzwerken und Gefühlen von Wertlosigkeit bis hin zu depressiven Verstimmungen her.[33] Wer ständig mit perfekten Körpern und einem aufregenden Lebensstil konfrontiert wird, neigt dazu, mit dem eigenen Leben unzufriedener zu sein. Vielleicht hilft es, sich in solchen Situationen den Affen mit der Gurke ins Gedächtnis zu rufen.

In Norwegen fasziniert «Trolltunga», ein Felsvorsprung vor atemberaubender Naturkulisse, schon immer die Menschen. Mittlerweile muss man jedoch Schlange stehen, damit Influencer ihn einzeln betreten und sich für ihre Follower so fotografieren können, als wären sie ganz alleine inmitten unberührter Natur. Auch stürzen Menschen von Klippen, werden von wilden Tieren getötet oder ertrinken beim Versuch, das perfekte Bild von sich zu schießen. An indischen Küsten ist die Lage stellenweise so ernst, dass die Regierung «No-Selfie-Zonen» einrichten musste, um die Menschen vor ihrer Gier nach Selbstdarstellung zu bewahren.[34]

Fotos können besondere Momente des Lebens festhalten. Doch die Wissenschaft zeigt, wenn wir die Aufnahmen mit der Absicht machen, sie später online zu teilen, untergraben wir den Genuss des Moments.[35] Anstatt den Zauber eines Sonnenuntergangs zu genießen, wischen wir über ein Display, um die Sonne zu fotografieren. Nicht für uns, sondern für andere. Und obwohl wir ahnen, dass uns das nicht zufrieden macht, gelingt es uns nicht, damit aufzuhören.

«Wir stecken mitten im größten Verhaltensexperiment, das auf dieser Welt jemals stattgefunden hat», sagt Aza Raskin, ein Topprogrammierer aus dem Silicon Valley, im Interview mit der BBC.[36] Raskin hat den *Infinite Scroll* für Facebook erfunden und damit die Möglichkeit geschaffen, unendlich lange mit dem Finger durch strahlende Urlaubsfotos, Videos von Katzenbabys oder Hasskommentare zu wischen. «Hinter allem, was wir auf unserem Handyscreen sehen, stecken 1000 Programmierende, die nur daran arbeiten, dass uns dieses Ding so süchtig wie möglich macht», warnt er. «Sie verändern zum Beispiel die Farbe deines Like-Buttons. Soll es dieser Blauton sein oder vielleicht ein wenig mehr Rot? Und sie probieren immer weiter neue Buttons an dir aus, zu ganz unterschiedlichen Zeiten, bis sie die perfekte Form und Farbe gefunden haben, um dein Scrollen zu maximieren.» Leah Pearlman, die den Like-Button mitentwickelt hat, berichtet im selben Beitrag, dass auch sie süchtig wurde. «Wenn ich Bestätigung brauche – dann checke ich Facebook», sagt sie. Eine 2020 veröffentlichte Untersuchung zeigt, dass insbesondere Menschen mit Schwierigkeiten im Umgang mit ihren Gefühlen dazu neigen, Social Media intensiv zu nutzen.[37] Wem es nicht gelingt, die eigenen Emotionen in gewünschte Bahnen zu lenken, der braucht die schillernden Bilder, um sich kurz besser zu fühlen.

Ein Leben ohne Smartphone scheint nicht mehr vorstellbar. Dabei wurde das erste iPhone erst 2007 vorgestellt. Bei diesem rasanten Siegeszug der Technologie muss ich immer an die Affen denken, deren Dopamin nach oben schnellte, sobald der Zufall in ihr Spiel eingebaut wurde. Die Kraft, mit der uns Smartphones in die digitale Welt ziehen, beruht auf demselben Mechanismus. Wir zücken sie, um nur kurz zu sehen, ob jemand etwas Interessantes gepostet hat. Wenn wir dabei enttäuscht werden, weil der Feed keine Belohnung für uns bereithält, weil wir keine neue Nachricht bekommen haben oder in den News nichts passiert – weil dieses Mal kein Futter hinter der Klappe auf uns wartet –, werden wir es gleich wieder versuchen. Kurz das leuchtende Display sehen verschafft uns einen billigen Glücksmoment. Es ist das «Vielleicht», die Ungewissheit, etwas zu verpassen, die uns abhängig macht – und Sucht untergräbt Zufriedenheit.

Die Psychologin Julia Brailovskaia von der Ruhr-Universität Bochum führte 2020 eine Untersuchung mit zwei zufällig zusammengesetzten Gruppen junger Erwachsener durch.[38] Die Kontrollgruppe nutzte Social Media wie gewohnt, die andere Gruppe sollte zwei Wochen lang täglich 20 Minuten weniger Zeit als sonst damit verbringen. Diese Gruppe berichtete nach den ersten sieben Tagen von Schwierigkeiten. Das Verlangen nach Social Media war gestiegen, wie bei einem Entzug stellte sich Gier nach der «Droge» ein. Doch mit der zweiten Woche begann die Wende. Ab jetzt berichteten sie von weniger depressiven Symptomen und gaben an, sich mehr zu bewegen, mehr Fahrrad zu fahren, zu joggen oder zu schwimmen. Das Experiment selbst dauerte nur zwei Wochen, doch schon die hatten nachhaltige Wirkung. Als Brailovskaia nach drei Monaten erneut fragte, zeigte sich, dass die zweite Gruppe Social Media noch immer reduziert konsumierte, ihr Verlangen danach geringer ausfiel als in der Kontrollgruppe und dass sich die Zufriedenheit im Laufe der drei Monate gesteigert hatte.

Machen wir uns bewusst, dass unsere Smartphones und die immer verfügbaren Sozialen Medien von raffinierten Hirnen so designed werden, dass unsere eigenen ihnen kaum widerstehen können. Dann wird uns klar, dass wir es hier mit einem Suchtmittel zu tun haben, und das verlangt, genau wie Kaffee oder Alkohol, ein gewisses Maß. «Alle Dinge sind Gift, und nichts ist ohne Gift. Allein die Dosis macht's», schrieb der Arzt Paracelsus vor 500 Jahren. Zufriedenheit blüht, wenn wir Maß halten.

«Weniger» ist ein vielversprechendes Mindset für Zufriedenheit. Dazu lohnt sich die Ergänzung um ein «Kleiner». Ein typischer Fehler im Umgang mit unseren Emotionen ist der Glaube, mit großen Schritten große Veränderungen zu erreichen. Wie bei andauernder Verliebtheit oder dem gesünderen Umgang mit Hunger sind es oft gerade die Kleinigkeiten, die mehr ausmachen, als wir glauben. Das gilt für die Zufriedenheit besonders. Horchen wir in uns hinein und fragen, was uns von mehr Zufriedenheit trennt, dann neigen wir dazu, groß zu denken. Wir glauben, dass uns die perfekte Beziehung fehlt, ein Job, der die Leidenschaft in uns weckt, oder ein größeres Haus mit bodentiefen Fenstern, in dem endlich genug Platz wäre und von dessen Terrasse aus wir entspannt den Blick ins Grüne genießen würden. Wie soll man in einer Zweizimmerwohnung ohne Balkon und einer Bushaltestelle vor dem Fenster zufrieden werden?

Der Psychologe Ed Diener hat diese Art zu denken schon in den 1990er Jahren als Trugschluss entlarvt.[39] Das Leben besonders zufriedener Menschen setzt sich, so stellte er fest, aus vielen kleinen positiven Momenten zusammen. Es sind nicht die großen Glücksgefühle, die zählen. Frequenz statt Intensität lautet die Formel. Wer einen Monat lang jeden Tag eine kleine, aber schöne Erfahrung macht, ist im Schnitt zufriedener als jemand, der einmal etwas wirklich Großartiges erlebt. In Ruhe frühstücken, in der Mittagspause kurz die Sonne auf der Haut spüren, nach dem Sport ein Schaumbad, das sind alles nur Kleinigkeiten, doch wenn wir sie regelmäßig bewusst erleben, machen sie unsere Zufriedenheit groß.

Wir haben gesehen, dass Reichtum keine Zufriedenheit garantiert. Und trotzdem können wir Geld im Sinne der Zufriedenheit ausgeben. Gerade dann, wenn wir keine Spitzengehälter einfahren. Die Faustregel dafür lautet: weniger Dinge kaufen.

Unsere Wirtschaft lebt davon, dass Menschen ungeduldig Schlange stehen, weil sie das neueste iPhone haben wollen, oder sich mehr Schuhe kaufen, als sie jemals tragen werden. Dabei häufen sich seit Jahren Forschungsergebnisse, die zeigen, dass unsere Zufriedenheit kaum von solchen Anschaffungen profitiert.[40] Das sieht man am Knick in der Zufriedenheitskurve bei steigendem Einkommen. Wer genug Geld hat, um seiner Selbstverwirklichung nachzugehen, sollte es, so die Forschung, nicht für Materielles, sondern vor allem für Erlebnisse ausgeben.[41] Eine Woche mit dem Rucksack zu wandern trägt mehr zur Zufriedenheit bei, als viel Geld in einen Koffer einer französischen Edelmarke für den nächsten Hotelurlaub zu investieren. Erlebnisse werden zu Erinnerungen, die, wie wir gesehen haben, die rasende Geschwindigkeit der Zeit bremsen können und uns intensiver fühlen lassen. Erinnerungen sind, anders als materielle Dinge, nur in unserem Kopf und dadurch einzigartig. So lassen sie sich mit nichts vergleichen. Und das Beste an ihnen ist, dass unser Hirn sie mit der Zeit schöner werden lässt. Gerade die Pannen und kleineren Missgeschicke bleiben oft in lebhaftester Erinnerung. Der verregnete Campingurlaub mit Freunden und das endlose Schaufeln kleiner Gräben ums Zelt gegen eine Überschwemmung werden nachträglich zum unvergesslichen Abenteuer.

Erlebnisse verbinden Menschen miteinander, während Materielles sie voneinander unterscheidet. Wenn im Stadion ein Tor fällt, liegen sich Fans in den Armen. In dem Moment ist völlig egal, wer welches Auto fährt oder welche Uhr trägt. Das Erlebnis zählt. Erinnerungen halten uns frei, während Besitz uns eher bindet. Es wundert mich nicht, dass das Buch *Magic Cleaning* zu einem Weltbestseller wurde. Die Autorin Marie Kondo erklärt darin, wie gut es sich anfühlt, in seinem Leben aufzuräumen, Dinge wegzuwerfen und sich von unnötigem

Ballast zu befreien. Unsere Zufriedenheit lässt sich nur mühsam unter dem Berg von Dingen, die wir besitzen, wieder hervorholen. Deswegen ist es für uns und den Planeten besser, Geld gar nicht erst für Dinge und lieber für Erlebnisse auszugeben.

Umfragen zeigen zudem, dass weltweit ein Zusammenhang besteht zwischen Zufriedenheit und der Bereitschaft, Geld gegen Zeit zu tauschen.[42] Bezahlen wir die Steuerberatung, statt uns selbst am Wochenende durch die Quittungen und Formulare zu ackern, lassen wir den Nachbarsjungen unseren Rasen mähen und einen Profi die Fenster putzen. Statt sich deshalb faul zu fühlen, sollten wir uns klarmachen, dass wir unser Leben mit Dingen und Terminen allzu oft überfrachten. Können wir es uns leisten, uns auf diese Weise freie Zeit zu kaufen, entsteht Luft im Kopf, und das tut gut.[43]

Der aus meiner Sicht jedoch mit Abstand sicherste Weg, um Geld gegen Zufriedenheit zu tauschen ist der, anderen etwas zu kaufen. 2008 wurden Hunderte Menschen in Amerika befragt, wofür sie ihr Geld ausgeben.[44] Dabei konnte zwischen Ausgaben für sich selbst und der eigenen Zufriedenheit kein Zusammenhang festgestellt werden. Ausgaben für andere hingegen zahlen sehr wohl auf unser Zufriedenheitskonto ein. Menschen, die im Job eine 5000-Dollar-Bonuszahlung bekamen und davon anderen etwas kauften oder einen Teil spendeten, sind sechs Monate später deutlich zufriedener als jene, die dieses Geld für sich ausgaben.[45] Nichts ist so egoistisch, wie etwas für andere tun.

Sind wir in der komfortablen Situation, mehr Geld zu verdienen, als wir für das Nötigste brauchen, ist die Formel ganz einfach: Kaufen wir statt Bergen von Dingen Erlebnisse, Zeit und etwas für andere, wächst unsere Zufriedenheit.

Letztendlich ist unsere Gefühlswelt ein zentraler Schlüssel für unsere Position auf der Zufriedenheitsleiter. Egal, ob wir in die Liebe investieren oder uns selbst mehr Mitgefühl entgegenbringen, Zufriedenheit lebt von einem gesunden Umgang mit unseren Gefühlen, und zwar nicht nur den positiven, sondern auch den negativen, die zulassen zu können einen Gutteil des Weges zur Zufriedenheit ausmacht.

In einer Welt, in der das Streben nach dem Glück ein Anspruch an das Leben ist, in der in allem und jedem das Positive gesehen werden muss, entsteht regelrecht Druck, sich gut zu fühlen. Dabei sind die negativen Emotionen gar nicht dazu da, uns das Leben schwer zu machen, sie wollen uns im Gegenteil helfen, wie wir bis hierher immer wieder sehen konnten. Angst versucht uns zu beschützen, Wut kann zu Energie werden, Langeweile zu einem Sinngefühl beitragen und Trauer uns mit anderen verbinden. Wenn wir uns schämen, steigt die Bereitschaft, uns zu verzeihen und uns wieder in die Gemeinschaft aufzunehmen.[46] Menschen, die ihre Traurigkeit zeigen, erfahren Hilfsbereitschaft von anderen Erwachsenen und sogar schon von Kindern.[47] Eifersucht, so übel sie sein kann, motiviert uns doch auch, alles daranzusetzen, unsere wichtigsten Beziehungen zu erhalten, sie ist also ein Zeichen dafür, dass uns jemand viel bedeutet.[48]

Sich schlecht zu fühlen gehört zum Menschsein. Wer die sogenannten negativen Gefühle unterdrückt, sie nicht spüren will, verhält sich unnatürlich. Kaum verwunderlich also, dass neuere Untersuchungen darauf hindeuten, dass die dunklen Seiten unserer Gefühlswelt einen Beitrag zu unserer Zufriedenheit leisten.

In einer Studie an über 1300 Erwachsenen aus der Gegend um San Francisco konnte die Berkeley-Professorin Iris Mauss zeigen, dass Menschen, die gegen ihre dunklen Emotionen angehen, sich in Stress aufreiben. Mauss vermutet, dass, wenn wir unsere negativen Gefühle nicht akzeptieren, sie paradoxerweise an Bedeutung und damit Wirkung gewinnen.[49] 2017 veröffentlichte die israelische Psychologin Maya Tamir eine international durchgeführte Untersuchung mit über 2000 Menschen, die das bestätigt.[50] Es zeigte sich, dass unsere Zufriedenheit auch davon abhängt, ob wir den Eindruck haben, das Passende zu fühlen. Und zwar egal, ob das Gefühl positiv oder negativ ist. Unser Leben ist voller Momente, in denen es angebracht ist, sich nicht gut zu fühlen. Und wenn wir das annehmen, geht es uns besser damit. Natürlich ist es schöner, verliebt zu sein als zu trauern. Aber wenn ein Mensch stirbt, dann dürfen wir uns zutiefst schlecht fühlen und das auch wollen. Überleben wir eine Krebskrankheit dank Chemotherapie, ist es legitim, das als schreckliche Belastung abzuhaken, ohne darin irgendeine spezielle «Erfahrung fürs Leben» erkennen zu müssen. «Wenn wir unsere negativen Gefühle weniger negativ bewerten, dann werden wir uns etwas zufriedener fühlen», erklärt mir Maya Tamir als wichtigste Einsicht ihrer Arbeit.

Niemand sollte in negativen Gefühlen versacken. Eine Depression ist eine Krankheit, die einer Heilung bedarf. Ein Tief von ein paar Tagen ist jedoch keine Katastrophe. Früher gehörte ein wenig Melancholie selbstverständlich zum Leben. Niemand stieß sich daran. Wenn wir uns das nicht zugestehen, weil wir immer «happy» sein wollen, weil das Glas stets halb voll zu sein hat, greifen wir unsere Psyche an. Der Sozialwissenschaftler Arthur Brooks hat dazu einen treffenden Begriff gefunden. Man könne sich leicht vorstellen, schreibt er in der Zeitschrift *The Atlantic*, dass der Versuch, negative Gefühle in unserem Alltag auszuschalten, zu einer «Emotionsallergie» führt.[51] Wer die kleinen Tiefs, die wir alle von Zeit zu Zeit erleben, unterdrückt, reagiert irgendwann allergisch auf Emotionen, die sich nicht gut anfühlen. Das ist gefährlich, denn in Momenten, in denen wir keine Wahl haben und Angst, Trauer oder Wut nicht mehr zu ignorieren sind, fehlt uns dann die Gelassenheit, um diese Gefühle einfach *nur zu fühlen.*

Rumi, einer der bedeutendsten Gelehrten und Dichter im alten Persien, bezeichnete unsere Gefühle «als unerwarteten Besuch». Ein wunderbarer Vergleich. Denn gemäß der großen Gastfreundschaft seiner Kultur sollten die Menschen nach Rumi all ihren Gefühlen die Tür öffnen und auch die negativen mit einem gelassenen Lächeln willkommen heißen. Tür auf, durchfühlen, akzeptieren, weiterziehen lassen – das ist der richtige Weg, wenn Wolken im Kopf die Aussicht trüben.

Für mich endet der Weg zur Zufriedenheit damit, sich mit dem Tod zu arrangieren. Ich bin der festen Überzeugung, dass ein zufriedenes Leben ein Ende braucht. Das klingt vielleicht selbstverständlich – der Tod gehört zum Leben –, doch wenn wir uns erinnern, dass Google in die «Unsterblichkeit» investiert, wird klar, dass manche diese Selbstverständlichkeit nicht mehr akzeptieren wollen.

Es liegt in unserer Natur, Angst vor dem Tod zu haben. Ihn deshalb aber zu negieren, ist unklug. Wir wissen heute, dass ein Bewusstsein für die Endlichkeit die Zufriedenheit stärken kann.[52] Eben weil wir nicht unendlich leben, bekommen die Kleinigkeiten des Alltags eine Bedeutung. Niemand gibt uns auch nur eine einzige vergangene Stunde zurück. Der Versuch, sich dagegen aufzulehnen, ist aus psychischer Sicht ein Irrweg.

Unser Wohlbefinden hängt davon ab, dass wir die Momente genießen und gute Beziehungen zu anderen haben. Wenn heute schon jede zweite Ehe geschieden wird, wie soll es werden, wenn künftig zusätzliche 90 Jahre vergehen, bis dass der Tod uns scheidet? Mit dem Alter kommen Menschen zur Ruhe. Und Studien zeigen, dass sich damit auch der Blick auf die Dinge verändert. Wenn Menschen immer deutlicher spüren, dass ihre Zeit begrenzt ist, ziehen sie mehr aus einem Stück Schokoladenkuchen, einem Herbstnachmittag mit den Enkeln im Wald oder einer Postkarte von einer Freundin.[53]

2018 wurde eine Untersuchung veröffentlicht, für die junge Menschen in den USA gebeten wurden, sich vorzustellen, dass sie nur noch vier Wochen an ihrem Wohnort leben und dann an einen Ort weit entfernt ziehen würden.[54] Allein die Vorstellung führte dazu, dass die Versuchspersonen im Anschluss von deutlich mehr Zufriedenheit berichteten als eine Kontrollgruppe, die im Versuchszeitraum nur ihr Verhalten protokolliert hatte. Ein zentraler Grund für diesen Unterschied war das Gefühl einer engen Verbindung zu anderen. Wenn ein Abschied naht, merkt man, was man an seinen Eltern, dem Freundeskreis oder dem Team im Büro wirklich hat. In einem Leben ohne Endlichkeit gerät dieser Eindruck in den Hintergrund.

Sich von Zeit zu Zeit bewusst vor Augen führen, dass nichts unendlich ist, macht zufrieden.

Der Mensch ist ein unersättliches Tier, und wenn wir nicht aufpassen, werden wir womöglich bald auch die Zufriedenheit jagen. Sich gut zu fühlen, das ist in unserer Kultur der erwartete Standard. Und selbst wenn es uns grundsätzlich gut geht und wir uns die meiste Zeit zufrieden fühlen, fragt irgendeine Stimme in uns vielleicht dennoch ab und an: «Geht da nicht noch mehr?»

Professor Ed Diener würde dem widersprechen. Der Wissenschaftler vermutet ein «Optimum der Zufriedenheit», das *unter* dem möglichen Maximum liegt.[55] Das bringt uns zum Schluss noch einmal zur Leiter vom Anfang des Kapitels. Sprosse acht nennt Diener «die magische».[56] Oberhalb der achten Sprosse wird der Mensch vielleicht zu träge, obwohl unsere Psyche sich eigentlich weiterentwickeln will. Die Idee vom Optimum ist wissenschaftlich umstritten.[57] Mir persönlich gefällt sie sehr, weil ich darin den Frieden erkenne, der mich an der Zufriedenheit am meisten anzieht. Nicht ganz oben, sondern in Frieden auf Sprosse acht zu leben, das klingt doch machbar, vor allem in einem Land wie unserem, in dem der Durchschnitt schon bei Sprosse 7,1 angekommen ist.

WER MENSCH SEIN WILL, MUSS FÜHLEN

Zum Ende einer Reise ohne Ende

Gefühl ist alles.

JOHANN WOLFGANG VON GOETHE

Für seine Mission hätte er kaum einen passenderen Flecken Erde wählen können als Kalifornien. In den Hügeln von Beverly Hills sind die Einkommen hoch und die Ansprüche an das eigene Leben noch höher. So erhoffte sich Martin Tobias den großen Wurf, als er hier 2019 das «Upgrade Lab» als weltweit erstes Biohacking-Studio eröffnete. Für monatlich 1000 Dollar Mitgliedsbeitrag verspricht der Unternehmer gewöhnliche Menschen zu «Supermenschen» zu machen.

«Ein Supermensch ist jemand, der sagt: Ich akzeptiere das Normale nicht. Ich akzeptiere den Durchschnitt nicht. Ich möchte jedes meiner Potenziale freisetzen und mich upgraden», erklärt mir Tobias in markigen Vertretersätzen. Dafür bietet sein Lab Stammzelleninfusionen, Nahrungsergänzungsmittel als Pillen und Infrarotbeschuss zur Verjüngung der Haut. Ein atmosphärischer Zelltrainer soll den Organismus durch Luftdruck einem Workout unterziehen, eine Eiskammer bei −104 Grad Körperfett in Minuten verbrennen und ein virtueller Schwebetank helfen, das Gehirn in den Theta-Zustand zu versetzen, der angeblich klare Gedanken und Kreativität stimuliert. Gut ein Dutzend weiterer Anwendungen komplettiert das Angebot, das bald weltweit in Franchise-Filialen neue Märkte erschließen soll.

Als ich Tobias bitte, sich vorzustellen, einem Kind das Ziel des Upgrade Labs zu erklären, hält er kurz inne und führt dann aus: «Du hast wirklich Glück, dass du jetzt geboren wurdest. Denn deine Möglichkeiten, in den nächsten 20 Jahren in dich, deine Gesundheit und Fitness zu investieren, sind hundertmal besser als für jemanden, der vor 20 Jahren geboren wurde. Du hast Zugang zu fortschrittlichen Technologien, mit deren Hilfe du besser performen kannst.»

Fast beiläufig fügt er dann noch hinzu: «Und übrigens, wenn du das alles nicht in Anspruch nimmst, wirst du abgehängt. Um als Mensch relevant zu bleiben, in einer Zeit, in der künstliche Intelligenz so viele Jobs verschlingt und so vieles besser kann, musst du investieren und darauf achten, der beste Mensch zu sein, der du sein kannst.»

Ich weiß, dass der Unternehmer selbst Kinder hat. Seine jüngste Tochter, Harper, ist gerade mal vier. Also frage ich ihn, ob er sagen würde, dass sein Kind nicht perfekt ist und ob er auch sie upgraden möchte. Ohne Zögern antwortet der Supermenschen-Macher einfach nur – «Ja!»

Dieses Gespräch war eines der ersten, das ich für dieses Buch geführt habe, und es lässt mich nicht los. Es sind nicht so sehr die fehlenden wissenschaftlichen Belege für die Versprechen, die mich umtreiben, auch nicht die moralischen Bedenken zu einem «Upgrade», das den Reichen vorbehalten bleibt. Es ist die Tatsache, dass offensichtlich Nachfrage an einem Biohacking-Studio besteht und von Kalifornien aus schon viele Trends die Welt eroberten.

Das Bedürfnis, sich einem Upgrade zu unterziehen und in die eigene Natur zu hacken, um zum Supermenschen zu werden, ist das Symptom einer gefährlichen Haltung zu uns selbst. Homo sapiens paart immer mehr Möglichkeiten mit immer höheren Ansprüchen. Um in dieser Welt zu bestehen, muss man besser werden und jedes Potenzial ausschöpfen. Auf den ersten Blick hat Tobias also recht, wenn er sagt, dass all jene, die sich dem entziehen, auf der Strecke bleiben. Doch auf den zweiten Blick fehlt seiner Vision der entscheidende Halbsatz, «wenn alles so weitergeht wie bisher».

Wir leben in einer Zeit voller Umbrüche. «Wer bin ich wirklich und wer will ich sein?» Es war vielleicht noch nie so schwer, hierauf eine Antwort zu finden. Immer neue Technologien, der Verfall der Traditionen, die vernetzte Digitalwirtschaft und die ökologische Zerstörung fordern uns heraus. Mensch sein ist anstrengend. Aber darum nicht hoffnungslos. Erkennen wir an, dass die Maschinen schneller rechnen, mehr Daten fehlerfrei verarbeiten und niemals ausbrennen und räumen in diesem Bereich das Feld. Hissen wir die weiße Flagge und geben auf in einem Wettrennen, das wir schon verloren haben. Egal, wie vielen Upgrades wir Menschen uns unterziehen, mit künstlicher Intelligenz werden wir uns auf dieser Ebene niemals messen können. Harpers Zukunft liegt in ihrer Fähigkeit zu fühlen, denn das macht sie menschlich und damit den Maschinen haushoch überlegen.

Künstliche Intelligenz wird Arbeitsplätze verschlingen, wer das nicht eingesteht, verklärt. In jedem einzelnen Fall kann das eine Tragödie bedeuten und darf trotzdem nicht als Rechtfertigung dafür dienen, dass wir alle immer mehr leisten und besser funktionieren müssen, um mitzuhalten. Doch auch wenn Algorithmen bei der Diagnose von Brustkrebs helfen oder unsere Autos lenken, während wir selbst auf dem Fahrersitz schlafen, werden unzählige Bereiche bleiben, in denen Maschinen nur die zweite Wahl sind, weil wir Menschen es besser können. Pflege, Diplomatie, Moral, Bildung, Handwerk, Therapie, Philosophie, Erziehung, Kunst, Recht – die Liste der Tätigkeiten, in denen wir trotz allen Fortschritts fühlende Menschen brauchen werden, ist lang. Maschinen erleben keine Angst und empfinden keine Scham, die es braucht, um Grenzen zu respektieren. Sie kennen weder Wut gegen Ungerechtigkeit noch Kreativität, die aus Langeweile entsteht, oder Leidenschaft, mit der man andere begeistern und mitziehen kann. Kein Algorithmus kann ein Kind so wie es ist lieben. Kein Computer ist in der Lage, einer Schulklasse Werte zu vermitteln. Und kein Roboter vermag es, einem kranken oder alten Menschen das Mitgefühl und die Wertschätzung entgegenzubringen, die er verdient.

Wir brauchen viel mehr Anerkennung für all jene Bereiche, in denen der Mensch schon heute unersetzlich ist und es auch bleiben wird.

Ich sträube mich beim Blick auf das große Ganze gegen jede Form von Pessimismus. Es wäre nicht das erste Mal, dass Homo sapiens beweist, wie anpassungsfähig er ist. Wir würden uns doch selbst verhöhnen, brächten wir den Maschinen das Denken bei, um dann nicht mehr in der Lage zu sein, umzudenken und als Menschheit auf der großen Bühne eine etwas andere Rolle einzunehmen. Der Mensch will sich ein Leben lang weiterentwickeln. Genau jetzt lohnt sich das mehr denn je, und ich bin zuversichtlich, dass es gelingen wird.

Auf der kleineren Bühne unseres eigenen Lebens zahlt es sich aus zu akzeptieren, dass es keine negativen Gefühle, sondern nur den negativen Umgang mit ihnen gibt, und dass jeder Teil unserer Gefühlswelt einen Wert für uns hat. Und obwohl jeder Mensch unterschiedlich fühlt, sind wir mit unseren Gefühlen nicht allein. Wir alle empfinden irgendwann einmal Angst oder werden wütend, sind ungeduldig, unsterblich verliebt oder unzufrieden mit unserem Leben. Dies zu wissen, ist beruhigend und entlastet.

Als ich vor einiger Zeit mit einem befreundeten Paar in einem Restaurant zu Abend aß, meinte die Freundin beim Abschied, dass ich mich verändert hätte. «Seitdem du das machst, redest du offener über Beziehungen, du bist überlegter und ruhiger geworden.» Mit «das» war meine Arbeit an diesem Buch gemeint. Jede Reise, und nichts anderes waren meine Recherchen vom ersten Tag an, verändert uns. Man kann kein Gespräch führen oder von einem Experiment lesen und danach als derselbe Mensch weiterziehen. Immer nimmt man etwas mit. Die Frage ist, wie viel und was man daraus macht.

Ich habe auf meiner Reise gelernt, genauer auf meine Gefühle zu hören, sie als menschliche Fähigkeit zu erkennen und sie weniger streng zu bewerten, sondern kommen und gehen zu lassen, wie sie sind – wie ich bin. Und trotzdem bin ich natürlich kein ganz anderer als früher. Noch immer reißen mich meine Sorgen manchmal nachts aus dem Schlaf, noch immer erkenne ich auch in mir den Hang meines Vaters zu gefährlich viel Leidenschaft für die Arbeit, und noch immer fällt es mir schwer, im Zug einfach nur aus dem Fenster und nicht auf ein Display zu schauen. Nicht als Supermensch, aber definitiv gelassener geht die Reise für mich weiter, denn fühlen werden wir alle bis zum letzten Tag.

«Das kuriose Paradoxon ist, wenn ich mich akzeptiere, so wie ich bin, dann verändere ich mich.» Dieser Sicht von Carl Rogers, dem amerikanischen Psychologen und Therapeuten, kann ich mich nur ausdrücklich anschließen. Akzeptieren wir Menschen uns so, wie wir – als fühlende Wesen – sind, bin ich sicher, dass wir als Homo sapiens gute Chancen haben, uns zu verändern und so als Weltgesellschaft die Herausforderungen der Zukunft zu lösen, aber auch jeder und jede für sich ein besseres, ein psychisch gesundes und vor allem ein menschliches Leben zu führen.

Auch Ihnen also weiterhin gute Reise!

DANK

«Du gibst nicht auf», hat Luisa mit einem Lächeln voller Zuversicht immer wieder zu mir gesagt und: «Nimm dir Zeit» die drei anderen. Mein Dank gilt in erster Linie meinen Liebsten Luisa, Hannes, Birgit und Flo. Insgeheim hoffe ich, dass mir das Schreiben irgendwann leichter fällt. Bis dahin brauche ich euch für jede Seite. Ihr habt mich in den zweieinhalb Jahren aus den größten Tiefs geholt, meine Texte immer wieder gelesen und verbessert. Ohne euch hätte ich aufgegeben oder mich irgendwo auf dem Weg ins Ziel in Gedanken an Kapuzineraffen, Stuhlspenden und Hirnschrittmacher verloren. Danke für eure Liebe, Zuversicht und die klaren Ansagen.

«Leon, ich bin bereit, mit dir zu telefonieren. J Kagan.» Als ich im Frühjahr 2019 diese erste Zusage für ein Gespräch bekam, konnte ich es kaum glauben. Die Forschenden, mit denen ich für dieses Buch gesprochen habe, sind für mich das, was Beyoncé oder Brad Pitt für viele andere sind: Stars. Allen von euch, die ihr auf meine Mails geantwortet habt und euch die Zeit nahmt, euer Wissen zu teilen, danke ich von Herzen. Ihr erweitert unseren Horizont, ihr schafft Wissen und helft uns zu verstehen. Diese Welt braucht eure Arbeit mehr denn je.

Neben den im Text genannten haben mich Dr. Bryan Denny, Dr. Joana Duarte, Professor Paul Gilbert, Professor Craig Hassel, Professorin Ilona de Hooge, Professor Erich Kasten, Dr. Autumn Kujawa, Professor Gary Lewandowski, Professor

Filip Lievens, Professor Rostami Reza und Team in Teheran, Professorin Julia Rucklidge, Professor Philipp Schäpers und Professorin June Tangney mit ihrer Forschung auf ganz unterschiedliche Weise bei meiner Arbeit unterstützt.

Und dann ist da vor allem Andy Hartard, die ich nicht «nur» meine Lektorin nennen möchte, weil sie so viel mehr war. Ihre Einwürfe, Korrekturen, Denkanstöße und vor allem die harmonische Leidenschaft für die Forschung waren unendlich wertvoll.

Meinem Management rund um Töne Stallmeyer, Marcel Schweers und Selina Gäer besten Dank für die großen Entscheidungen, die Langmut, die Lust am Inhalt und den Vorsprung an Erfahrung. Johanna Langmaack von Rowohlt und ihrem Team danke für den Glauben an dieses Buch und die Bereitschaft, mit mir so viele Runden über Text, Cover und jedes noch so kleine Detail zu drehen.

Außerdem danke Dr. Markus Pawelzik für den weisen Blick zum Schluss, Lukas Klaschinski für die tiefen(psychologischen) Gespräche, Friedemann Findeisen für «what? so what? now what?», Atze Schröder für die stundenlangen Spaziergänge durch die Welt der Gefühle, Heiko Neumann und Anne Bodil Wohlert vom PR-Team dafür, dass man von diesem Buch hört, meiner WG für die Abendessen und Diskussionen und Nina Wewers und der MS-Günther-Crew dafür, dass es in unserer Firma ohne mich besser läuft denn je.

NACHSATZ

Mit Begeisterung habe ich am Ende des Buches *Homo Deus* von Professor Yuval Noah Harari von einem ganz transparenten Umgang mit möglichen Fehlern gelesen. Den schaue ich mir gerne ab:

Beim Schreiben dieses Buches habe ich mich nach besten Kräften bemüht, die aktuellsten Quellen, die bestinformierten Forschenden und valide Fakten zu verwenden. Doch wie bei allen menschlichen Unternehmungen sind Fehler unvermeidlich. Trotz der größten Anstrengung meiner Lektorinnen und mir kann mein Text Fehler enthalten, und außerdem entwickelt sich die Forschung im Bereich der Emotionen und Gefühle derzeit besonders rasant weiter.

Ich bin Ihnen deshalb dankbar, wenn Sie dieses Buch auch in dem Wissen lesen, dass in der Wissenschaft nichts in Stein gemeißelt sein darf und Einsichten immer wieder kritisch überprüft, angepasst und auch verworfen werden. Sollten Sie einen Fehler entdecken, schreiben Sie mir an:

kontakt@leonwindscheid.de

Was mich erreicht und fundiert dargelegt werden kann, werde ich auf meiner Website unter leonwindscheid.de/errata veröffentlichen und in möglichen weiteren Auflagen korrigieren.

ICH LADE SIE EIN

Reisen wir zusammen weiter?

Ich habe WeMynd gegründet, um psychologische Themen und Impulse aus der Forschung in Ihren Alltag zu übertragen. In mehreren Wochen ergründen wir in verschiedenen Onlinekursen Ihre ganz eigenen Gefühlswelten. Die Einsichten aus diesem Buch in Ihren Alltag zu übertragen und praktisch zu vertiefen, ist unser Ziel.

Welche Ängste bestimmen mein Leben? Und wie kann ich mich ihnen nähern, sie für mich zu nutzen lernen?

Woher weiß ich, dass ich wirklich verliebt bin? Und wie gelingt es mir, in meiner Beziehung langfristig verliebt zu bleiben?

Wie gelingt es abzuschalten, um innerlich zur Ruhe zu kommen? Und wie schärfe ich meinen Fokus und meine Konzentration in dieser hektischen Welt?

Welche Emotionen verstecken sich hinter meiner Wut? Und wie kann ich aus «negativem» Zorn positive Kraft für mich ziehen?

Was schützt mich davor auszubrennen? Und wie gelingt es mir, rote Linien gegen das «Zuviel» von Stress und Arbeit zu ziehen?

Wie bremse ich mein Verlangen nach dem schnellen Glück? Und was fehlt mir zur tiefen Zufriedenheit?

Meine MASTER CLASS liefert wissenschaftlich fundierte Antworten und ist gleichzeitig ganz persönlich – nah am Leben, an Ihrem Leben! Wählen Sie aus den verschiedenen Themen, was Sie am meisten interessiert! Im KLUB behandeln wir gemeinsam aktuelle und pulsierende Themen aus der Welt der Psychologie und der Gefühle, die uns alle umtreiben: die Überwindung toxischer Beziehungen, das Stoppen von Grübelschleifen oder die Fähigkeit, sich aus Selbstzweifeln zu lösen. Für diese und viele weitere Themen gibt der Klub fundierte Anregungen, um kontinuierliche persönliche Weiterentwicklung zu ermöglichen.

Sie können sich jederzeit auf meiner Seite **www.wemynd.de** um einen Platz für die Teilnahme bewerben. Es bedarf dazu keiner Vorkenntnisse. Neugier auf die eigenen Gefühle und die Lust, etwas in Ihrem Leben zu verändern, genügen. Es erwarten Sie praktische Übungen in einem umfangreichen Workbook, Video-Sessions mit Erläuterungen und Impulsen, Fragebogen, exklusive Podcasts, die Denkanstöße setzen, und der Austausch mit den anderen Teilnehmenden und einer wunderbaren Community.

Die gemeinsamen Wochen werden intensiv, doch Sie bestimmen das Tempo vollkommen frei. Ich verspreche Ihnen vor allem eins: eine gute Zeit.

Ich würde mich freuen, von Ihnen zu hören.

Bis bald, Ihr

Leon W.

MEHR VON LEON

BETREUTES FÜHLEN

«Junge, du bist enterbt.» Das ist die Antwort, die man als Doppellehrerkind bekommt, wenn man einen Podcast mit Atze Schröder ankündigt. Mittlerweile gibt es über 200 Folgen, und man munkelt, dass auch Leons Eltern manchmal reinhören.

LEON LIVE
DAS BUCH ENDET,
DIE TOUR BEGINNT.

Wir müssen im Job, im Bett und auf der Yogamatte funktionieren. Jedes Kind ist hochbegabt, keiner will Falten, Therapie brauchen nur Versager. Der Anspruch unserer Zeit lautet Perfektion. Das tut uns nicht gut, und trotzdem hecheln wir weiter im Hamsterrad. Wie geht das besser? Wie gelingt ein gutes Leben in einer Zeit, die zu viel von uns will? Auf seiner letzten Live-Tour begeisterte er über 100 000 Menschen in ausverkauften Hallen. Jetzt geht Leon Windscheid mit seinem neuen Programm «ALLES PERFEKT» auf Tour. Tickets überall, wo es Tickets gibt, und unter www.leonwindscheid.de.

Dr. Leon Windscheid
Besser fühlen – Das Workbook

Ihnen hat dieses Buch gefallen? Dann starten Sie Ihre ganz persönliche Reise mit Leons neuem Workbook.

320 Seiten

Innere Ruhe, mentale Kraft und eine gesunde Psyche: Dazu kann man selbst viel beitragen! Davon ist Spiegel-Bestsellerautor und Psychologe Dr. Leon Windscheid überzeugt. In seinem Workbook zum Erfolgsbuch «Besser fühlen» hilft er uns, in dieser hektischen Welt einen neuen Umgang mit uns selbst und unseren Gefühlen zu erlangen. Das Buch ist wie ein Werkzeugkoffer. Viele Tools, Übungen und Impulse ermöglichen es, sich selbst besser kennenzulernen und Lösungen für individuelle Problemlagen zu finden. Dabei funktioniert es wie eine Landkarte zur Reise entlang der großen Gefühle des Lebens wie Liebe, Angst oder Zufriedenheit. Wer seine Emotionen wirklich versteht, ist klar im Vorteil!

Zahlreiche Fragebogen und wissenschaftlich fundierte Denkanstöße machen das Workbook zu einem Wegbegleiter, den man immer wieder aufschlagen kann.

Weitere Informationen finden Sie unter **rowohlt.de**

ANMERKUNGEN

DIE KARTE ZUR REISE
WARUM WIR FÜHLEN

1 McKinney et al. (2020). International Evaluation of an AI system for Breast Cancer Screening. Nature.

DAS BABY UND DAS MONSTER
ÜBER DIE GUTEN SEITEN DER ANGST

1 Montaigne, Michel de (1998): Essais. Erste moderne Gesamtübersetzung von Hans Stilett (erschienen als Sonderband der Anderen Bibliothek im Eichborn Verlag, Frankfurt am Main, © AB – Die Andere Bibliothek GmbH & Co. KG, Berlin 1998, 2011.

2 Jerome Kagan hat mir die Details des Versuchs in unserem Gespräch berichtet. Ein genauer Bericht, aus dem auch die Jahreszahl stammt, findet sich in: Marantz Henig (10.04.2009). Understanding the Anxious Mind. The New York Times Magazine.

3 R+V-Infocenter. (2020). Die sieben größten Ängste der Deutschen 2020. Abgerufen am 14.12.2020 unter: ruv.de/static-files/ruvde/images/presse/StaticFiles_Auto/ruv-aengste-top-seven.jpg

4 Global Burden of Disease Collaborative Network. (2018). Global Burden of Disease Study 2017 (GBD 2017) Results. Seattle, United States: Institute for Health Metrics and Evaluation (IHME).

5 Bandelow & Michaelis. (2015). Epidemiology of Anxiety Disorders in the 21st Century. Dialogues in Clinical Neuroscience.

6 Klüver & Bucy. (1939). Preliminary Analysis of Functions of the Temporal Lobes in Monkeys. Archives of Neurology and Psychiatry.

7 Hoehl et al. (2017). Itsy Bitsy Spider ...: Infants React with Increased Arousal to Spiders and Snakes. Frontiers in Psychology.

8 Hanson. (2013). Hardwiring Happiness: The Practical Science of Reshaping Your Brain – and your life. Rider Books.

9 Our World in Data. (2007–2017). How many People are Killed by Terrorists Worldwide? Abgerufen am 01.10.2020, unter https://ourworldindata.org/terrorism#how-many-people-are-killed-by-terrorists-worldwide.

10 WHO. (17.05.2017). Cardiovascular Diseases (CVDs). Abgerufen am 01.10.2020, unter who.int/en/news-room/fact-sheets/detail/cardiovascular-diseases-(cvds)

11 Werte für Deutschland, USA und Großbritannien: Statista. 31.05.2020. Share of Per-

sons Most Worried about the COVID-19/Coronavirus Pandemic in the United States, United Kingdom and Germany. Abgerufen am 14.12.2020, unter statista.com/statistics/1105848/covid-19-pandemic-share-of-most-worried-persons-in-selected-countries/ Werte für Deutschland: Statista. (15.09.2020). Was beschreibt am besten Ihre Gefühle in Bezug auf eine Ansteckung mit dem Coronavirus (COVID-19)? Abgerufen am 14.12.2020, unter de.statista.com/statistik/daten/studie/1119217/umfrage/umfrage-in-deutschland-zu-angst-vor-ansteckung-mit-dem-coronavirus/

12 Kagan & Snidman. (2009). The Long Shadow of Temperament. Harvard University Press.

13 In diesem Buch liefert Kagan eine ausführliche Diskussion des Begriffs «Temperament»: Kagan. (2018). Galen's Prophecy: Temperament In Human Nature. Routledge.

14 Die Ergebnisse werden hier zusammengefasst: s. Kagan & Snidman. (2009).

15 Schwartz et al. (2010). Structural Differences in Adult Orbital and Ventromedial Prefrontal Cortex Predicted by Infant Temperament at 4 Months of Age. Archives of General Psychiatry. Dass Baby 19 auch dabei ist, erzählt Schwartz hier im Interview: s. Kagan & Snidman. (2009).

16 Schwartz et al. (2003). Inhibited and Uninhibited Infants «Grown up»: Adult Amygdalar Response to Novelty. Science.

17 Schwartz et al. (2010).

18 Keller et al. (2012). Does the Perception that Stress Affects Health Matter? The Association with Health and Mortality. Health Psychology.

19 Brooks. (2014). Get Excited: Reappraising Pre-Performance Anxiety as Excitement. Journal of Experimental Psychology: General.

20 Ebd.

21 Tallis et al. (1994). The Phenomenology of Non-pathological Worry: A Preliminary Investigation. In: Davey & Tallis (Eds.). Worrying. Perspectives on Theory, Assessment, and Treatment. Wiley; Gonçalves & Byrne. (2013). Who Worries Most? Worry prevalence and Patterns across the Lifespan. International Journal of Geriatric Psychiatry.

22 Kim & Newman. (2019). The paradox of relaxation training: Relaxation induced anxiety and mediation effects of negative contrast sensitivity in generalized anxiety disorder and major depressive disorder. Journal of Affective Disorders.

23 Abbildung adaptiert nach: Becker & Margraf. (2017). Vor lauter Sorgen ... Programm PVU Psychologie Verlagsgruppe in der Verlagsgruppe Beltz. Weinheim/Basel.

24 Ebd.

25 Zoogman et al. (2015). Mindfulness Interventions with Youth: A Meta-analysis. Mindfulness; Ledesma & Kumano. (2009). Mindfulness-based stress reduction and Cancer: a Meta-analysis. Psycho-Oncology: Journal of the Psychological, Social and Behavioral Dimensions of Cancer; Kuyken et al. (2015). Effectiveness and Cost-effectiveness of Mindfulness-based Cognitive Therapy Compared with Maintenance Antidepressant Treatment in the Prevention of Depressive Relapse or Recurrence (PREVENT): a randomised controlled trial. The Lancet.

26 Hofmann et al. (2010). The Effect of Mindfulness-based Therapy on Anxiety and Depression: A Meta-analytic Review. Journal of Consulting and Clinical Psychology.

DIE RÜCKKEHR DER SCHMETTERLINGE
VERLIEBT SEIN BIS ZUM LETZTEN TAG

1 Dutton & Aron. (1974). Some Evidence for Heightened Sexual Attraction under Conditions of High Anxiety. Journal of Personality and Social Psychology.

2 Acevedo & Aron. (2014). Romantic Love, Pair-bonding, and the Dopaminergic Reward System. In: Mikulincer & Shaver (Eds.). The Herzliya Series on Personality and Social Psychology. Mechanisms of Social Connection: From Brain to Group. American Psychological Association.

3 Shohat-Ophir et al. (2012). Sexual Deprivation Increases Ethanol Intake in Drosophila. Science.

4 De Boer et al. (2012). Love is more than just a kiss: a neurobiological perspective on love and affection. Neuroscience.

5 Ebd.

6 IsHak et al. (2011). Oxytocin Role in Enhancing Well-being: a Literature Review. Journal of Affective Disorders.

7 Young & Wang. (2004). The Neurobiology of Pair Bonding. Nature Neuroscience.

8 Walcott & Ryabinin. (2017). Alcohol's Effects on Pair-bond Maintenance in Male Prairie Voles. Frontiers in Psychiatry.

9 Cormier. (02.06.2013). Gene Switches make Prairie Voles fall in Love. Abgerufen am 16.12.20, unter nature.com/news/gene-switches-make-prairie-voles-fall-in-love-1.13112

10 Acevedo & Aron. (2009). Does a Long-term Relationship Kill Romantic Love?. Review of General Psychology.

11 Acevedo et al. (2012). Neural Correlates of Long-term Intense Romantic Love. Social Cognitive and Affective Neuroscience.

12 https://www.elsevier.com/connect/anthropologist-and-love-expert-helen-fisher-on-the-mysteries-of-love

13 Aron & Aron. (1996). Love and Expansion of the Self: The State of the Model. Personal Relationships. Außerdem liefert dieses großartige Buch über die Liebe in Kapitel 1 einen guten Einstieg zum Modell: Aron & Tomlinson. (2019). Love as Expansion of the Self. In: Sternberg & Sternberg (Eds.). The New Psychology of Love. Cambridge University Press.

14 Aron et al. (1995). Falling in Love: Prospective Studies of Self-concept Change. Journal of Personality and Social Psychology.

15 Fredrickson. (2004). The Broaden-and-build Theory of Positive Emotions. Philosophical Transactions of the Royal Society of London. Series B: Biological Sciences.

16 Aron et al. (1992). Inclusion of Other in the Self Scale and the Structure of Interpersonal Closeness. Journal of Personality and Social Psychology.

17 Cheng et al. (2010). Love Hurts: an fMRI study. Neuroimage.

18 Coan, J. A., Schaefer, H. S., & Davidson, R. J. (2006). Lending a Hand: Social Regulation of the Neural Response to Threat. Psychological Science, 17(12), 1032–1039.

19 Aron et al. (2013). The Self-expansion Model of Motivation and Cognition in Close Relationships. In: Simpson & Campbell (Eds.). Oxford Library of Psychology. The Oxford Handbook of Close Relationships. Oxford University Press.

20 Reissman et al. (1993). Shared Activities and Marital Satisfaction: Causal Direction and Self-expansion versus Boredom. Journal of Social and Personal Relationships.

21 Beschrieben in: Gottman & Gottman. (2008). Method Couple Therapy. In: Gurman (Ed.). CliniCal Handbook of Couple Therapy (4th ed.).
22 Gottman & Levenson. (1992). Marital Processes Predictive of Later Dissolution: Behavior, Physiology, and Health. Journal of Personality and Social Psychology.
23 https://observer.com/2017/07/how-to-have-an-amazing-relationship-seven-secrets-from-research-communication-connection-albert-ellis/
24 Loving & Slatcher. (2013). Romantic Relationships and Health. In: Simpson & Campbell (Eds.). Oxford Library of Psychology. Oxford University Press; Kim & Hatfield. (2004). Love Types and Subjective Well-being: A Cross-cultural Study. Social Behavior and Personality: an international journal; Markey et al. (2007). Romantic Relationships and Health: An Examination of Individuals' Perceptions of Their Romantic Partners' Influences on Their Health. Sex Roles.

EINE KURZE LANGE WEILE

WIE WIR DIE RASENDE ZEIT BREMSEN

1 Wilson et al. (2014). Just Think: The Challenges of the Disengaged Mind: Science.
2 Johnson. (03.07.2014). People Prefer Electric Shocks to Time Alone with Thoughts. The Boston Globe.
3 Chu. (16.12.2020). New Type of Atomic Clock Keeps Time Even More Precisely. Abgerufen am 11.01.2021, unter https://news.mit.edu/2020/atomic-clock-time-precise-1216.
4 Eagleman. (21.06.2016). BBC Ideas – The Time-bending Power of Your Brain von BBC Ideas. Abgerufen am 16.12.2020, unter youtube.com/watch?v=T1AK8gJRUJo.
5 Stetson et al. (2007). Does Time Really Slow Down During a Frightening Event? PLOS ONE.
6 Abbildung adaptiert nach: Wittmann, M. (2012). Gefühlte Zeit: Kleine Psychologie des Zeitempfindens. C.H. Beck.
7 Brodsky & Amabile. (2018). The Downside of Downtime: The Prevalence and Work Pacing Consequences of Idle Time at Work. Journal of Applied Psychology.
8 INRIX 2019 Global Traffic Scorecard. Abgerufen am 16.12.20, unter inrix.com/scorecard/.
9 Eastwood et al. (2012). The Unengaged Mind: Defining Boredom in Terms of Attention. Perspectives on Psychological Science.
10 Elpidorou. (2018). The Good of Boredom. Philosophical Psychology.
11 Van Tilburg & Igou. (2012). On Boredom. Lack of Challenge and Meaning as Distinct Boredom Experiences. Motivation and Emotion.
12 Gasper & Middlewood. (2014). Approaching Novel Thoughts: Understanding Why Elation and Boredom Promote Associative Thought More than Distress and Relaxation. Journal of Experimental Social Psychology; Park et al. (2019). Why Being Bored Might Not Be a Bad Thing after All. Academy of Management Discoveries; Mann & Cadman. (2014). Does Being Bored Make Us More Creative?, Creativity Research Journal.
13 Elpidorou (2014). The Bright Side of Boredom. Frontiers in Psychology.
14 Tsapelas et al. (2009). Marital Boredom Now Predicts Less Satisfaction 9 Years Later. Psychological Science.
15 Raffaelli et al. (2018). The Knowns and Unknowns of Boredom: A Review of the Lit-

erature. Experimental Brain Research; Mak et al. (2017). The Default Mode Network in Healthy Individuals: a Systematic Review and Meta-analysis. Brain Connectivity.

16 Safranski. (2015). Zeit. Was sie mit uns macht und was wir aus ihr machen. Carl Hanser Verlag.

17 Maul. (2008). Walking Backwards Into the Future. The Conception of Time in the Ancient Near East. In: Miller (Ed.). Given World and Time. Temporalities in Context. Central European University Press.

DIE VIELEN TÖNE DES ROTS

WOHIN MIT UNSERER WUT?

1 Freedomways: A Quarterly Review of the Negro Freedom Movement, zusammengestellt in: Esther Cooper Jackson (Hg.), Freedomways Reader: Prophets in Their Own Country, S. 36.

2 Gandhi. (2017). Wut ist ein Geschenk. Das Vermächtnis meines Großvaters Mahatma Gandhi. DuMont.

3 Strafgesetzbuch. Besonderer Teil (§§ 80–358), 16. Abschnitt Straftaten gegen das Leben § 213.

4 Barrett. (2017). How Emotions Are Made: The Secret Life of the Brain. Houghton Mifflin Harcourt. Worum es geht, fasst Feldman Barrett sehr anschaulich in diesem Talk zusammen: ted.com/talks/lisa_feldman_barrett_you_aren_t_at_the_mercy_of_your_emotions_your_brain_creates_them?language=de

5 Gendron et al. (2018). Universality Reconsidered: Diversity in Making Meaning of Facial Expressions. Current Directions in Psychological Science; Gendron et al. (2020). Emotion Perception in Hadza Hunter-Gatherers. Scientific Reports.

6 Jack et al. (2012). Facial Expressions of Emotion Are Not Culturally Universal. Proceedings of the National Academy of Sciences; Elfenbein & Ambady. (2002). On the Universality and Cultural Specificity of Emotion Recognition: a Meta-analysis. Psychological Bulletin.

7 Feldman Barrett (2017). How Emotions Are Made: The Secret Life of the Brain. Houghton Mifflin Harcourt. (Kapitel 1 The search for Emotion's Fingerprints).

8 Hier führt Feldman Barrett die vier Meta-Analysen aus und beschreibt sie im Detail: Feldman Barrett. (2017). Peripheral Physiological Changes During Emotion. Abgerufen am 16.12.20, unter how-emotions-are-made.com/notes/Peripheral_physiological_changes_during_emotion
Zu den vier Meta-Analysen siehe: Cacioppo. (2000). The Psychophysiology of Emotion. In: Lewis & Haviland-Jones (Eds.). Handbook of Emotions (2nd ed.). Guilford Press; Stemmler. (2004). Physiological Processes During Emotion. In: Philippot & Feldman (Eds.). The Regulation of Emotion. Lawrence Erlbaum & Associates; Lench et al. (2011). Discrete Emotions Predict Changes in Cognition, Judgment, Experience, Behavior, and Physiology: a Meta-analysis of Experimental Emotion Elicitations. Psychological Bulletin; Siegel et al. (2018). Emotion Fingerprints or Emotion Populations? A Meta-analytic Investigation of Autonomic Features of Emotion Categories. Psychological Bulletin.

9 Feldman Barrett. (2017). How Emotions are Made: The Secret Life of the Brain. Houghton Mifflin Harcourt.

10 Veenstra et al. (2018). The Facts on the Furious: a Brief Review of the Psychology of Trait Anger. Current Opinion in Psychology.
11 Wilkowski & Robinson. (2010). The Anatomy of Anger: An Integrative Cognitive Model of Trait Anger and Reactive Aggression. Journal of Personality.
12 Kerr & Schneider. (2008). Anger Expression in Children and Adolescents: A Review of the Empirical Literature. Clinical Psychology Review.
13 Kring. (2000). Gender and Anger. Cambridge University Press.
14 Becker. (2007). The Confounded Nature of Angry Men and Happy Women. Journal of Personality and Social Psychology.
15 Hess. (2009). Face Gender and Emotion Expression: Are Angry Women More like Men? Journal of Vision.
16 Cole et al. (2003). Mutual Emotion Regulation and the Stability of Conduct Problems between Preschool and Early School Age. Development and Psychopathology.
17 Tasca et al. (2012). Women and Hysteria in the History of Mental Health. Clinical Practice and Epidemiology in Mental Health. Maines. (2001). The Technology of Orgasm: «Hysteria», the Vibrator, and Women's Sexual Satisfaction. Johns Hopkins University Press; North. (2015). The Classification of Hysteria and Related Disorders: Historical and Phenomenological Considerations. Behavioral Sciences.
18 Del Vecchio & O'Leary. (2004). Effectiveness of Anger Treatments for Specific Anger Problems: A Meta-analytic Review. Clinical Psychology Review; Chervonsky & Hunt. (2017). Suppression and Expression of Emotion in Social and Interpersonal Outcomes: A Meta-analysis. Emotion.
19 Butler et al. (2003). The Social Consequences of Expressive Suppression. Emotion.
20 Doucleff. (28.01.2019). Got Anger? Try Naming It To Tame It. National Public Radio. Abgerufen am 03.07.2020, unter npr.org/sections/health-shots/2019/01/28/688180879/got-anger-try-naming-it-to-tame-it?t=1593783723612
21 Feldman Barrett. (21.06.2018). Try These Two Smart Techniques to Help You Master your Emotions. TED. Abgerufen am 03.07.2020, unter ideas.ted.com/try-these-two-smart-techniques-to-help-you-master-your-emotions/
22 Feldman Barrett et al. (2001). Knowing What You're Feeling and Knowing What to Do About It: Mapping the Relation between Emotion Differentiation and Emotion Regulation. Cognition and Emotion.
23 Hagelskamp et al. (2013). Improving Classroom Quality with the RULER Approach to Social and Emotional Learning: Proximal and Distal Outcomes. American Journal of Community Psychology.
24 Pond. (2012). Emotion Differentiation Moderates Aggressive Tendencies in Angry People: A Daily Diary Analysis. Emotion.
25 Demiralp et al. (2012). Feeling Blue or Turquoise? Emotional Differentiation in Major Depressive Disorder. Psychological Science; Kashdan & Farmer. (2014). Differentiating Emotions Across Contexts: Comparing Adults with and without Social Anxiety Disorder Using Random, Social Interaction, and Daily Experience Sampling. Emotion.
26 Adam & Brett. (2018). Everything in Moderation: The Social Effects of Anger Depend on its Perceived Intensity. Journal of Experimental Social Psychology.
27 Bushman. (2002). Does Venting Anger Feed or Extinguish the Flame? Catharsis, Rumination, Distraction, Anger, and Aggressive Responding. Personality and Social Psychology Bulletin.

28 Mischkowski et al. (2012). Flies on the Wall are Less Aggressive: Self-distancing «in the Heat of the Moment» Reduces Aggressive Thoughts, Angry Feelings and Aggressive Behavior. Journal of Experimental Social Psychology.
29 Siehe Endnote 2, Gandhi.

GELBE SUPPE FÜRS GEHIRN
ZURÜCK ZU EINEM GESUNDEN HUNGER

1 Zhang et al. (2012). Should We Standardize the 1,700-year-old Fecal Microbiota Transplantation? The American Journal of Gastroenterology.
2 Pinel et al. (2018). Biopsychologie 10. Pearson Studium.
3 Ebd.
4 Wansink et al. (2005). Bottomless Bowls: Why Visual Cues of Portion Size May Influence Intake. Obesity Research.
5 DellaValle et al. (2005). Does the Consumption of Caloric and Non-caloric Beverages with a Meal Affect Energy Intake? Appetite; Maersk et al. (2012). Satiety Scores and Satiety Hormone Response after Sucrose-sweetened Soft Drink Compared with Isocaloric Semi-skimmed Milk and with Non-caloric Soft Drink: a Controlled Trial. European Journal of Clinical Nutrition.
6 Ruddock et al. (2019). A Systematic Review and Meta-analysis of the Social Facilitation of Eating. The American Journal of Clinical Nutrition.
7 Pinel et al. (2000). Hunger, Eating, and Ill Health. American Psychologist.
8 MacCormack & Lindquist. (2019). Feeling Hangry? When Hunger is Conceptualized as Emotion. Emotion.
9 Kullmann et al. (2017). Intranasal Insulin Enhances Brain Functional Connectivity Mediating the Relationship between Adiposity and Subjective Feeling of Hunger. Scientific Reports.
10 Eine Übersicht zum Einfluss der Hormone liefern unter anderem Erlanson-Albertsson. (2005). How Palatable Food Disrupts Appetite Regulation. Basic & Clinical Pharmacology & Toxicology; Perry & Wang. (2012). Appetite Regulation and Weight Control: the Role of Gut Hormones. Nutrition & Diabetes.
11 O'Brien et al. (2017). Neurological Consequences of Obesity. The Lancet Neurology.
12 Siehe Pinel (2018).
13 McDonald's. Abgerufen am 27.10.2020, unter mcdonalds.com/gb/en-gb/help/faq/18908-do-mcdonalds-burgers-contain-beef-from-lots-of-different-cows.html
14 Karl. (2003). Farbstoffgehalte in Lachsersatzprodukten aus Seelachs und Alaska-Seelachs und Veränderungen bei Lagerung im Kühlschrank. Informationen für die Fischwirtschaft aus der Fischereiforschung.
15 NDR Visite. (12.04.2016). Fisch: Lachsrote Farbzusätze sind schädlich. NDR. Abgerufen am 27.10.2020, unter ndr.de/ratgeber/gesundheit/Fisch-Lachsrote-Farbzusaetze-sind-schaedlich,lachs416.html.
16 Berichtet unter anderem hier: Wachter. (27.08.2015). Kann dieser Aufstrich ADHS bei Kindern auslösen? Stern. Abgerufen am 11.01.2021, unter stern.de/genuss/essen/aufregung-bei-facebook-kann-dieser-lachs-brotaufstrich-adhs-ausloesen–6419180.html; wie auch: Kienscherf. (01.09.2015). Kann ein Fisch-Brotaufstrich ADHS auslösen? Neue Osnabrücker Zeitung.

17 Zu finden auf: Greenpeace Media. (19.02.2019). Pink Lady. Warum eine Apfelwerbung sauer aufstößt. Abgerufen am 11.01.2021, unter greenpeace-magazin.de/nachrichten/pink-lady-warum-eine-apfelwerbung-sauer-aufstoesst.
Laryea & Wielandt. (03.10.2020). Der wahre Preis für den perfekten Apfel. Abgerufen am 16.12.20, unter zdf.de/dokumentation/zdfzoom/der-wahre-preis-fuer-den-perfekten-apfel-100.html

18 Becker & Tölle. (11.06.2019). Äpfel im Test: Pestizidbelastung und Klimabilanz gecheckt. ÖKO-TEST September 2018. Abgerufen am 16.12.20, unter oekotest.de/essen-trinken/Aepfel-im-Test-Pestizidbelastung-und-Klimabilanz-gecheckt_111386_1.html#productList

19 FAO. (2011). Global food losses and food waste – Extent, causes and prevention. Rome.

20 Obesity and overwight. (01.04.2020). Abgerufen am 16.12.20, unter who.int/news-room/fact-sheets/detail/obesity-and-overweight

21 UN Report (17.07.2019). World Hunger is Still Not Going Down after Three Years and Obesity is Still Growing. Abgerufen am 16.12.20, unter who.int/news-room/detail/15-07-2019-world-hunger-is-still-not-going-down-after-three-years-and-obesity-is-still-growing-un-report
Welthungerhilfe. (22.11.2020). Hunger: Verbreitung, Ursachen & Folgen. Abgerufen am 16.12.20, unter welthungerhilfe.de/hunger

22 Statista. (05.10.2020). Todesfälle aufgrund von Essstörungen in Deutschland nach Diagnose in den Jahren 2016 bis 2018. Abgerufen am 11.01.2021, unter https://de.statista.com/statistik/daten/studie/497296/umfrage/todesfaelle-durch-essstoerungen-nach-diagnose/

23 Bundeszentrale für gesundheitliche Aufklärung. (2020). Wie häufig sind Essstörungen? Abgerufen am 16.12.20, unter bzga-essstoerungen.de/habe-ich-eine-essstoerung/wie-haeufig-sind-essstoerungen/#c755

24 Wansink & Sobal. (2007). Mindless Eating: The 200 Daily Food Decisions We Overlook. Environment and Behavior.

25 Bakken et al. (2011). Treating Clostridium Difficile Infection with Fecal Microbiota Transplantation. Clinical Gastroenterology and Hepatology.

26 Terveer et al. (2017). How to: Establish and Run a Stool Bank. Clinical Microbiology and Infection; Feltman. (29.01.2015). You Can Earn $13,000 a Year Selling Your Poop. Washington Post. Abgerufen am 11.01.2021, unter https://www.washingtonpost.com/news/speaking-of-science/wp/2015/01/29/you-can-earn-13000-a-year-selling-your-poop/

27 Sender et al. (2016). Revised Estimates for the Number of Human and Bacteria Cells in the Body. PLOS Biology.

28 Cammarota et al. (2014). Fecal Microbiota Transplantation for the Treatment of Clostridium Difficile Infection: a Systematic Review. Journal of Clinical Gastroenterology.

29 Kelly et al. (2016). Transferring the Blues: Depression-associated Gut Microbiota Induces Neurobehavioral Changes in the Rat. Journal of Psychiatric Research; Zheng et al. (2016). Gut Microbiome Remodeling Induces Depressive-like Behaviors Through a Pathway Mediated by the Host's Metabolism. Molecular Psychiatry.

30 Long-Smith et al. (2020). Microbiota-Gut-Brain Axis: New Therapeutic Opportunities. Annual Review of Pharmacology and Toxicology. Dinan & Cryan. (2017). The Microbiome-gut-brain Axis in Health and Disease. Gastroenterology Clinics.

31 Fetissov. (2017). Role of the Gut Microbiota in Host Appetite Control: Bacterial Growth to Animal Feeding Behavior. Nature Reviews Endocrinology.

32 Zu Fruchtfliegen: Leitão-Gonçalves et al. (2017). Commensal Bacteria and Essential Amino Acids Control Food Choice Behavior and Reproduction. PLOS Biology.
Zu Schweinen: Yang et al. (2018). Evaluating the Profound Effect of Gut Microbiome on Host Appetite in Pigs. BMC Microbiology.

33 Alcock et al. (2014). Is Eating Behavior Manipulated by the Gastrointestinal Microbiota? Evolutionary Pressures and Potential Mechanisms. Bioessays.

34 Swartz et al. (2012). Up-regulation of Intestinal Type 1 Taste Receptor 3 and Sodium Glucose Luminal Transporter-1 Expression and Increased Sucrose Intake in Mice Lacking Gut Microbiota. British Journal of Nutrition.

35 van de Wouw et al. (2017). Microbiota-gut-brain Axis: Modulator of Host Metabolism and Appetite. The Journal of Nutrition.

36 Jacka et al. (2017). A Randomised Controlled Trial of Dietary Improvement for Adults with Major Depression (the ‹SMILES› trial). BMC Medicine.

37 Mosca et al. (2016). Gut Microbiota Diversity and Human Diseases: Should We Reintroduce Key Predators in our Ecosystem? Frontiers in Microbiology; Long-Smith et al. (2020). Microbiota-gut-brain Axis: New Therapeutic Opportunities. Annual Review of Pharmacology and Toxicology.

38 Guarner & Malagelada. (2003). Gut Flora in Health and Disease. The Lancet.

39 Oriach et al. (2016). Food for Thought: The Role of Nutrition in the Microbiota-gut-brain Axis. Clinical Nutrition Experimental.

40 Siehe hierzu auch: Suez et al. (2015). Non-caloric Artificial Sweeteners and the Microbiome: Findings and Challenges. Gut Microbes; Zinöcker & Lindseth. (2018). The Western Diet-Microbiome-Host Interaction and Its Role in Metabolic Disease. Nutrients.

41 Foster et al. (2017). Stress & the Gut-brain axis: Regulation by the Microbiome. Neurobiology of Stress; Moloney et al. (2014). The Microbiome: Stress, Health and Disease. Mammalian Genome.

42 WHO. (2020). Promoting Fruit and Vegetable Consumption Around the World. Abgerufen am 11. 01. 2021, unter who.int/dietphysicalactivity/fruit/en/

43 Wansink & Sobal. (2007). Mindless Eating: The 200 Daily Food Decisions We Overlook. Environment and Behavior.

44 Wansink & Wansink. (2010). The Largest Last Supper: Depictions of Food Portions and Plate Size Increased Over the Millennium. International Journal of Obesity.

45 Siehe Endnote 2.

46 Harris et al. (1933). Appetite and Choice of Diet. The Ability of the Vitamin B Deficient Rat to Discriminate between Diets Containing and Lacking the Vitamin. Proceedings of the Royal Society of London.

47 Wansink et al. (2007). Internal and External Cues of Meal Cessation: the French Paradox Redux? Obesity.

48 Greaves. (2018). Regional Differences in the Mid-Victorian Diet and Their Impact on Health. JRSM Open; Clayton & Rowbotham. (2008). An Unsuitable and Degraded Diet? Part One: Public Health Lessons from the Mid-Victorian Working Class Diet. Journal of the Royal Society of Medicine.

DIE ZWEI SEITEN DES TSEWA
ANTRIEB AUS SELBSTMITGEFÜHL

1 His Holiness the Dalai Lama. (2002). Understanding Our Fundamental Nature. His Holiness the Dalai Lama. Dialogues, part 1: Fundamental Questions. In: Davidson & Harrington (Eds.). Visions of Compassion: Western Scientists and Tibetan Buddhists Examine Human Nature. Oxford University Press.

2 Zahn-Waxler et al. (1992). Development of Concern for Others. Developmental Psychology.

3 Neff. (2011). Self-compassion: The Proven Power of Being Kind to Yourself. Harper Collins.

4 Neff. (2003). The Development and Validation of a Scale to Measure Self-compassion. Self and Identity.

5 Neff. (2003). Self-compassion: An Alternative Conceptualization of a Healthy Attitude Toward Oneself. Self and Identity.

6 Hupfeld & Ruffieux. (2011). Validierung einer deutschen Version der Self-Compassion Scale (SCS-D). Zeitschrift für Klinische Psychologie und Psychotherapie.

7 Germer & Neff. (2015). Cultivating Self-compassion in Trauma Survivors. Mindfulness-Oriented Interventions for Trauma: Integrating Contemplative Practices. American Psychological Association.

8 Charmaz. (1980). The Social Construction of Self-pity in the Chronically ILl. Studies in Symbolic Interaction.

9 Stöber. (2003). Self-pity: Exploring the Links to Personality, Control Beliefs, and Anger. Journal of Personality.

10 Kröner-Herwig. (1988). Bewertung der Effizienz von Bewältigungsverhalten am Beispiel der Stressverarbeitungsmaßnahmen aus dem SVF. Zeitschrift für Differentielle und Diagnostische Psychologie.

11 Raes. (2010). Rumination and Worry as Mediators of the Relationship between Self-compassion and Depression and Anxiety. Personality and Individual Differences.

12 Neff et al. (2005). Self-compassion, Achievement Goals, and Coping with Academic Failure. Self and Identity.

13 Brown et al. (2019). Self-compassionate Aging: A Systematic Review. The Gerontologist.

14 Sbarra. (2012). When Leaving Your Ex, Love Yourself: Observational Ratings of Self-compassion Predict the Course of Emotional Recovery Following Marital Separation. Psychological Science.

15 Thompson & Waltz. (2008). Self-compassion and PTSD Symptom Severity. Journal of Traumatic Stress: Official Publication of The International Society for Traumatic Stress Studies; Tanaka et al. (2011). The Linkages Among Childhood Maltreatment, Adolescent Mental Health, and Self-compassion in Child Welfare Adolescents. Child Abuse & Neglect; Vettese et al. (2011). Does Self-compassion Mitigate the Association between Childhood Maltreatment and Later Emotion Regulation Difficulties? A Preliminary Investigation. International Journal of Mental Health and Addiction.

16 Barnard & Curry. (2011). Self-compassion: Conceptualizations, Correlates, & Interventions. Review of General Psychology.
Zu Stress: Chishima et al. (2018). The Influence of Self-compassion on Cognitive Appraisals and Coping with Stressful events. Mindfulness.

Zu Diabetes: Friis et al. (2015). Does Kindness Matter? Diabetes, Depression, and Self-compassion: a Selective Review and Research Agenda. Diabetes Spectrum.
Zu chronischen Schmerzen: Costa & Pinto-Gouveia. (2011). Acceptance of Pain, Self-compassion and Psychopathology: Using the Chronic Pain Acceptance Questionnaire to Identify Patients' Subgroups. Clinical Psychology & Psychotherapy; Costa & Pinto-Gouveia. (2013). Experiential Avoidance and Self-compassion in Chronic Pain. Journal of Applied Social Psychology; Barnes et al. (2018). Exploring the Emotional Experiences of Young Women with Chronic Pain: The Potential Role of Self-compassion. Journal of Health Psychology.
Zu der Diagnose einer schweren Krankheit: Brion et al. (2014). Self-compassion and Reactions to Serious Illness: The Case of HIV. Journal of Health Psychology.
Zu Essattacken: Kelly & Carter. (2015). Self-compassion Training for Binge Eating Disorder: A pilot Randomized Controlled Trial. Psychology and Psychotherapy: Theory, Research and Practice.

17 Neff. (2020). The Motivational Power of Self-Compassion. Abgerufen am 15.07.2020, unter self-compassion.org/the-motivational-power-of-self-compassion/

18 Zuroff et al. (2005). Dependency, Self-criticism, and Maladjustment. In: Blatt et al. (Eds.). Relatedness, Self-definition, and Mental Representation: Essays in Honor of Sidney J. Blatt. Routledge.

19 Whelton & Greenberg. (2005). Emotion in Self-criticism. Personality and Individual Differences.

20 Breines & Chen. (2012). Self-compassion Increases Self-improvement Motivation. Personality and Social Psychology Bulletin.

21 Zum Rauchen: Terry & Leary. (2011). Self-compassion, Self-regulation, and Health. Self and Identity.
Zur Gewichtsabnahme: Mantzios & Egan. (2017). On the Role of Self-compassion and Self-kindness in Weight Regulation and Health Behavior Change. Frontiers in Psychology.

22 Moffitt et al. (2018). Comparing the Efficacy of a Brief Self-esteem and Self-compassion Intervention for State Body Dissatisfaction and Self-improvement Motivation. Body Image.

23 Zessin et al. (2015). The Relationship between Self-compassion and Well-being: A Meta-analysis. Applied Psychology: Health and Well-Being; MacBeth & Gumley. (2012). Exploring Compassion: A Meta-analysis of the Association between Self-compassion and Psychopathology. Clinical Psychology Review; Sirois et al. (2015). Self-compassion, Affect, and Health-promoting Behaviors. Health Psychology; Ferrari et al. (2019). Self-compassion Interventions and Psychosocial Outcomes: A Meta-analysis of RCTs. Mindfulness.

EIN KORSETT, DAS NICHT PASST
DIE VIELEN WEGE UNSERER TRAUER

1 Die Geschichte von Nayeon wurde von zahlreichen Nachrichtenagenturen beschrieben. Etwa hier: Park. (14.02.2020). South Korean mother given tearful VR reunion with deceased daughter. Reuters. Abgerufen am 11.01.2021, unter reuters.com/article/us-

southkorea-virtualreality-reunion/south-korean-mother-given-tearful-vr-reunion-with-deceased-daughter-idUSKN2081D6.
Hier kann man den beschriebenen Ausschnitt der Dokumentation sehen: MBC Life. (06.02.2020). Youtube. Abgerufen am 11.01.2021, unter youtube.com/watch?v=uflTK8c4w0c.

2 Roser et al. (2019). Child and Infant Mortality. Our World in Data. Abgerufen am 11.01.2021, unter ourworldindata.org/child-mortality#child-mortality-from-the-parents-perspective.

3 Pomeroy et al. (2020). New Neanderthal Remains Associated with the ‹Flower Burial› at Shanidar Cave. Antiquity.

4 Zur Mumifizierung in Ägypten: Abdel-Maksoud & El-Amin. (2011). A Review on the Materials Used During the Mummification Processes in Ancient Egypt. Mediterranean Archaeology & Archaeometry.
Zu den Maya: Mark. (02.09.2009). Burial. Anient History Encyclopedia. Abgerufen am 11.01.2021, unter ancient.eu/burial/.

5 St. Benno Verlag. (2021). Kondolenz und Zuspruch im Trauerfall. Vivat! Christliche Bücher & Geschenke. Abgerufen am 11.01.2021, unter cms.vivat.de/themenwelten/lebenskreis/tod-trauer-begraebnis/traditionen-und-braeuche-rund-um-tod-und-trauer.html

6 Roser et al. (2019). Life Expectancy. Our World in Data. Abgerufen am 11.01.2021, unter ourworldindata.org/life-expectancy#twice-as-long-life-expectancy-around-the-world
Zur Kindersterblichkeit: Roser et al. (2019). Child and Infant Mortality. Our World in Data. Abgerufen am 11.01.2021, unter ourworldindata.org/child-mortality#:~:text=Global%20child%20mortality%20since%201800,child%20mortality%20in%20these%20countries.

7 McCracken & Grossman. (30.09.2013). Google vs. Death. Time. Abgerufen am 16.12.20, unter content.time.com/time/magazine/article/0,9171,2152422,00.html

8 Statista. (23.07.2019). Umfrage zur Notwendigkeit von einem bestimmten Ort für Trauer und Gedenken 2017. Abgerufen am 14.01.2021, unter statista.com/statistik/daten/studie/281764/umfrage/umfrage-zur-notwendigkeit-von-einem-bestimmten-ort-fuer-trauer-und-gedenken/

9 Freud. (1917). Trauer und Melancholie. Erstdruck in: Internationale Zeitschrift für Ärztliche Psychoanalyse.

10 Kübler-Ross. (1973). On Death and Dying. Routledge.

11 Lindemann. (1944). Symptomatology and Management of Acute Grief. American Journal of Psychiatry.

12 Shapiro. (1996). Grief in Freud's Life: Reconceptualizing Bereavement in Psychoanalytic Theory. Psychoanalytic Psychology; Hall. (2011). Beyond Kubler-Ross: Recent Developments in our Understanding of Grief and Bereavement. Psych: The Bulletin of the Australian Psychological Society Ltd.

13 Kübler-Ross & Kessler. (2004). On Grief and Grieving: Finding the Meaning of Grief Through the Five Stages of Loss. Simon and Schuster.

14 Bonanno. (2019). The Other Side of Sadness: What the New Science of Bereavement Tells Us About Life After Loss. Hachette UK.

15 Stroebe & Schut (1999). The Dual Process Model of Coping With Bereavement: Rationale and Description. Death Studies; Stroebe & Schut. (2010). The Dual Process Model of Coping With Bereavement: A Decade On. OMEGA-Journal of Death and Dying.

16 Der Sinn der Traurigkeit wird beschrieben und mit den genannten Studien belegt in: s. Bonanno (2019), Bonanno. (2004).
17 Abbildung adaptiert nach: Stroebe & Schut. (1999).
18 Bonanno. (2004). Loss, Trauma, and Human Resilience: Have We Underestimated the Human Capacity to Thrive After Extremely Aversive Events?. American Psychologist.
19 Ebd.
20 Bonanno et al. (2011).
21 Lundorff et al. (2017). Prevalence of Prolonged Grief Disorder in Adult Bereavement: A Systematic Review and Meta-Analysis. Journal of Affective Disorders.
22 Killikelly & Maercker. (2017). Prolonged Grief Disorder for ICD-11: The Primacy of Clinical Utility and International Applicability. European Journal of Psychotraumatology.
23 Wittouck et al. (2011). The Prevention and Treatment of Complicated Grief: A Meta-Analysis. Clinical Psychology Review.
24 Eine Übersicht und Diskussion der existierenden Meta-Analysen lieferten: Jordan & Neimeyer. (2003). Does Grief Counseling Work? Death Studies.
Bonanno & Lilienfeld. (2008). Let's be realistic: When Grief Cunseling Is Effective And When It's Not. Professional Psychology: Research and Practice.
25 Neimeyer. (2000). Searching for the Meaning of Meaning: Grief Therapy and the Process of Reconstruction. Death Studies.
26 Davies. (2004). New Understandings of Parental Grief: Literature Review. Journal of Advanced Nursing.
27 Klass et al. (1996). Series in Death Education, Aging, and Health Care. Continuing Bonds: New Understandings of Grief. Taylor & Francis.
28 Peart. (2002). Ghost Rider: Travels on the Healing Road. ECW Press.

DER GERISSENE FADEN
VOM NEUEN GLANZ DER ALTEN TUGEND DER GEDULD

1 Deutsche Presseagentur. (20.04.2019). Warten im Restaurant: Mehrheit nach 30 Minuten ungeduldig. Süddeutsche Zeitung. Abgerufen am 18.06.2020, unter sueddeutsche.de/leben/essen-trinken-warten-im-restaurant-mehrheit-nach-30-minuten-ungeduldig-dpa.urn-newsml-dpa-com-20090101-190420-99-895686
2 Forsa-Umfrage im Auftrag von RaboDirect. (06.12.2016). So ungeduldig sind die Deutschen. Abgerufen am 18.06.2020, unter rabodirect.de/ueber-uns/neuigkeiten/2016/forsa-so-ungeduldig-sind-die-deutschen
3 Statista. (29.10.2009). Sind Sie im Allgemeinen ein Mensch, der ungeduldig ist, oder der immer sehr viel Geduld aufbringt? Abgerufen am 14.01.2021, unter statista.com/statistik/daten/studie/179804/umfrage/selbsteinschaetzung---geduld-als-persoenliche-eigenschaft/.]
4 Mischel et al. (1989). Delay of Gratification in Children. Science; Shoda et al. (1990). Predicting Adolescent Cognitive and Self-Regulatory Competencies from Preschool Delay of Gratification: Identifying Diagnostic Conditions. Developmental Psychology.
5 Watts et al. (2018). Revisiting the Marshmallow Test: A Conceptual Replication Investigating Links Between Early Delay of Gratification and Later Outcomes. Psychological Science.
Zu diesem Artikel auch zu beachten: Falk et al. (2019). Re-Revisiting the Marshmallow

Test: A Direct Comparison of Studies by Shoda, Mischel, and Peake (1990) and Watts, Duncan, and Quan (2018). Psychological Science.

6 Kidd et al. (2013). Rational Snacking: Young Children's Decision-Making On the Marshmallow Task Is Moderated By Beliefs About Environmental Reliability. Cognition.

7 Lamm et al. (2018). Waiting for the Second Treat: Developing Culture-Specific Modes of Self-Regulation. Child Development.

8 Comer & Sekerka. (2014). Taking Time for Patience in Organizations. The Journal of Management Development.

9 First Prime Air Delivery (07.12.2016). Amazon. Amazon Prime Air. Abgerufen am 18.06.2020, unter amazon.com/Amazon-Prime-Air/b?ie=UTF8&node=8037720011

10 Netflix. (17.10.2017). Ready, Set, Binge: More Than 8 Million Viewers ‹Binge Race› Their Favorite Series. Abgerufen am 18.06.2020, unter media.netflix.com/en/press-releases/ready-set-binge-more-than-8-million-viewers-binge-race-their-favorite-series

11 Google. (07.2018). The Impatient Consumer: Making Decisions Faster Than Ever. Abgerufen am 18.6.2020, unter thinkwithgoogle.com/consumer-insights/managingconsumerdemands/

Google. (08.2017). Micro-Moments Now: Why Expectations for ‹Right Now› Are On the Rise. Abgerufen am 18.06.2020, unter thinkwithgoogle.com/intl/en-aunz/marketing-resources/micro-moments/consumer-immediate-need-mobile-experiences/

12 Google. (09.2015). Speed is Key: Optimize Your Mobile Experience. Abgerufen am 18.06.2020, unter thinkwithgoogle.com/marketing-resources/experience-design/speed-is-key-optimize-your-mobile-experience/

13 Faception. Our Technology. Abgerufen am 18.06.2020, unter faception.com/our-technology

14 Bundeszentrale für politische Bildung. (07.04.2017). Predictive Policing: Dem Verbrechen der Zukunft auf der Spur. Abgerufen am 18.06.2020, unter bpb.de/dialog/netzdebatte/238995/predictive-policing-dem-verbrechen-der-zukunft-auf-der-spur

Human Rights Watch. (26.02.2018). China: Big Data Fuels Crackdown in Minority Region. Abgerufen am 18.06.2020, unter hrw.org/news/2018/02/26/china-big-data-fuels-crackdown-minority-region

15 Pressestelle DAK-Gesundheit. (01.09.2017). Fast jeder zweite Schüler leidet unter Stress. Abgerufen am 18.06.2020, unter dak.de/dak/bundesthemen/fast-jeder-zweite-schueler-leidet-unter-stress-2116176.html

Grobe et al. (2018). Arztreport 2018. Schriftenreihe zur Gesundheitsanalyse. Abgerufen am 18.06.2020, unter barmer.de/blob/144368/08f7b513fdb6f06703c6e9765ee9375f/data/dl-barmer-arztreport-2018.pdf

16 Moffitt et al. (2011). A Gradient of Childhood Self-Control Predicts Health, Wealth, and Public Safety. Proceedings of the National Academy of Sciences. Eine Zusammenfassung liefert: Association For Psychological Science. (01.05.2015). The Lasting Power of Patience. Abgerufen am 18.06.2020, unter psychologicalscience.org/observer/the-lifetime-effects-of-self-control-in-childhood

17 ÄrzteZeitung. Stressige Arbeit. Jeder Zweite fühlt sich von Burn-out bedroht. Abgerufen am 16.05.2020, unter aerztezeitung.de/Medizin/Jeder-Zweite-fuehlt-sich-von-Burn-out-bedroht-227048.html

18 Curry et al. (2008). Patience is a Virtue: Cooperative People Have Lower Discount Rates. Personality and Individual Differences; Schnitker & Emmons. (2007). Patience as a Vir-

tue: Religious and Psychological Perspectives. Research in the Social Scientific Study of Religion; Schnitker. (2012). An Examination of Patience and Well-Being. The Journal of Positive Psychology.

19 Ebd., Schnitker. (2012).

20 Ersner-Hershfield et al. (2009). Saving for the Future Self: Neural Measures of Future Self-Continuity Predict Temporal Discounting. Social Cognitive and Affective Neuroscience.

21 Hershfield & Bartels. (2018). The Future Self. In: Oettingen et al. (Eds). The Psychology of Thinking about the Future. The Guilford Press.

22 Hershfield et al. (2011). Increasing Saving Behavior Through Age-Progressed Renderings of the Future Self. Journal of Marketing Research.

23 Bundesministerium für Bildung und Forschung. (18. 03. 2020). Corona-Quarantäne kann Angstzustände auslösen. Abgerufen am 18. 06. 2020, unter bmbf.de/de/corona-quarantaene-kann-angstzustaende-ausloesen-11142.html

24 de Quervain et al. (2020). The Swiss Corona Stress Study. Abgerufen am 18. 06. 2020, unter osf.io/jqw6a/download?format=pdf
Holmes et al. (2020). Multidisciplinary Research Priorities for the COVID-19 Pandemic: A Call for Action for Mental Health Science. The Lancet Psychiatry.

25 ADAC. (31. 05. 2019). Richtiges Verhalten im Stau. Abgerufen am 06. 07. 2020, unter adac.de/verkehr/recht/verkehrsvorschriften-deutschland/stau/
Keitz. (08. 09. 2016). Die Kleine Anfrage: Lohnt es sich, im Stau die Spur zu wechseln? WDR. Abgerufen am 06. 07. 2020, unter https://www1.wdr.de/wissen/mensch/die-kleine-anfrage-bringt-es-was-die-spur-zu-wechseln100.html

26 Bar-Eli et al. (2007). Action Bias Among Elite Soccer Goalkeepers: The Case of Penalty Kicks. Journal of Economic Psychology.

27 Chodak & Warren. (2006). Watchful Waiting for Prostate Cancer: A Review Article. Prostate Cancer and Prostatic Diseases.

PASSIONIERT AUSGEBRANNT
ÜBER UNSERE GEFÄHRLICHE SUCHE NACH LEIDENSCHAFT

1 Jobs. (14. 06. 2005). «You've got to fond what you love», Jobs says. Abgerufen am 14. 01. 2021, unter news.stanford.edu/2005/06/14/jobs-061505/

2 Cal Newport diskutiert den Trend zur Leidenschaft als Lebensmotto in seinem Buch: Newport. (2016). So Good They Can't Ignore You. Hachette UK (insbes. Kapitel 1: «The Passion of Steve Jobs»).

3 Yau. (2007). How the Average Working Adult Spends Days. Abgerufen am 14. 01. 2021, unter flowingdata.com/2017/05/09/adulthood-days/.

4 Chen et al. (2015). Finding A Fit Or Developing It: Implicit Theories About Achieving Passion for Work. Personality and Social Psychology Bulletin.

5 O'Keefe et al. (2018). Implicit Theories of Interest: Finding Your Passion Or Developing It? Psychological science.

6 Hidi & Renninger. (2006). The Four-Phase Model of Interest Development. Educational Psychologist.

7 O'Keefe (2018).

8 Gladwell. (2009). Überflieger: Warum manche Menschen erfolgreich sind – und andere nicht. Campus Verlag.

9 Ericsson et al. (1993). The Role of Deliberate Practice in the Acquisition of Expert Performance. Psychological Review.

10 Ericsson kritisiert Gladwells vereinfachte Darstellung in: Ericsson & Pool. (2016). Peak: Secrets from the New Science of Expertise. Houghton Mifflin Harcourt. Außerdem in: Ericsson & Pool. (10.04.2016). Malcolm Gladwell got us wrong: Our research was key to the 10,000-hour rule, but here's what got oversimplified: salon.com/2016/04/10/malcolm_gladwell_got_us_wrong_our_research_was_key_to_the_10000_hour_rule_but_heres_what_got_oversimplified/.

11 Macnamara et al. (2014). Deliberate Practice and Performance in Music, Games, Sports, Education, and Professions: A Meta-Analysis. Psychological Science.

12 Ericsson et al. (1994). Expert Performance: Its Structure and Acquisition. American Psychologist.

13 Duckworth & Duckworth. (2016). Grit: The Power of Passion and Perseverance. Scribner.

14 Duckworth et al. (2007). Grit: Perseverance and Passion for Long-Term Goals. Journal of Personality and Social Psychology.

15 Vallerand. (2010). On Passion for Life Activities: The Dualistic Model of Passion. Advances in Experimental Social Psychology. Academic Press.

16 Harackiewicz et al. (2008). The Role of Achievement Goals in the Development of Interest: Reciprocal Relations Between Achievement Goals, Interest, and Performance. Journal of Educational Psychology.

17 Bruner. (1962). On Knowing: Essays for the Left Hand. Harvard University Press.

18 Vallerand et al. (2003). Les Passions de l'ame: On Obsessive and Harmonious Passion. Journal of Personality and Social Psychology.

19 Vallerand. (2015). The Psychology of Passion: A Dualistic Model. Series in Positive Psychology.

20 Statista. (12.10.2016). Umfrage zum Spaß an der Arbeit in Deutschland 2013 und 2016. Abgerufen am 14.01.2021, unter de.statista.com/statistik/daten/studie/646278/umfrage/umfrage-zum-spass-an-der-arbeit-in-deutschland/

21 Ärzteblatt. (09.04.2019). Jeder Zweite fühlt sich von Burnout bedroht. Abgerufen am 14.01.2021, unter aerzteblatt.de/nachrichten/92312/Jeder-Zweite-fuehlt-sich-von-Burnout-bedroht

22 Statista. (29.11.2019). Statistik zu Burnout-Erkrankungen in Deutschland. Abgerufen am 14.01.2021, unter de.statista.com/statistik/daten/studie/239872/umfrage/arbeitsunfaehigkeitsfaelle-aufgrund-von-burn-out-erkrankungen/.

23 Vallerand. (2010).

24 Vallerand. (2003).

25 Vallerand. (2017). On the Two Faces of Passion: The Harmonious and the Obsessive. In: O'Keefe & Harackiewicz. (Eds.). The Science of Interest. Springer International Publishing, Curran et al. (2015). The Psychology of Passion: A Meta-Analytical Review of a Decade of Research on Intrapersonal Outcomes. Motivation and Emotion.

26 Abbildung adaptiert nach: Vallerand et al. (2007). On the Role of Passion in Performance. Journal of Personality, *75* (3), 505–534.

27 Vallerand et al. (2010). On the Role of Passion for Work in Burnout: A Process Model. Journal of Personality.

28 Vallerand. (2012). The Role of Passion in Sustainable Psychological Well-Being. Psychology of Well-Being: Theory, Research and Practice; Vallerand (2017).

29 Change Life. (01.06.2015). It's What You Can Contribute. Youtube. Abgerufen am 14.01.2021, unter youtube.com/watch?v=WRYRBGX4lVM

30 Newport. (24.02.2015). A Steve Jobs Quote Perfectly Sums Up Why Passion Isn't Enough for Career Success. Business Insider. Abgerufen am 16.12.20, unter businessinsider.com/follow-your-passion-is-bad-advice-2015-2?r=DE&IR=T

ALLES GUT AUF SPROSSE ACHT

ZUFRIEDENHEIT STATT JAGD NACH DEM GLÜCK

1 Olds & Milner. (1954). Positive Reinforcement Produced by Electrical Stimulation of Septal Area and Other Regions of Rat Brain. Journal of Comparative and Physiological Psychology; Olds. (1956). Pleasure Centers in the Brain. Scientific American.

2 Portenoy et al. (1986). Compulsive Thalamic Self-Stimulation: A Case With Metabolic, Electrophysiologic and Behavioral Correlates. Pain.

3 Synofzik et al. (2012). How Happy is Too Happy? Euphoria, Neuroethics, and Deep Brain Stimulation of the Nucleus Accumbens. AJOB Neuroscience.

4 Mayberg et al. (2005). Deep Brain Stimulation for Treatment-Resistant Depression. Neuron.

5 Kesebir. (2018). Scientific Answers to the Timeless Philosophical Question of Happiness. In: Diener et al. (Eds.). Handbook of Well-Being. DEF Publishers.

6 Anselme & Robinson. (2013). What Motivates Gambling Behavior? Insight Into Dopamine's Role. Frontiers in Behavioral Neuroscience.

7 Anschaulich beschrieben von: Sapolsky (2017). Behave: The Biology of Humans at Our Best and Worst. Penguin Press. Originalquelle: Fiorillo et al. (2003). Discrete coding of reward probability and uncertainty by dopamine neurons. Science.

8 Abbildung adaptiert nach: Sapolsky. (2014). Abgerufen am 20.01.21 unter https://www.youtube.com/watch?v=ZIRZuldRp8Q

9 Layous. (2018). Malleability and Intentional Activities. In: Diener et al., s. Endnote 5.

10 Mauss et al. (2012). The Pursuit of Happiness Can be Lonely. Emotion.

11 Mauss et al. (2011). Can Seeking Happiness Make People Unhappy? Paradoxical Effects of Valuing Happiness. Emotion.

12 Kim & Maglio. (2018). Vanishing Time in the Pursuit of Happiness. Psychonomic Bulletin & Review.

13 Ford et al. (2014). Desperately Seeking Happiness: Valuing Happiness is Associated With Symptoms and Diagnosis of Depression. Journal of Social and Clinical Psychology; Ford et al. (2015). Valuing Happiness is Associated With Bipolar Disorder. Emotion.

14 Gentzler et al. (2019). Valuing Happiness in Yyouth: Associations With Depressive Symptoms and Well-Being. Journal of Applied Developmental Psychology.

15 Layous. (2018). Malleability and Intentional Activities. In: Diener et al.

16 Gruber et al. (2011). A Dark Side of Happiness? How, When, and Why Happiness is Not Always Good. Perspectives on Psychological Science.

17 Lyubomirsky et al. (2005). The Benefits of Frequent Positive Affect: Does Happiness Lead to Success? Psychological Bulletin; Tov. (2018). Well-Being Concepts and Components. In: Diener et al.

18 Lucas. (2018). Reevaluating the Strengths and Weaknesses of Self-Report Measures of Subjective Well-Being. In: Diener et al.

19 Robinson & Klein. (2018). What do Subjective Well-Being Judgments Mean? Sources and Distinctions, Processes and Mechanisms. In: Diener et al., s. Endnote 5.
20 Martela et al. (20.03.2020). Kapitel 7: The Nordic Exceptionalism: What Explains Why the Nordic Countries are Constantly Among the Happiest in the World. World Happiness Report.
21 «Der Techniker als letzte Ausgabe des weißen Missionars, Industrialisierung als letztes Evangelium einer sterbenden Rasse, Lebensstandard als Ersatz für Lebenssinn», so heißt es in Max Frischs Homo Faber. Frisch. (1957). Homo Faber. Suhrkamp.
22 Diener & Seligman. (2002). Very Happy People. Psychological Science.
23 Luhmann & Intelisano. (2018). Hedonic Adaptation and the Set Point for Subjective Well-Being. In: Diener et al., s. Endnote 5.
24 Layous. (2018).
25 Lyubomirsky et al. (2005). Pursuing Happiness: The Architecture of Sustainable Change. Review of General Psychology.
26 Killingsworth & Gilbert (2010). A Wandering Mind is an Unhappy Mind. Science.
27 Ebd.
28 Brosnan & De Waal. (2003). Monkeys Reject Unequal Pay. Nature.
29 Sehr anschaulich im Versuchsvideo hier zu sehen (etwa ab Minute 13): ted.com/talks/frans_de_waal_moral_behavior_in_animals?language=de
30 Gerber et al. (2018). A Social Comparison Theory Meta-Analysis 60+ Years On. Psychological Bulletin.
31 Callan et al. (2015). Age Differences in Social Comparison Tendency and Personal Relative Deprivation. Personality and Individual Differences.
32 Aurel. (2019). Selbstbetrachtungen. Reclam.
33 Boers et al. (2019). Association of Screen Time and Depression in Adolescence. JAMA pediatrics.
34 Safi. (26.06.2018). Goa Brings in «No-Selfie Zones» on Coast After Spate of Deaths. The Guardian. Abgerufen am 14.01.2021, unter theguardian.com/world/2018/jun/26/goa-india-no-selfie-zones-coast-deaths.
35 Barasch et al. (2018). How the Intention to Share can Undermine Enjoyment: Photo-Taking Goals and Evaluation of Experiences. Journal of Consumer Research.
36 Hamilton. (04.07.2018). Silicon Valley Insiders Say Facebook, Snapchat, and Twitter Are Using ‹Behavioral Cocaine› to Turn People Into Addicts. Business Insider. Abgerufen am 14.01.2021, unter businessinsider.com/silicon-valley-insiders-tell-bbc-how-tech-firms-turn-users-into-addicts-2018-7?r=DE&IR=T
37 Ozimek et al. (2020). How We Use Facebook to Achieve Our Goals: A Priming Study Regarding Emotion Regulation, Social Comparison Orientation, and Unaccomplished Goals. Current Psychology.
38 Brailovskaia et al. (2020). Less Facebook Use – More Well-Being and a Healthier Lifestyle? An Experimental Intervention Study. Computers in Human Behavior.
39 Diener et al. (2009). Happiness is the Frequency, Not the Intensity, of Positive Versus Negative Affect. In: Assessing Well-Being. Springer, Dordrecht.
40 Dunn & Norton. (2014). Happy Money: The Science of Happier Spending. Simon and Schuster.
41 Gilovich et al. (2015). A Wonderful Life: Experiential Consumption and the Pursuit of

Happiness. Journal of Consumer Psychology; Lee et al. (2018). Experiential or Material Purchases? Social Class Determines Purchase Happiness. Psychological Science.

42 Whillans et al. (2017). Buying Time Promotes Happiness. Proceedings of the National Academy of Sciences.

43 Mogilner et al. (2018). Time, Money, and Subjective Well-Being. In: Diener et al. (Eds.), Handbook of Well-Being. Noba Scholar Handbook Series: Subjective Well-Being. DEF Publishers.

44 Dunn et al. (2008). Spending Money on Others Promotes Happiness. Science.

45 Ebd.

46 Feinberg et al. (2012). Flustered and Faithful: Embarrassment as a Signal of Prosociality. Journal of Personality and Social Psychology.

47 Barnett et al. (1982). Effect of Inducing Sadness About Self or Other on Helping Behavior in High-and Low-Empathic Children. Child Development; Yee & Greenberg. (1998). Reactions to Crime Victims: Effects of Victims' Emotional State and Type of Relationship. Journal of Social and Clinical Psychology.

48 Henniger & Harris. (2014). Can Negative Social Emotions Have Positive Consequences? An Examination of Embarrassment, Shame, Guilt, Jealousy, and Envy. In: Parrott (Ed.), The Positive Side of Negative Emotions. The Guilford Press.

49 Anwar. (10.08.2017). Feeling Bad About Feeling Bad Can Make You Feel Worse Media Relations. Abgerufen am 16.12.20, unter news.berkeley.edu/2017/08/10/emotional acceptance/

50 Tamir et al. (2017). The Secret to Happiness: Feeling Good or Feeling Right? Journal of Experimental Psychology: General.

51 Brooks. (18.06.2020). How to Build A Life. Sit With Negative Emotions, Don't Push Them Away. The Atlantic. Abgerufen am 14.01.2021, unter theatlantic.com/family/archive/2020/06/dont-push-away-your-negative-emotions/613180/.

52 Mogilner et al. (2018).

53 Bhattacharjee & Mogilner. (2014). Happiness from Ordinary and Extraordinary Experiences. Journal of Consumer Research.

54 Layous et al. (2018). Reframing the Ordinary: Imagining Time as Scarce Increases Well-Being. The Journal of Positive Psychology.

55 Diener et al. (2018). Advances and Open Questions in the Science of Subjective Well-Being. Collabra. Psychology; Oishi et al. (2009). The Optimum Level of Well-Being: Can People be Too Happy?. In Diener. (2009). The Science of Well-Being: The Collected Works of Ed Diener. Springer, Dordrecht.

56 Diener & Biswas-Diener. (2011). Happiness: Unlocking the Mysteries of Psychological Wealth. John Wiley & Sons.

57 Pelechano et al. (2013). Is it Possible to be Too Happy? Happiness, Personality, and Psychopathology. International Journal of Clinical and Health Psychology.